学术顾问 ◎ 袁振国

# 教育实证研究方法应用与误用

朱军文 ◎ 主编

华东师范大学出版社

·上海·

**图书在版编目(CIP)数据**

教育实证研究方法应用与误用/朱军文主编. —上海：
华东师范大学出版社,2022
ISBN 978-7-5760-3297-0

Ⅰ.①教…　Ⅱ.①朱…　Ⅲ.①教育科学-研究方法
Ⅳ.①G40-034

中国版本图书馆 CIP 数据核字(2022)第 184312 号

# 教育实证研究方法应用与误用

主　　编　朱军文
责任编辑　彭呈军
特约审读　单敏月
责任校对　时东明　刘伟敏
装帧设计　卢晓红

出版发行　华东师范大学出版社
社　　址　上海市中山北路 3663 号　邮编 200062
网　　址　www.ecnupress.com.cn
电　　话　021-60821666　行政传真 021-62572105
客服电话　021-62865537　门市(邮购)电话 021-62869887
地　　址　上海市中山北路 3663 号华东师范大学校内先锋路口
网　　店　http://hdsdcbs.tmall.com

印 刷 者　上海锦佳印刷有限公司
开　　本　787 毫米×1092 毫米　1/16
印　　张　18.75
字　　数　311 千字
版　　次　2022 年 11 月第 1 版
印　　次　2022 年 11 月第 1 次
书　　号　ISBN 978-7-5760-3297-0
定　　价　68.00 元

出 版 人　王　焰

(如发现本版图书有印订质量问题,请寄回本社客服中心调换或电话 021-62865537 联系)

# 编委会

# 目录

# 作者简介

*（按在本书中出现的顺序排列）*

　　**朱军文**，华东师范大学教育学部教授。研究方向为高校创新政策与评价、高校人才政策与评价、科学计量与科研评价、科教体制转型与效率。在《教育研究》《高等教育研究》《北京大学教育评论》《科学学研究》，以及 *Scientometrics* 等期刊发表论文多篇，在华东师范大学出版社、上海交通大学出版社、施普林格出版社出版中英文著作多部。多个成果先后获得上海市哲学社会科学优秀成果奖、教育部高等学校科学研究优秀成果奖（人文社会科学）、全国教育科学研究成果奖等，一些成果转化为政策建议，产生了积极的资政效果。

　　**马银琦**，华东师范大学教育管理学系博士研究生，主要研究高等教育评价、科学计量学、教育社会学等，已在《华东师范大学学报（教育科学版）》《清华大学教育研究》《中国高教研究》《研究生教育研究》《江苏高教》等杂志上，围绕"教育实证研究""高质量教育研究成果""研究生培养"等话题领域，发表学术论文。撰写案例并被中国专业学位教学案例中心收录。

　　**王奕婷**，华东师范大学课程与教学研究所博士研究生，主要研究方向为课程与教学基本理论、课程整合、校长领导力等，已在《华东师范大学学报（教育科学版）》《教育发展研究》《全球教育展望》等杂志上，围绕"质性研究方法""芬兰现象学习""课程整合变革"等话题领域，发表学术论文。获得第五届教育实证研究优秀成果奖。

　　**陈霜叶**，华东师范大学课程与教学研究所教授，《华东师大教育评论（英文）》（*ECNU Review of Education*）执行副主编，主要研究方向为课程政策、课程领导力、社会变迁中的教育变革,获第六届全国教育科学研究优秀成果奖、第十三届决策咨询研究成果奖等。

　　**金津**,华东师范大学教育管理学系副教授、研究生导师。南京大学哲学学士、上海交通大学高等教育学硕士、伦敦大学学院教育社会学博士。金津博士主要研究领域为政策社会学、全球化与教育治理、国际政策借鉴、优绩主义与教育公平、精英大学学生经验,在教育社会学领域高影响力国际期刊上发表了多篇论文,并长期担任多本 SSCI 期刊学术评审。

　　**刘胜男**,华东师范大学教育学部教育管理学系副教授。主要研究兴趣包括校长领导力、教师专业学习、学校效能改进。近年来,以第一作者或者通讯作者身份在国内外教育领导和教师教育领域学术期刊发表论文 30 余篇,多篇发表于国际 SSCI 高影响力期刊,如 *Educational Administration Quarterly*(*EAQ*),*Educational Management Administration & Leadership*(*EMAL*),*Teaching and Teacher Education*(*TATE*),*Compare*。担任多个 SSCI 国际期刊审稿专家,是国际期刊 *Asia Pacific Journal of Educators and Education* 编委会成员。

　　**董轩**,华东师范大学教育学部教育学系副教授、基础教育改革与发展研究所研究员,主要研究方向为教育人类学,重点关注学校生活研究、学校制度与组织文化等。已出版专著《重构常识:教育民族志的方法与文本》,部分阶段性研究成果发表在《教育发展研究》《教育学报》《全球教育展望》,以及 *The Asia Pacific Journal of Anthropology*,*Asian Journal of Social Science* 等中英文期刊。

　　**郑杰**,华东师范大学教育学部职业教育与成人教育研究所副教授。麦吉尔大学教育研究博士,阿尔伯塔大学教育理论、文化与国际研究硕士。曾于华东师范大学从事高峰博士后研究。当前研究领域涉及教育社会学,教育政策,青年、文化与教育以及国际与比较教育,尤其关注全球化如何影响世界各地的教育系统。担任多本国际知名学术期刊的同行评审人,现任 *SN Social Sciences* 期刊编委,亦为 *ECNU Review of Education* 特刊 *Comparative Research on Teacher Education in*

*China and Canada* 客座编辑，其近期研究成果发表于 *Higher Education*，*Studies in International Education*，*Higher Education Policy*，*Educational Review* 等期刊，另有中英文书章、译著章节及教材章节等出版。

**顾昕**，博士，华东师范大学教育心理学系紫江青年学者，青年研究员。专业领域为教育与心理统计，主要从事应用贝叶斯统计、统计计算、统计软件开发等研究。主持国家自然科学基金青年项目、上海市浦江人才项目等。在 SSCI/SCI/CSSCI 期刊发表论文近 20 篇，包括 *Psychological Methods*，*Structural Equation Modeling*，*Multivariate Behavioral Research* 等领域内顶尖期刊。基于所研究成果在 R 软件平台下开发统计软件包 *bain* 和 *BFpack*，并参与开发 JASP 可视化社科统计软件。相关成果应用于心理学、教育学等研究领域。

**张静**，华东师范大学教育学部教育心理学系副教授，硕士生导师，华东师范大学社会与情感能力研究中心研究员。2016 年获得德国柏林洪堡大学心理学博士学位，同年作为高峰博士后入职华东师范大学，主持 1 项全国教科"十四五"规划青年项目，作为核心成员参与 OECD 社会与情感能力全球测评项目，发表中英文学术论文 20 余篇。主要研究领域为青少年社会与情感能力测评与培养、青少年人格与社会性发展等。

**吕晶**，复旦大学社会发展与公共政策学院心理学系青年副研究员，普渡大学博士。主要研究领域为量化方法（包括心理统计学与心理测量学）和积极心理学。专注于积极教养模式探究、心理统计与测量方法的研发、优化和适用性研究。擅长将心理统计与测量方法应用在心理学、教育学等社会科学领域中。曾在 *Structural Equation Modeling：A Multidisciplinary Journal*，*Clinical Psychology Review*，*Computers & Education*，*Computers in Human Behavior* 等期刊发表学术论文。

**曹妍**，华东师范大学教育经济实验室执行主任，国家教育宏观政策研究院院长助理，华东师范大学高等教育研究所副教授，硕士生导师。南京大学管理学学士，北京师范大学管理学硕士，香港中文大学教育经济学哲学博士。主要研究方向为教育经济学和教育财政学,擅长采用量化方法完成研究分析,近期关注的领域包括教育的因果推断方法、教育财政与人口流动、院校科研效率等。科研成果发表于《北京大学教育评论》《华东师范大学学报(教育科学版)》《教育发展研究》以及《中国高教研究》等 CSSCI 期刊,多篇研究被《新华文摘》全文转载,曾以第一完成人的身份获得上海市第十四届哲学社会科学优秀成果奖论文类二等奖。

**张畅芯,**华东师范大学教育学部副教授、硕士生导师。主要研究方向为特殊儿童感知觉功能发展与干预、儿童语言发展及其神经基础。毕业于北京大学心理与认知科学学院并获得理学博士学位,曾任多伦多大学心理学系、生物通讯研究中心访问学者。担任中国高等教育学会学习科学研究分会理事、上海市教育学会学习科学专业委员会理事、中国医促会听力学分会委员、《教育生物学》期刊编委等。在国内外权威期刊发表学术论文 20 余篇,主持及参与多项国家自然科学基金、国家社科基金项目,入选 2016 年度上海市青年科技英才"扬帆计划"。

**谢晨,**华东师范大学教育学部国际与比较教育研究所、教育经济实验室副教授。研究方向包括教育政策、比较教育、教师教育。当前的研究兴趣聚焦于教育政策与教育创新的效果评估、元分析方法的应用等。在全国教育实证研究论坛、华东师范大学、南京师范大学、西南大学等地举办元分析工作坊,听众数千人。在 SSCI 期刊基于元分析等量化方法发表论文 10 余篇。

**王森,**《华东师范大学学报(教育科学版)》编辑,教育政策学博士。主要从事教育政策研究,聚焦高考计分、欠发达地区教育发展战略、教育期刊出版编辑等领域。参与国家社会科学基金教育学重大课题 2 项,主持国家社会科学基金教育学一般课题 1 项。

# 序言

朱军文

　　近些年来,创新教育科研范式和方法,加强实证研究,注重以事实和证据为依据,成为新时代推动教育科学研究科学化、规范化发展的重要方向和共识。这其中,"全国教育实证研究论坛"的创办和持续迭代升级,"教育实证研究优秀成果奖"的发起和全新的评选机制,发挥了关键的推动作用。在诸多高水平教育研究机构、高水平教育学术期刊和学界同仁的携手合作下,经过多年持续组织和推动,"全国教育实证研究论坛"成为了教育学人特别是青年学子们共同期待的年度学术交流盛会,教育实证研究的热潮也风起云涌。

　　2019年秋季在第五届"全国教育实证研究论坛"圆满落幕的时候,组委会萌发了开展"教育实证研究这五年"专题研究的想法,希望通过对论坛连续举办五年来的会议论文、优秀成果奖获奖论文和在此期间教育学术期刊发表的实证研究成果进行梳理和分析,以期为未来更好地组织教育实证研究论坛和推动教育实证研究提供有证据支持的建议和方案。因为工作岗位的原因,我有机会参与落实以上工作。该项工作的成果之一是《华东师范大学学报(教育科学版)》特别组织策划的"教育实证研究这五年"专刊(2020年第9期),另一项成果就是呈现在大家面前的《教育实证研究方法应用与误用》。

　　《教育实证研究方法应用与误用》最初的定位是按照"教育实证研究:过去、现在与未来"的主线写作。由于"教育实证研究这五年"专刊策划组织的成功,基本实现了"教育实证研究:过去、现在与未来"的目标,再出版一本著作的必要性就显得不那么迫切,理由不那么充足,研究工作的组织也一度暂停。但是,第五届"全国教育实证研究论坛"期间的一个场景,一直萦绕在我们的脑海中,久久挥之不去。2019年10月27日上午,第五届"全国教育实证研究论坛"的元分析方法工作坊,一度因为参会人员太多而被迫临时更换至更大的会场,但是新会场仍然一位难求,会场里的过道、演讲台前的空场地、会场外的走廊上,听者或席地而坐或踮起脚尖,水泄不通。青年学人像"追星"一样追"学术",见所未见,闻所未闻,让人感动,也让人深思。作为参与"全国教育实证研究论坛"和"教育实证研究优秀成果奖"评选的组织者,作为正在见证教育科研范式转型的教育学人中的一分子,我们一直在思考上述的"盛况"何以至此。

近些年,教育实证研究的书籍不可谓不多,译著、专著、丛书、教材种类齐全。在知识获取渠道丰富且便利的今天,青年学人参与实证研究方法工作坊的热情,对实证研究由衷向往、对实证研究新方法新工具热烈追求的景象,说明我们还有很多工作可以做,也需要做。经过多次交流研讨和思考,最终促使我们将已经暂停的"教育实证研究:过去、现在与未来"重新激活并调整侧重点,定位于《教育实证研究方法应用与误用》。将研究和书稿的定位聚焦到教育实证研究的"误用",通过对误用的解剖来进一步深化对实证研究方法的理解,基于做好误用解剖的需要,对具体实证方法的发展演进、使用要点和基本规范进行精要的梳理和点评。新的研究视角清晰后,内部交流过程中,大家都觉得很有趣,进一步的文献梳理也发现,此前的类似研究还没有见到。这重新点燃了我们推动这项研究和撰写组织工作的热情。同时,我也不得不坦承,2019 年时既已签订的出版合同,迟迟不能履约,对责任人来说也是一个巨大的压力。终于找到了一个很好的视角,使得这项工作得以顺利重启,着实是一件令人高兴的事。

华东师范大学教育学部成立以来,一方面高度重视教育实证研究方法课程建设,开发了针对本科生、研究生的质性研究、定量研究的系列课程,一方面引进和培养了一大批具有国际视野、科研训练规范扎实、擅长实证研究的青年才俊,活跃在教育实证研究方法系列课程的教学和教育实证研究的第一线。这为本书的研究和撰写提供了中坚力量。本书各章的负责人此前均为华东师范大学教育学部的老师(有一位老师目前任教于复旦大学心理学系),各有擅长的方法和领域,富有激情。我们依托华东师范大学教育学部的力量组建编委会,通过线下会议研讨和在线不定期交流等方式,讨论各章选题、重点内容、基本规范等,深入讨论对方法的理解,从不同视角相互启发,再分头开展研究和撰写工作。今年上半年,上海遭受了突如其来的新冠肺炎疫情冲击。各章负责人一方面参与到社区和校园的疫情防控中,一方面坚持开展在线教学和全方位对学生发展的关心支持,研究工作受到一定的影响，撰写的进度有所延缓。今天得以呈现给各位，实属不易。有两章的内容，确因不可抗力而没有来得及赶上书稿成稿，这也是本书的遗憾。

书稿现为13章，第一章是对教育实证研究概念、类型与特征进行梳理，澄清有关教育实证研究的误区或争议，由马银琦和朱军文执笔；第十三章是基于《华东师范大学学报（教育科学版）》审稿系统的学术同行评审意见，对教育实证研究常见错误进行案例评析，非常鲜活的素材，非常典型的案例，极具学习和参考价值，由王森执笔。除了这两章，中间的十一章按照质性研究、定量研究两类方法组织选题。质性研究方法有四章，分别是第二章教育质性研究中的方法应用与误用（王奕婷和陈霜叶执笔）、第三章教育研究中扎根理论的应用与误用（金津执笔）、第四章质性研究中案例研究方法的应用与误用（郑杰执笔）、第五章教育民族志方法的规范、挑战与展望（董轩执笔）。定量研究有七章，分别是第六章教育定量研究的基本规范与误用（刘胜男执笔）、第七章教育研究中回归分析方法的应用与误用（顾昕执笔）、第八章教育研究中因子分析方法的应用与误用（张静执笔）、第九章教育研究中多层线性模型的应用与勘误（吕晶执笔）、第十章教育研究中因果推断方法的应用与误用（曹妍、姚歆玥和吴凯霖执笔）、第十一章教育研究中单一被试实验法的应用与误用（张畅芯执笔）、第十二章教育研究中元分析方法的应用与误用（谢晨执笔）。方法的选择兼顾了代表性和前瞻性，一些基础性的方法没有涵盖进来，第十一章也体现了实验研究的属性。每一种方法均希望突出"误用"。何为误用，当然是需要有该方法比较一致认可的研究规范进行参照。各章的研究难点在于对"误用"不是简单的具体举例，而是对一类一类误用的归纳，是想找到共通性的"误用"，对出现频率比较高的误用现象进行归纳。这是一个难度很高的挑战，我们希望呈现了预期的结果。

编写此书的初心是美好的。研究选题和书稿的撰写源起于参与实证研究论坛筹备工作的启发，完成是靠着大家的兴趣和热情，相互协同，分工合作。这项在现有评价体系中无法计入"工分"的工作，希望能对推动教育实证研究高质量发展贡献绵薄力量。感谢袁振国老师对我的赏识和厚爱，有机会参与"全国教育实证研究论坛"组织筹备是我的幸运。华东师范大学教育学部对书稿出版给予了资助支持。受制于个人的视野、水平、时间，错漏之处难免，恳请批评指正。我们将持续加强理论学习，结合研究实践，不断深化对教育实证研究方法的理解。

# 第一章 教育实证研究概念、类型与特征

马银琦 朱军文

加强教育实证研究,提高教育科研水平,已然成为教育理论研究和教育学术期刊的共同使命。什么是实证研究、为什么要做实证研究、教育实证研究有哪些不同的方式与方法,厘清这些问题对于推动教育实证研究具有基础性作用。

## 第一节 实证主义方法论的历史演变

实证研究有广义与狭义之分,狭义上的实证研究通常指的是实证主义范式(positivist paradigm)下的量化的/科学研究(Comte,2001,pp. 1 - 2);广义上的实证研究又直译为经验性研究(empirical research),包括质性与量化研究(Baronov,2012,pp. 57 - 85)。本书的实证研究是指广义上的理解。在谈及实证研究的时候,作为完整的研究方法体系而言,有必要梳理实证主义方法论及其演变。综合已有的一些研究,我们可以发现,实证主义方法论的演变历程主要可以概括为经典实证主义、逻辑实证主义和后实证主义三个阶段(Clark,1998;Letourneau,Allen,2010;曾荣光,等,2018;王卫华,2019)。

### 一、经典实证主义方法论

"实证主义(positivism)"和社会学的创立有着千丝万缕的联系。1839 年,作为实证社会学的创始人,孔德在他的《实证哲学教程》中主张用自然主义的科学范式来研究社会现象,并以此创立与自然科学相对应的研究社会的实证经验科学。这种经验科学有别于神学和"形而上学"(欧力同,1987,第 30 页),若狭义来看,实证主义只是孔德建立的实证哲学,他将"实证"定义为:现实的而非幻想的;有用的而非无用的;可靠的而非可疑的;确切的而非含糊的;肯定的而非否定的(林聚任,刘

玉安,2004,第 23 页)。

经典实证主义具有以下特征:(1)研究范式偏向自然科学。在社会学还处于萌芽阶段时,自然科学早已成为"科学界"的标杆,并积极推动了资本主义社会的进步。自然科学凭借其验证假设、实验可重复性等特性,受到了学界推崇。在这种环境的认知下,孔德等早期的社会学家就利用了自然科学的研究方法,如实验法、比较法、观察法等去获得经验知识以及验证其假设。(2)注重研究对象的客观实在性。经典实证主义把人的认知建立在研究主体与客体相互分离的基础上,认为不存在真实的自我或者主体之类的内容,也不关心研究主体本身的态度,过分强调研究对象的客观性。(3)坚持"价值中立"为原则。经典实证主义认为科学的本职在于阐明客观事实,而"实证"是科学的唯一手段,所以在进行社会研究时要保持"价值中立",即研究者在进入工作场域时应避免个人思想及偏好的涉入,不能让经验结果服从于既定的价值预设及判断(王思遥,2020)。

## 二、逻辑实证主义方法论

逻辑实证主义(logical positivism)是经典实证主义的转向形态。1930 年,费格尔提出了"逻辑实证主义",真正意义而言,其代表的是一种哲学流派,主要创立于1930 至 1950 年代。逻辑实证主义在坚持传统经验主义的同时,最大的特点在于强调经验研究要有其严格的程序与逻辑体系,认为科学研究的主要目的在于通过经验事实的逻辑分析找出事物发展的规律。此外,"还对概念意义的逻辑分析加以补充,这种补充是区别孔德实证主义的根本标识"(沃野,1998)。

逻辑实证主义具有以下几点特征:(1)注重科学知识客观性与逻辑性的统一。"客观性"与"逻辑性"的统一充分体现了逻辑实证主义者的实证精神,即若一类知识达到了客观性,那么这类知识一定符合逻辑。将此推理至研究场域中,即认为通过经验研究证实的知识,是客观的且符合逻辑的。(2)强调对科学语言的逻辑分析。逻辑实证主义对语言的逻辑分析主要包括语义分析、句法分析和指号学分析(阙祥才,2016)。语义分析指借助逻辑来分析命题的意义。句法分析指分析科学句子的逻辑句法。指号学分析指把语言的句法、语义及语用合为一体的分析。所以,逻辑实证主义对科学语言的逻辑分析强调语言的意义,即认为语言的意义在于它的用法,而用法离不开语言的经验场域。(3)坚持"归纳主义"为原则。归纳,指普遍性的原理是从特定的观察中发展起来的(阙祥才,2016)。逻辑实证主义认为,科学知识的基础需要依靠经验归纳。与经典实证主义相比,逻辑实证主义将传统的实证主义、经验主义的方法与数理逻辑方法进行结合,发展了社会学研究的数学语言和具体分析技术(Friedman,Michael,1999,p. xiv)。

## 三、后实证主义方法论及其延展

后实证主义(post positivism)是一种"批判的现实主义"(陈向明,2000,第15页)。1970年代以后,亚历山大(2008,第41页)延续了传统实证主义思想,从新功能主义的视角对实证主义进行了改造。他构建了一个从经验环境到形而上学环境的科学连续体,这个连续体从一定程度上克服了形而上学的思辨性,又克服了经验、自然主义的片面性,形成了一个较为成熟、辩证的实证主义方法论。

与经典实证主义相比,后实证主义主要有以下特征:(1)强调以经验环境与形而上学环境的双向互动为研究出发点。后实证主义更强调理论研究的重要性,但也不忽视经验研究。即重视以经验观察为基础,从经验观察中归纳概括出认识,也注重以一般性理论分析为指导,从一般性理论分析过渡到具体研究层面。(2)"价值中立"原则不再坚守。原因首先在于实证主义方法论出现了内部危机,社会学者以经验主义出发建构的研究路径,忽视了社会现象之于自然现象的特殊性。其次也是受到了诸多社会学方法论的威胁。将"价值关涉"作为方法论特征之一的现象学等思潮勃然兴起,这无疑对"价值中立"的观念造成了重创。(3)定量研究与质性研究呈现混合的趋势。就实质而言,后实证主义与前两者一样追求的是确定性的知识。故1980年代起,社会学家们借鉴了后实证主义的理论范畴,开创了建构主义与注重行为效用的实用主义(Kenneth,1985)。有学者还专门对三大主义进行了区分(阿巴斯·塔沙克里,查尔斯·特德莱,2010,第22页),如表1-1所示。后实证主义也开始意识到,定量研究并非是唯一的科学研究方法,将质性研究与定量研究相结合,才能开创社会科学研究的新局面。(4)后实证主义范式多元化。不管是经典实证主义、建构主义还是实用主义,它们都基于洛克的经验主义之下,所以后实证主义的范式也逐步呈现多元化,这也是实证主义发展到今天所呈现的包容性,也是我们讨论教育实证研究方法之理论前提。

表 1-1　后实证主义延伸的三大研究范式比较

| | 经典实证主义 | 建构主义 | 实用主义 |
|---|---|---|---|
| 研究方法 | 定量 | 质性 | 定量＋质性 |
| 推论逻辑 | 演绎 | 归纳 | 演绎＋归纳 |
| 认识论 | 客观论 | 主观论 | 客观论和主观论并存 |
| 价值观 | 价值中立 | 价值关涉 | 在开展研究操作及得出、阐释研究结论时,价值有很大影响 |
| 本体论 | 天真的现实主义 | 相对主义 | 承认外在现实;真理乃选择最能产生预期想要结果的解释 |
| 因果联系 | 结果之前或同时,必有真实的原因 | 事物会相互塑造,无法区分因果 | 可能存在因果联系,需要进一步验证确认 |

# 第二节　教育实证研究的内涵与类型

在教育研究方法体系中,实证与思辨两大研究范式具有相应的方法论地位(姚计海,2017)。伴随着实证主义方法论在社会科学研究中的应用发展,西方的教育研究在方法上普遍走上了实证主义道路,实证研究逐渐成为教育研究的主要方法。近年来,特别是华东师范大学等单位联合发起"全国教育实证研究论坛"以来,教育实证研究在中青年学者中得到广泛响应。但是何为教育实证研究,包括哪些基本类型等方面,仍然有待厘清。

## 一、教育实证研究的内涵

伴随着实证主义方法论的演进历程,教育实证研究也同样经历了三大发展阶段:即纯定量的实证研究阶段(1890 年代末—1930 年代)、定量为主的实证研究阶段(1930 年代—1980 年代)、定量与质性并存的实证研究阶段(1990 年代以来)(程建坤,陈婧,2017)。在此期间,对于教育实证研究的内涵也产生过一定争鸣,主要存在如下两种学术观点。

一是把教育实证研究等同于教育定量研究。教育实证研究是收集第一手资料,并以数字形式呈现相关数据的研究,而查找和比较某一特定主题文献的研究并非实证研究(Wallen, Fraenkel, 2001, p. 6)。第一手资料主要源于观察,特别是对系统的对照性实验的观察，并由此获得经验证据。换句话说，教育实证研究的证据是基于对系统的、标准化的、可控制的实验进行的严谨观察（Hoy，2010，p.5），而人种志、案例研究等质性研究不归入实证研究范畴（Phillips，2005）。二是认为教育实证研究即定量与质性研究结合（Lund，2005；Punch，Oancea，2016）。教育实证研究的本质是要通过可观察的数据来回答教育问题。而这种数据可以分为定量数据和质性数据两种：定量数据是以测量值的形式存在；质性数据是以语言表达的形式，而非数字化形式存在（Punch，Oancea，2016）。

　　尽管对教育实证研究的内涵存在不同理解，但需要承认的是，实证方法首先在自然科学领域得到了成功运用，并成为自然科学研究的基本范式。与此同时，实证研究也渐渐成为包括教育学在内的社会科学研究的共同范式之一。从下文的学术期刊发表的实证研究成果的比例变化趋势即可看出，目前我国教育研究者包括学术期刊，对教育实证研究的认可程度在逐渐提升。对实证研究的内涵和概念也有了逐渐清晰的理解。陶西平（2010）抓住实证研究的本质特征，认为实证研究必须以事实为基础，通过特殊的探索与验证得出研究结论。袁振国（2017）从实证主义方法论的理论基础出发，简洁地将实证研究归纳为基于事实和证据的研究，它是一个不断丰富创新的方法体系。孟万金和郭戈都赞同该看法，认为用证据和数据说话是实证研究的一个重要元素［华东师范大学学报（教育科学版），2017］。胡中锋等人（2020）将"实"与"证"进行解剖，"实"指"事实和证据"，是一个名词；"证"主要指"证明或验证"，是一个动词，实证研究是指根据事实和证据来验证有关研究问题的假设的过程，旨在探求现象之本质和规律。此外，随着"全国教育实证研究论坛"的推进，对于实证研究的内涵也不断深化，在《教育实证研究华东师范大学行动宣言》中，对于实证研究的定义是基于事实和证据的研究，强调的是用科学的方法，获得科学的数据，得出科学的结论，接受科学的检验［华东师范大学学报（教育科学版），2017］。与此同时，华东师范大学教育学部在评选"教育实证研究优秀成果奖"时，对实证研究成果提出了"客观、量化、有定论、可检验"的标准（华东师范大学教育学部，2020）。这些学者的观点及行业的标准，都对"实证研究"有了共同的指向，即用事实检验结论。

　　因此，本研究基于后实证主义方法论的立场，认为教育实证研究是在教育场域中开展的基于事实和证据的研究。具体地讲，教育实证研究是通过对研究对象进行观察、实验、访谈或调查等形式,对收集的数据或信息进行分析和解释,以事实为证据探讨事物发展规律,以期解决相关教育问题的一种研究范式。教育实证研究应包括教育的定量研究、质性研究与混合方法研究(朱军文,马银琦,2020)。

## 二、教育实证研究的类型

教育实证研究的对立面不是思想、理论、价值或定性的思辨与判断,而是形而上学的武断、无根据的判断和情绪性的表达(袁振国,2017)。基于这种共识,教育实证研究从外延上也就包括了定量研究、质性研究以及混合研究三个大的类型(姚计海,2017;陆根书等,2016)。

教育定量研究强调研究者对事物可观测的部分及其相互关系进行测量、计算和分析,以达到对事物本质的把握。部分学者将教育定量研究具体类型细分为调查研究、相关研究、原因比较研究、实验研究和单一被试实验研究(Gay, Mills, Airasiam, 2012, p. ix; Fraenkel, Wallen, Hyun, 2015);也有学者将教育定量研究划分为实验研究和非实验研究两类(Johnson, Christensen, 2012, pp. 41 - 52; Schreiber, Asner-Self, 2011, p. 3),实验研究包括真实验、准实验、单一被试实验和前实验设计等;非实验研究包括描述研究、比较研究、调查研究和事后回溯研究等(Bryan, Lysandra, 2008; Schreiber, Asner-Self, 2011, pp. 13 - 16)。

教育质性研究强调研究者通过与研究对象之间的互动对事物进行深入、细致、长期的体验,对事物的现象进行整体性探究分析,得到较为全面的解释性理解或形成理论。有关教育质性研究的具体类型,学者们各抒己见:部分学者认为教育质性研究方法包括现象学方法、扎根理论、案例研究、人种志、叙述研究、后现代-后结构主义研究(Merriam, Associates, 2002, p. 6; Johnson, Christensen, 2012, pp. 48 - 50; Denzin, Lincoln, 2000, pp. 1 - 28;朱志勇,2005);有学者认为教育质性研究方法除了上述几种外,还包含行动研究(Punch, 2009, p. 111),当然也有学者认为行动研究的性质应区别于教育实证研究,其并不属于教育质性研究的传统研究类型(Mishra, 2013, p. 34; Mertler, 2009, p. 3)。

教育混合研究兼顾量化与质性研究的特点,它是基于实用主义方法论下的研究方法(程天君,2014),强调量化研究和质性研究都具有重要价值,且具有互补性,可以在一个研究中混合使用并发挥两者的独到优势。也有学者认为,混合研究是一种有别于量化与质性研究的特殊方法论,被称为第三种研究范式(Johnson,Onwuegbuzie,2004;李刚,王红蕾,2016)。

在参考国内外学者对教育实证研究分类的基础上,本研究将教育实证研究分为质性研究、定量研究、混合研究三个类别,在这些类别下又细分不同的研究类型。表1-2列出了本研究对教育实证研究的具体分类。

表1-2　教育实证研究类型

| 教育实证研究类型 | | | 教育实证研究类型阐释 |
|---|---|---|---|
| 教育实证研究 | 质性研究 | 个案研究 | 以特定的事件为观察对象并提出参考性或咨询性意见的研究 |
| | | 叙事研究 | 通过故事叙述的形式来揭示研究对象的内在世界 |
| | | 行动研究 | 研究重点不在于描述事实,而在于制定行动方案,改善行动 |
| | | 民族志研究 | 强调实地考察、进行田野研究,解释研究对象独特的理解世界的方式和生活方式 |
| | | 扎根理论 | 在系统性收集资料的基础上寻找反映事物现象本质的核心概念,通过这些概念之间的联系建构相关的社会理论 |
| | | 话语分析 | 对话语的有关维度进行综合性的描述,包括语言使用、信念传递、社会情境中的互动等,也包括批判性话语分析 |
| | | 其他质性研究 | 包括口述史研究、现象学研究、常人方法学等 |
| | 定量研究 | 实验研究 | 经过精心的设计,并在高度控制的条件下,研究者通过操纵某些因素,来研究变量之间因果关系的方法 |
| | | 统计调查 | 根据调查的目的与要求,运用科学的调查方法,有计划、有组织地搜集数据信息资料的统计方法 |
| | | 其他定量研究及分析方法 | 如用文献计量、科学计量、经济计量等方法处理教育活动之间的关系,具体采用描述性统计分析、因子分析、方差分析、回归分析、时间序列分析、生存函数分析等方法的研究,也包括采用分层线性模型(HLM)、数据包络分析(DEA)、社会网络分析、元分析(META)、因果判断等高级统计分析方法的研究 |
| | 混合研究 | | 既采用质性研究方法,又采用定量研究方法的研究 |

注:通过言辞辩论对事物性质进行探讨,包括文献综述、概念分析、理论研究、历史研究等不囊括于教育实证研究类型。

## 第三节　教育实证研究的特征：一项元分析

早前，为了对教育实证研究的发展状况做个全面系统分析，我们选取了一批中外代表性期刊，根据对教育实证研究概念和类型的界定，做了一项元分析，对近些年我国教育实证研究的特征、趋势及未来发展亟待改进的方面做了研究（朱军文，马银琦，2020）。通过这项研究，可以对教育实证研究的总体样态有个判断，也可以看出教育实证研究目前的主要特征。

### 一、甄别教育实证研究成果的关键词

本研究以 2015—2019 年间有代表性的教育学期刊上发表的实证研究论文为样本，分析实证方法在国内外教育研究中的应用和变化趋势。在国内教育学期刊选取上，以 2019—2020 年度中文社会科学引文索引（CSSCI）期刊目录中教育学来源期刊为参考范围，综合考虑期刊定位、期刊影响因子，同时兼顾教育学各二级学科分布等因素，选取 15 本有代表性的学术期刊作为分析样本。在国外教育学期刊选取上，以北美、欧洲、澳洲等地区或国家的教育学学会会刊为对象，根据影响因子的高低及同行的声誉情况，兼顾区域均衡，选取 8 本被社会科学引文索引（SSCI）数据库收录的教育学术期刊为样本。

在上述总样本文献中，要对"教育实证研究"文献进行筛选。第一步：下载题录数据及全文。在中国知网（CNKI）、CSSCI 和 Web of Science 分别下载国内外指定期刊 2014—2019 年的题录数据，并下载 PDF 全文。

第二步：确定检索关键词。综合检索的科学性与便利性，本研究基于"摘要"提取关键词来筛选实证文献。基于实证研究及"摘要"撰写的特性会发现，实证研究的文献"摘要"会清楚交待其研究方法、采用的数据内容、分析方法及结果。所以，本研究从类型、方法、内容、分析四个层级构建主要的"教育实证研究"特征关键词包，如表 1-3 所示。

第三步：初步检索中英文教育实证文献。由于 CNKI 拥有相对 CSSCI 库更完善的"摘要"检索工具，CSSCI 库拥有相对 CNKI 更好的题录转换功能，所以在检索中文教育实证文献时，首先运用上述关键词在 CNKI 中对文献"摘要"通过设置或

表 1-3　"教育实证研究"特征的关键词包

| 词包层级 | 中文主要关键词 | 英文主要关键词 |
| --- | --- | --- |
| 类型层 | "实证""定量/量化""定性/质性" | "empirical""quantitative""qualitative" |
| 方法层 | "调查/调研""案例/个案""访谈""叙事""口述""田野" | "investigate/survey""case""interview""narrative" |
| 内容层 | "数据""文本" | "data" |
| 分析层 | "影响""结果" | "effect""result" |

关系进行高级模糊检索,筛选出来的实证文献再通过 CSSCI 库进行题录转换。对于英文教育实证文献的筛选,则是先在 Web of Science 下载全部英文期刊题录,将题录格式转换至 EXCEL,在 EXCEL 中对题录中的"摘要"根据关键词进行筛选。

第四步:对筛选出的文献利用 Python 进行人工核验,根据上述教育实证研究类型剔除与增补实证文献,最终确认"教育实证研究"的文献样本。

## 二、教育实证研究普及程度的中外对比

通过对中外教育研究期刊发表的论文所采用研究方法的描述性统计分析,可以发现实证研究在国内外学术同行中的普及程度,仍然有较大差异。国外的教育研究,基本上以实证研究方法为主,我国的教育研究采用实证方法的成果快速提升,但仍然有很长的一段路需要走。

### (一)我国教育期刊实证研究论文载文量及其占比趋势

我国 15 本教育研究期刊的实证研究论文载文量、占比及其年占比增长率如表 1-4 所示。2015—2019 年样本期刊实证研究论文总数为 3 808 篇,占载文总数的比例为 36.3%。如果以 2014 年的实证论文占比 32.2% 为基点,2015 年增长了 2.2 个百分点。五年期间,样本期刊实证研究论文占比每年稳步增长,从 2015 年的 34.4% 提升至 2019 年的 38.6%,占比年增长率为 3.7%。样本期刊年载文量从 2014 年的 2 335 篇跌至 2019 年的 2 015 篇,但年实证研究论文保持着一定的增长。总体的数据表明,我国教育实证研究论文占论文总数的比例持续增长,教育实证研究在被更多地接受和采用。

表 1-4　我国教育期刊实证研究论文载文量及其占比趋势

| 期刊名称 | 实证研究论文占比（%） | | | | | | 五年共计 | 年占比增长率（%） | 五年实证量/总载文量 |
|---|---|---|---|---|---|---|---|---|---|
| | 2014 | 2015 | 2016 | 2017 | 2018 | 2019 | | | |
| 北京大学教育评论 | 56.4 | 70.0 | 50.0 | 63.2 | 42.9 | 59.0 | 56.9 | 0.9 | 111/195 |
| 比较教育研究 | 34.6 | 34.7 | 35.2 | 36.9 | 38.8 | 40.2 | 36.5 | 3.1 | 333/900 |
| 复旦教育论坛 | 49.0 | 59.0 | 54.3 | 55.6 | 61.1 | 50.0 | 56.0 | 0.4 | 260/464 |
| 高等教育研究 | 38.8 | 33.0 | 41.8 | 38.3 | 45.6 | 43.4 | 40.3 | 2.3 | 333/827 |
| 湖南师范大学教育科学学报 | 11.6 | 15.5 | 24.6 | 19.8 | 23.4 | 22.0 | 20.8 | 13.7 | 118/566 |
| 华东师范大学学报（教育科学版） | 24.2 | 28.4 | 31.5 | 44.0 | 44.4 | 46.2 | 40.1 | 13.8 | 152/379 |
| 教育发展研究 | 31.1 | 29.5 | 37.1 | 39.4 | 40.1 | 45.8 | 38.0 | 8.1 | 511/1 343 |
| 教育科学 | 35.9 | 43.5 | 47.7 | 45.8 | 41.0 | 38.0 | 43.3 | 1.1 | 184/425 |
| 教育学报 | 23.1 | 37.3 | 39.8 | 38.1 | 30.2 | 33.3 | 35.8 | 7.6 | 152/425 |
| 教育研究 | 27.3 | 33.3 | 28.4 | 29.4 | 29.1 | 30.5 | 30.1 | 2.2 | 330/1 095 |
| 教育研究与实验 | 30.0 | 34.9 | 36.5 | 37.2 | 35.3 | 44.1 | 37.5 | 8.0 | 187/499 |
| 课程·教材·教法 | 32.5 | 32.8 | 34.8 | 30.0 | 33.7 | 32.6 | 32.8 | 0.8 | 384/1 170 |
| 清华大学教育研究 | 39.6 | 43.0 | 52.7 | 40.0 | 43.0 | 39.6 | 43.6 | 0.0 | 202/463 |
| 学前教育研究 | 50.7 | 51.1 | 54.0 | 54.5 | 57.7 | 56.3 | 54.5 | 2.1 | 324/594 |
| 中国教育学刊 | 23.7 | 22.1 | 13.2 | 16.9 | 23.3 | 24.3 | 19.9 | 0.5 | 227/1 140 |
| 共计 | 32.2 | 34.4 | 35.7 | 35.7 | 37.4 | 38.6 | 36.3 | 3.7 | 3 808/10 485 |

　　注：实证占比数据由 15 本中文期刊的实证研究论文量除以总文献量得出，五年共计指 2015—2019 年范围的实证研究论文量，因 2014 年为基准年，不属于总样本研究范畴。

### （二）国外教育期刊实证研究论文载文量及其占比趋势

　　国外 8 本教育研究期刊的实证研究论文载文量、占比及其年占比增长率如表 1-5 所示。2015—2019 年样本期刊实证研究论文总数为 1 273 篇，占载文总数的比例为 86.2%。如果以 2014 年的实证论文占比 76.9% 为基点，2015 年增长了 4.3 个百分点。五年期间，样本期刊实证研究论文占比每年稳步增长，从 2015 年的 81.2% 提升至 2019 年的 90.7%，占比年增长率为 3.4%。部分期刊的个别年份，其刊载的全部是教育实证研究论文。这可以从另外一个角度表明，实证研究是国外教育研究的主流方法，在教育研究中被普遍接受。

表 1-5　国外教育期刊实证研究论文载文量及其占比趋势

| 期刊名称 | 实证研究论文占比（%） | | | | | | | 年占比增长率（%） | 五年实证量/总载文量 |
|---|---|---|---|---|---|---|---|---|---|
| | 2014 | 2015 | 2016 | 2017 | 2018 | 2019 | 五年共计 | | |
| American Educational Research Journal | 97.2 | 97.2 | 96.4 | 97.4 | 100.0 | 97.3 | 97.5 | 0.0 | 235/241 |
| American Journal of Education | 78.9 | 100.0 | 94.7 | 94.7 | 100.0 | 100 | 97.8 | 4.8 | 90/92 |
| Australian Journal of Education | 70.0 | 89.5 | 86.7 | 94.4 | 94.4 | 100 | 93.1 | 7.4 | 81/87 |
| British Educational Research Journal | 77.8 | 96.5 | 90.9 | 95.0 | 94.6 | 94.7 | 94.4 | 4.0 | 269/285 |
| British Journal of Educational Studies | 63.6 | 60.0 | 56.5 | 47.8 | 70.8 | 51.9 | 57.3 | -4.0 | 67/117 |
| Educational Researcher | 64.1 | 59.0 | 55.3 | 75.6 | 84.8 | 75.5 | 70.3 | 3.3 | 156/222 |
| European Journal of Education | 62.2 | 41.4 | 84.6 | 72.1 | 78.9 | 92.9 | 75.3 | 8.6 | 134/178 |
| Scandinavian Journal of Educational Research | 92.7 | 92.7 | 83.3 | 95.6 | 96.6 | 100.0 | 94.5 | 1.5 | 241/255 |
| 共计 | 76.9 | 81.2 | 81.6 | 85.4 | 90.5 | 90.7 | 86.2 | 3.4 | 1 273/1 477 |

注：实证占比数据由 8 本英文期刊的实证研究论文量除以总文献量得出，五年共计指 2015—2019 年范围的实证研究论文量，因 2014 年为基准年，不属于总样本研究范畴。

　　然而，对比英文教育期刊实证研究论文载文量及其占比趋势，我们可以发现我国教育实证研究的比重与国外的教育研究相比较，仍然存在较大的差距。实证研究无疑是当今国际教育研究的主流话语表达方式及方法，相比之下，我国的教育实证研究仍明显落后于国外，推进教育实证研究之路任重道远。

**（三）教育实证研究的几个关键特征**

　　对教育实证研究特征进行总结的学者不在少数，但基本嵌套在孔德提出的实证研究特征范畴下（涂元玲，2007）。本研究认为，教育研究有其学科独特性，不仅与自然科学研究完全不同，与其他社会科学研究也有一定差异。

　　具备指向真实教育情境的真问题。教育实证研究的对象是教育经验，因而教育实证研究的问题也是在真实教育情境下的经验问题。教育实证研究与其他实证研究最大的不同在于,它的研究对象不是纯客观的现象。教育情境下的问题大多不是单一的因果关系就能解释的,物质因素、人际关系因素、利益相关者因素等多因素相互交织,相互作用(安文铸,2017)。此外,教育情境下的问题同时具备教育学性,即以教育学本质为基础、以教育人性假设为核心形成的一套教育学属性(李均,2018)。这就使得我们在一一解剖教育问题时,需要涉及教育学的本质、人性假设、学科立场、文化性格、论证方式等。

具备基于实证主义范式的研究设计。在科学化解决教育问题的过程中,既离不开相关理论的支撑和理论研究的归纳逻辑,也离不开基于各种量化和质性数据资料的实证证明(Mayer,2005,pp. 25 - 26)。正如扈中平(2003)所说,"不用实证的设计,如统计与测量,怎么能把握教育活动的普遍性?"美国国家研究委员会在《教育的科学研究》中指出科学研究六原则:一是提出重要且可以进行实证的问题;二是将研究问题与相应理论建立起联系;三是尽量使用能直接解决研究问题的方法;四是展示合乎情理且明晰的推理过程;五是开展各种验证性研究并将其进行推广;六是分享研究结果并鼓励专业人员的检验与批评(Shavelson,Towne,2002,pp. 1 - 10)。这六条原则恰好指出了开展教育实证研究的科学设计过程。

具备应对各类复杂教育问题的多元方法。一般而言,在教育研究领域,研究方法的基本范式包括思辨研究和实证研究。有一种比较普遍的观点认为,教育研究方法包括思辨研究、定量研究、质性研究三种类型(高耀明,范围,2010)。还有观点认为,教育研究方法分为哲学思辨研究、量化研究、质性研究和混合研究(张绘,2012)。由此可见,教育实证研究的方法不是单一的,而是多元的。教育实证研究方法与教育情境问题是相辅相成的关系,一方面教育情境问题的复杂性促使教育实证研究方法的多元化发展;同时实证研究方法的多元化能适切各类教育情境的真问题。

具备基于事实和证据的研究发现或理论检验。实证研究与其他研究的本质差异在于"证",教育实证研究也不例外。教育实证研究的目的是验证有关教育的假设,寻求教育研究问题的答案(胡中锋,禹薇,2020)。所以,教育实证研究具备基于事实和证据的研究发现或理论检验。"提出假设,然后进行检验"被视为科学研究的灵魂。经典社会科学遵循一个基本预设:社会现象也存在内部规律,研究的任务就是找出其中的规律并加以解释。研究中,假设是连接理论与经验证据的中间桥梁,假设是论文的核心观点,但需要加以证实才能成为知识(戚务念,2017)。

教育实证研究得出的规律具有相对性。教育实证研究针对教育事实进行总结并进行验证,肯定是要得出教育的规律的,但这些规律是相对的。首先,实证研究的逻辑推演具有或然性。逻辑学表明,要想做到推理具有必然性的内在逻辑是不可能的,科学推理仍存在"只具有或然性"。因此,研究得到的结论或许只代表一种可能性;如果研究前提是正确的并且推理过程正确,那么也能得到一个可能正确的结论,实际结果可能还有别的表现形式(胡中锋,禹薇,2020)。其次,社会科学研究中事件的因果关系与自然科学中事件的因果关系有很大差别。在自然科学中,因果关系的存在具有必然性、稳定性,只要基本条件满足,结果就必然会发生。然而,在社会科学中,不存在这种定律式的因果关系,社会科学事件所表现出的因果关系是概率性的(柯政,2017)。

## 第四节　有关教育实证研究的误区或争议

在学界大力倡导实证研究的背景下,实证研究已然成为教育研究领域的新风尚。然而,教育实证研究在发展过程中仍然存在一些争议,一些误区。对争议和误区进行再审视再讨论,对推动教育实证研究是必要的。

### 一、对教育实证研究理解偏误的两个层面

教育实证研究目前存在的一些争议或误区表现在宏观和微观两个层面,即方法论层面和具体的操作层面,如图 1-1。在方法论上的误区有三个方面:认为教育思辨研究作为教育实证研究的对立面;认为教育实证研究仅是一种单一的研究方法;认为教育实证研究就是教育经验(定量)研究。在具体操作上主要也存在两个方面的误区:认为教育实证研究奉行统计主义与方法至上原则;教育实证研究研究设计与结论上的虚化。

### 二、教育实证研究的对立面是教育思辨研究

在教育实证研究的发展过程中,为了标榜教育实证研究的作用,常常刻意在意识形态上将教育思辨研究进行区分甚至是贬低,认为教育实证研究的对立面是教

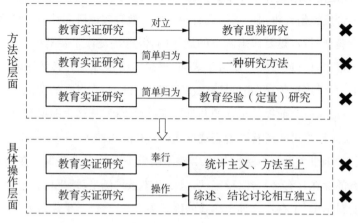

图 1-1　教育实证研究在方法论及具体操作层面存在的误区

育思辨研究,从而陷入"虚假二元论"的境地。"虚假二元论"指教育研究者将实证研究与理论思辨放在了彼此对立的立场上,排斥理论思辨在实证研究中的合理地位,最终造成教育实证研究中理论贫瘠的尴尬处境(Pring,2000)。

　　教育实证研究的对立面并不是教育思辨研究,而是形而上学的武断、无根据的判断和情绪性的表达。造成这种误区的主要原因是故意夸大了教育实证研究与教育思辨研究的区别。教育思辨研究与教育实证研究在研究对象、思路方法、证据运用上存在一定区别。在研究对象上,教育思辨的研究对象是超验的,教育实证的研究对象主要是经验的(王卫华,2019);在思路方法上,教育思辨研究遵循演绎法思路,教育实证研究总体遵循归纳法的思路(姚计海,2017);在证据运用上,教育思辨和教育实证研究都需要运用证据,教育思辨研究中证据是为观点服务的,教育实证研究中的证据属于充分条件(Phillips,2006)。

　　教育思辨研究与教育实证研究是相伴相生、相互渗透、各有所长的,范式的交叉融合才能解决复杂而丰富多彩的教育研究问题(马勇军,等,2019)。优秀的教育实证研究以优秀的教育思辨研究为前提。美国物理学家霍尔顿(Holton,1983,第283页)认为,"给思辨设置障碍就是对未来的背叛",这充分说明思辨研究对后续实证研究的重要影响。教育思辨研究也要充分吸收教育实证研究成果。尽管我们对思辨研究的现实功能拥有足够大的宽容度,但它终究是要给予现实指导与启发,不然思辨研究便会陷入形而上学,而思辨观点的现实功能如何,很大程度上与它所占有的确证证据密切相关,而对于确切证据的获取需要实证研究(Golding,2013)。所以,将教育实证研究与教育思辨研究对立是一大误区,无论在促进教育知识进步序列中,还是两种范式自身的发展中,两者并不构成冲突。

## 三、教育实证研究仅是一种研究方法

　　虽然关于教育实证研究究竟是不是教育研究中的一种研究方法,对此没有专门的分析,但在一些专门论述教育实证研究的文献中,不言自明地认为它是一种研究方法。例如在《教育实证研究方法的分析与研究方法的多元化》一文中,探讨了关于教育研究的实证这一"方法"的特征等若干问题(金生鈜,1993),将教育实证研究不言自明地看作一种"方法"。再如有学者在表述过程中,阐述到"教育实证的方法不是导自哲学,而是来源于社会学和心理学"(郑金洲,2003,第36页),很明显这句话同样将教育实证研究视为"方法"之列。

　　将教育实证研究仅视为研究方法显然是一种误区,从第一节实证主义方法论的历史演变中,我们已经谈到教育实证研究的发展历程与其理论基础的变化密切相关。教育实证研究拥有一个完整严密的方法论体系。美国学者帕金赫姆在其专著中提到"方法论",其基本意思是:如何实施拟定的研究计划,程序的指导下如何具体实施,如何进行具体性的研究操作(Polkinghome,1983,pp.21-35)。叶澜在讨论教育研究方法论时,认为方法论知识体系结构存在四个层次:第一层次为哲学方法论,第二层次为系统科学及数学方法论,第三层次是自然科学、社会科学及科学学方法论,第四层次是各门具体学科方法论(叶澜,1999,第15页)。徐建华等人在该方法论基础上,对教育科学研究方法知识体系进行了建构,认为教育实证研究隶属于各门具体科学方法论,在教育实证研究方法论体系中,同样存在四个层次,第一层即方法观;第二层是研究范式、研究类型及研究视角;第三层是收集资料、分析资料方法;第四层是相应方法技术与做法(徐建华,张天雪,2012)。综上所述,教育实证研究并不是简单的一种研究方法,而是一种科学严谨的方法论。

## 四、教育实证研究是关于教育的经验(定量)研究

　　在早年的文献材料中,有学者提出,"……经验研究,或曰实证性研究,即对教育现象与问题的事实层面加以探讨"(朱志勇,2005),在有学者提出"实证主义的研

究方法一直是西方教育研究的方法论和元叙述方式"之后,举了例子,将这个例子认为是"就是典型的、很有影响的经验主义的研究"(程晋宽,2002)。还有学者认为实证研究的基本特征或要求为:客观/证据、量化、定论、可检验/可重复,且教育的民族志等质性研究不属于教育实证研究范畴(涂元玲,2007)。这些过分强调经验或定量研究,甚至将质性研究排除在教育实证研究范畴内的观点,并不符合教育研究的基本特征。

将教育实证研究与经验研究或与定量研究划等号,把质性研究看作非实证研究,这是一个较大的认知误区。首先从方法论角度看,教育实证研究已经经历了经典实证主义、逻辑实证主义两个阶段,并正处于后实证主义时期(Clark,1998;Letourneau,Allen,2010)。在这一时期,经典实证主义和逻辑实证主义排斥一切形而上、一味追求逻辑分析、大力倡导定量研究的做法受到了猛烈批判;而质性研究也因其"经常保持私密状态,无法公开检验"等特点备受争议(Constas,1992)。面对研究范式的争议,教育研究领域"混合方法研究"范式时代孕育而生(Johnson,Onwuegbuzie,2004),在该时期则出现了定量研究、质性研究和混合研究并存的局面。其次,从具体场域活动看,这样的误区同样来自对教育研究的复杂性考虑不足(朱玉军,王香凤,2022)。教育实证研究范式是来源于自然科学,在自然科学研究中主要是定量研究。然而教育实证研究的研究对象是社会群体,无法单靠数字或统计计算来表达教育场域中的人的情感、态度、价值观等方面的内容。

## 五、教育实证研究奉行统计主义与方法至上原则

在中国教育学界的这场实证研究热潮中,有些学者将教育实证研究窄化为"教育统计研究",陷入了"统计主义"误区。"统计主义"是指在教育实证研究过程中,奉行方法至上的原则,追求复杂的统计工具和方法模型,以此标榜自己的学术价值,甚至进入了数据崇拜的迷思,片面地将数据等同于客观事实,忽视教育事实中的思想、道德、情感、价值和人性等主体精神(王思遥,2020)。

统计方法是教育实证研究的重要方法,但若在实证研究中陷入"统计主义"的窠臼,就是一种值得警惕的错误倾向和行为。这种行为主要体现在三个方面:一是方法中心,问题边缘。极端的"统计主义"过分迷信函数、方程和复杂的程序计算,其挖空心思统计出来的结果往往缺乏实际意义或只是为常识做脚注(米尔斯,

2012,第 133—134 页)。二是数据中心,事实边缘。教育事实是"主体性事实,只有通过教育者与受教育者发生协同作用才能表现出来"(胡炳仙,2006)。"统计主义"认定数据就是事实,将数据的功能中心化、绝对化、本质化,这只能让研究者成为数据的附庸,而远离了教育事实的本质。三是格式中心,思想边缘。"数据、统计方法、理念,三者缺一不可,其中,理念是最重要的。"(杨晓萍,2013)但是秉持"统计主义"的教育学对"规范"格式的追求近乎刻板,遵循一定的格式是学术研究的基本要求,但刻板的格式化研究对学者思想的束缚是显而易见的。因此,李均(2018)强调,研究者应警惕将教育实证研究窄化为教育统计研究的倾向,以免走上教育学者"工匠化"、教育理论"符号化"、学科使命"空心化"的歧途。

## 六、教育实证研究中具体使用层面的误区

对教育实证研究理解的偏误,往往造成具体使用层面出现诸多问题,包括研究结论的外推、文献综述与讨论对话等方面(钟柏昌,刘晓凡,2021)。以下具体使用误区均通过学者调查结果总结得出。

研究结论的过度推断。部分实证研究存在"虚假首要性"与"虚假确定性",前者与教育世界的复杂数学相悖,不利于构建一个更开放、更多元的教育世界(王思遥,2020);后者是指教育研究者无视世界的多变性与复杂性,安居学术一隅,重复常规科学的解谜活动,试图以确定的数据揭示不确定的客观世界(Barnett,2000)。它们两者的共同特点就是未遵循合理的外推逻辑就将研究结论过度推断。例如,在调查研究中,若将非概率抽样所获样本得出的研究结论进行概率性外推,则属于不符合"总体代表性"的概率性外推,可判定为具有"虚假首要性"倾向。在个案研究中,某些研究未说明对象的"类型代表性",也未作个案情境的相似性比较,却将研究结论外推至泛在的研究对象上并提出了全局意义的政策建议(钟柏昌,刘晓凡,2021)。

文献综述与结果讨论的虚化。实证研究的重点环节是反映专业理解程度的文献综述而非数据搜集和分析(Hart,1998,pp. 15 - 20)。而针对研究结果的讨论,需要结合文献综述及理论基础提到的过往研究进行学术对话,明确自己的研究与前人的区别与联系,并进一步追溯深层次原因。目前学者调查发现,在我国教育实证研究过程当中,存在两个问题:一是文献综述存在明显的系统性不足,国内教育

实证研究的成果在综述时很少全面覆盖中英文文献，从这个意义上说，国内教育实证研究者在文献综述上尚有较大改进空间；二是结果讨论较为空洞与虚化，调查发现，大部分教育实证研究论文成果虽然指出了其研究结果与已有研究的差别，但未进一步讨论产生差别的原因或条件，此外，鲜有研究将研究结果与过往研究相联系，其研究成果之于知识圈的创新贡献语焉不详。从这个意义上说，国内教育实证研究的研究讨论是较为空洞的，存在为"实证方法"而得出"实证结论"的表象。因此，要重视因果关系的探寻和理论创新，遵循实证研究结论外推的基本逻辑，发挥实证研究中综述与讨论的价值。

## 参考文献

Barnett，R.（2000）. University knowledge in an age of super complexity. *Higher Education*，40（4），409 - 422.

Baronov，D.（2012）. *Conceptual foundations of social research methods*（*2nd*）. Boulder：Paradigm Publishers.

Bryan，C.，Lysandra，C.（2008）. Nonexperimental quantitative research and its role in guiding instruction. *Intervention in School and Clinic*，44（2），98 - 104.

Clark，A. M.（1998）. The qualitative-quantitative debate：moving from positivism and confrontation to post-positivism and reconciliation. *Journal of Advanced Nursing*，27（6），1242 - 1249.

Comte，A.（2001）. *The positive philosophy of August Comte*（*Vol 1*）. Translated by Harriet Martineau. Bristoal：Thoemmes Press.

Constas，M. A.（1992）. Qualitative analysis as a public event：The documentation of category development procedures. *American Educational Research Journal*，29（2），253 - 266.

Denzin，N. K.，Lincoln，Y. S.（2000）. *Handbook of qualitative research*. Thousand Oaks，CA：SAGE.

Fraenkel，J. K.，Wallen，N. E.，Hyun，H. H.（2015）. *How to design and evaluate research in education*（*9th ed*.）. New York：McGraw-Hill Education.

Friedman，M.，Michael，F.（1999）. *Reconsidering logical positivism*. Cambridge：Cambridge University Press.

Gay，L. R.，Mills，G. E.，Airasiam，P.（2012）. *Educational research：competencies for analysis*（*10th ed*）. New York：Pearson.

Golding，C.（2013）. Must we gather data? A place for the philosophical study of higher education. *Higher Education Research and Development*，32（1），152 - 155.

Hart，C.（1998）. *Doing a literature review：releasing the social science research imagination*. Los Angeles：SAGE Publications.

Hoy，W. K.（2010）. *Quantitiave research in education：a primer*. Thousand Oaks：SAGE Publications.

Johnson R.，Onwuegbuzie A.（2004）. Mixed methods research：paradigm whose time has come. *Educational Researcher*，（07），14 - 26.

Johnson，R. B.，Christensen，L.（2012）. *Educational research：quantitative，qualitative，and mixed approaches*（*4th ed*）. Los Angeles：SAGE Publications，Inc.

Johnson，R. B.，Onwuegbuzie，A. J.（2004）. Mixed methods research：a research paradigm whose time has come. *Educational Researcher*，33(7)，14-26.

Kenneth，J. G.（1985）. The social constructionist movement in modern psychology. *American Psychologist*，40(3)，266-275.

Letourneau，N.，Allen，M.（2010）. Post-positivistic critical multiplism：a beginning dialogue. *Journal of Advanced Nursing*，30(3)，623-630.

Lund，T.（2005）. A metamodel of central inferences in empirical research. *Scandinavian Journal of Educational Research*，49(4)，385-398.

Mayer，R.（2005）. *The Cambridge handbook of multimedia learning*. Cambridge：Cambridge University Press.

Merriam，S. B.，Associates.（2002）. *Qualitative research in practice：examples for discussion and analysis*（*1st ed*.）. San Francisco：Jossey-Bass.

Mertler，C. A.（2009）. *Action research：Teachers as researchers in the classroom-2nd ed*. Los Angeles：SAGE Publications.

Mishra，R. C.（2013）. *Encyclopedia of educational research：Exploring educational research*（*Vol. IV*）. New Delhi：A. P. H. Publishing Corporation.

Phillips，D. C.（2006）. A guide for the perplexed：scientific educational research，methodolatry，and the gold versus platinum standards. *Educational Research Review*，1(1)，15-26.

Phillips，D. C.（2005）. The contested nature of empirical educational research（and why philosophy of education offers little help）. *Journal of Philosophy of Education*，39(4)，577-597.

Polkinghome，D.（1983）. *Methodology for the human science system of inquiry*. Albany：State University of New York Press.

Pring，R.（2000）. The 'false dualism' of educational research. *Journal of Philosophy of Education*，34(2)，247-260.

Punch，K. F.，Oancea，A. E.（2016）. Introduction to research methods in education. *Technology & Health Care Official Journal of the European Society for Engineering & Medicine*，13(4)，331.

Punch，K. F.（2009）. *Introduction to research methods in education*. London：SAGE Publication Ltd.

Schreiber，J. B.，Asner-Self，K.（2011）. *Educational research：The interrelationship of questions，sampling，design，and analysis*. New York：John Wiley & Sons，Inc.

Shavelson，R. J.，Towne，L.（2002）. *Scientific research in education*. Washington，D. C.：National Academies Press.

Wallen，N. E.，Fraenkel，J. R.（2001）. *Educational research：A guide to the process*（*2nd ed*.）. Mahwah：Lawrence Erlbaum Associates.

［美］阿巴斯·塔沙克里,查尔斯·特德莱.（2010）.混合方法论:定性方法和定量方法的结合.唐海华,译.重庆:重庆大学出版社,2010.

安文铸.（2017）.从哲学到一般科学方法论——关于教育管理研究中的方法论问题.现代教育论丛,（04）,2-6.

陈向明.（2000）.质的研究方法与社会科学研究.北京:教育科学出版社.

程建坤,陈婧.（2017）.教育实证研究:历程、现状和走向.华东师范大学学报（教育科学版）,（03）,150-158.

程晋宽.(2002).论西方教育管理的实证主义研究传统.比较教育研究,(09),1-7.

程天君.(2014).从"纯粹主义"到"实用主义"——教育社会学研究方法论的新动向.教育研究与实验,(01),5-12.

高耀明,范围.(2010).中国高等教育研究方法:1979—2008——基于CNKI中国引文数据库(新)"高等教育专题"高被引论文的内容分析.大学教育科学,(03),18-25.

胡炳仙.(2006).教育学性:教育学之理论基础.当代教育科学,(01),6-8+13.

胡中锋,禹薇.(2020).教育实证研究之深度反思.华南师范大学学报(社会科学版),(05),138-149.

扈中平.(2003).教育研究必须坚持科学人文主义的方法论.教育研究,(03),14-17.

华东师范大学教育学部.(2020).关于启动第六届"教育实证研究优秀成果奖"评选工作的通知.https://mp.weixin.qq.com/s?__biz=MjM5NTcxNTQ3MA==&mid=2651801874&idx=1&sn=4a2c0c0cc62b0a6b51e3378180606bfd&chksm=bd0fa9f38a7820e5ed7e144845b493b28b215fe370b02e0bf76066e0e9af9301f1c7e7da6c92&scene=27.

华东师范大学学报(教育科学版).(2017).加强教育实证研究,提高教育科研水平——"第二届全国教育实证研究专题论坛"及"全国教育实证研究联席会议"成果览要.华东师范大学学报(教育科学版),(03),18-36.

华东师范大学学报(教育科学版).(2017).教育实证研究华东师范大学行动宣言.华东师范大学学报(教育科学版),(03),1-3.

[美]霍尔顿(1983).物理科学的概念和理论导论(上册).张大卫,等,译.北京:人民教育出版社.

金生鈜.(1993).教育研究实证方法的分析与研究方法的多元化.教育研究,(07),65-70.

柯政.(2017).教育科学知识的积累进步——兼谈美国教育实证研究战略.华东师范大学学报(教育科学版),(03),37-46+168.

李刚,王红蕾.(2016).混合方法研究的方法论与实践尝试:共识、争议与反思.华东师范大学学报(教育科学版),(04),98-105.

李均.(2018).教育实证研究不可陷入"统计主义"窠臼.高等教育研究,(11),64-70.

林聚任,刘玉安.(2004).社会科学研究方法.济南:山东人民出版社.

陆根书,刘萍,陈晨,刘琰.(2016).中外教育研究方法比较——基于国内外九种教育研究期刊的实证分析.高等教育研究,(10),59-69.

马勇军,姜雪青,杨进中.(2019).思辨、实证与行动:教育研究的三维空间.中国教育科学(中英文),(05),111-122.

[美]米尔斯.(2012).社会学的想象力.陈强,张永强,译.北京:生活·读书·新知三联书店.

欧力同.(1987).孔德及其实证主义.上海:上海社会科学院出版社.

戚务念.(2017).论中国教育研究的实证转向.四川师范大学学报(社会科学版),(04),16-27.

阙祥才.(2016).实证主义研究方法的历史演变.求索,(4),71-76.

陶西平.(2010).要重视教育的实证研究.中小学管理,(01),57.

涂元玲.(2007).论关于教育实证研究的几个错误认识.教育学报,(06),14-20.

王春丽,顾小清.(2015).形成基于证据的教育研究文化——"全国首届教育实证研究论坛"综述.中国远程教育,(12),5-11.

王思遥.(2020).教育实证研究的理论依据、争议与去向.大学教育科学,(05),12-17.

王卫华.(2019).教育思辨研究与教育实证研究:从分野到共生.教育研究,(09),139-148.

沃野.(1998).论实证主义及其方法论的变化和发展.学术研究,(7),32-38.

徐建华,张天雪.(2012).对教育科学研究方法知识体系建构的思考.课程·教材·教法,(04),27-31.

［美］亚历山大.(2008).*社会学的理论逻辑(第一卷)*.夏光,戴盛中,译.北京:商务印书馆.

杨晓萍(2013 - 12 - 12).定量研究最重要的是理念.*社会科学报*,005.

姚计海.(2017).教育实证研究方法的范式问题与反思.*华东师范大学学报(教育科学版)*,(3),64 - 71.

叶澜.(1999).*教育研究方法论初探*.上海:上海教育出版社.

袁振国.(2017).实证研究是教育学走向科学的必要途径.*华东师范大学学报(教育科学版)*,(3), 1 - 17.

曾荣光,罗云,叶菊艳.(2018).寻找实证研究的意义:比较—历史视域中的实证主义之争.*北京大学教育评论*,16(03),110 - 137.

张绘.(2012).混合研究方法的形成、研究设计与应用价值——对"第三种教育研究范式"的探析.*复旦教育论坛*,(05),51 - 57.

郑金洲.(2003).*学校教育研究方法*.北京:教育科学出版社.

钟柏昌,刘晓凡.(2021).实证研究如何向"真"——以"教育实证研究优秀成果奖"获奖学术论文为例.*电化教育研究*,42(09):12 - 19.

朱军文,马银琦.(2020).教育实证研究这五年:特征、趋势及展望.*华东师范大学学报(教育科学版)*,(09),16 - 35.

朱玉军,王香凤.(2022).教育实证研究的认识误区及案例分析.*化学教育(中英文)*,(03),5 - 9.

朱志勇.(2005).教育研究方法论范式与方法的反思.*教育研究与实验*,(01),9 - 14.

# 第二章 教育质性研究中的方法应用与误用

王奕婷 陈霜叶

近二十年来,质性研究方法在我国教育研究中应用得越来越多,研究论文中呈现了民族志、现象学、扎根理论、叙事研究和话语分析等多种质性路径方法(杨帆,陈向明,2019)。然而,在质性研究逐渐被接受与广泛使用中,依然存在着对方法理解偏颇、方法误用的情况。有研究者指出,出现上述问题的根源在于将质性研究窄化为一种工具,并没有把握其脉络型、意义性、诠释性和主体性(宋萑,2018)。质性研究是一种解释性的、使世界可见的实践组成,试图从意义的角度去理解或解释现象(Denzin & Lincoln,2017)。它重视分析不同的视角,并把研究者对研究的反思作为认知活动的一个组成部分(弗里克,2011,第11页)。这也就意味着不能将量化研究的方法标准照搬套用在质性研究之上,而简单质疑质性研究"样本小""不具推广性""缺乏效度"等。本章梳理了研究设计与过程描述、质性数据的分析与呈现、研究质量保障与研究局限三大板块中的六个"误解与误用",期待推动质性研究学术共同体对此的重视与改进。

---

**质性研究的六大误解与误用**

1. 质性研究不需要概念框架
2. 质性研究样本小,方法简单,无需交待研究过程
3. 质性研究分析编码无需呈现
4. 质性研究分析只要有直接引述就是证据
5. 质性研究的研究局限是样本小,没有代表性
6. 质性研究过程讲究伦理就好了,论文中不必呈现

---

# 第一节　质性研究的概念框架及其误用

　　质性研究的概念框架可以直接用语言叙述，也可以用图表、图形直观显示，随着近年来质性方法的本土发展越来越科学化、规范化，除直接用语言表述外，也陆续涌现更多元的呈现方式。

## 一、概念框架的内涵与作用

　　一项研究中的概念框架是对主要概念或变量以及它们之间的假定关系的表述，能够连结方法论、解释框架和哲学假设，并与研究策略形成呼应。研究者在厘清研究的现象、目的和问题，了解目前学术界已完成的相关研究及其发现，并明确研究者本人与研究问题有关的个人经历以及自身对该问题的观点看法后，便可开始着手构建研究的概念框架。它将展现研究者的初步设想，通常包括：1)组成研究问题的重要概念以及这些概念之间的关系；2)研究问题的范围、内容维度和层次；3)研究者自己目前的假设(陈向明，2000)。

　　从具体表现形式看，概念框架可以是直接用语言叙述，也可以用图表、图形直观显示，例如树状图、因果推导、流程发展等。但也有部分概念框架隐藏在问题提出中，在这种情况下，研究问题和概念框架是相辅相成的。思考的方向可能是从概念框架到研究问题，反之亦然，或者它们可能以某种相互作用的方式互相影响(Punch & Oancea，2014)。

　　基于此，有学者提出应当基于已有研究述评，结合自身研究问题，绘制研究的概念框架，形成确定领域和关系的视觉化模型，展示研究者目前对事物运作方式的建议阶段的想法(Denzin & Lincoln，2017)。然而，也有学者指出在定量研究中，概念框架是常见的，且通常以图表的形式出现。该图通常会显示变量及其概念地位，以及它们之间的假设关系。可在定性研究中，往往会有更多的范围领域，预先结构化的概念框架在定性研究中通常不太常见(Punch & Oancea，2014)。但这并不意味着质性研究就不需要概念框架。概念框架的建构有助于研究者在研究设计过程中更好地集中思路，明确规划。

## 二、概念框架的搭建

大致浏览近二十年来我国教育综合类 CSSCI 刊物中的质性研究,可以发现大部分研究并未明确单独表述或绘制研究概念框架,其表述大都隐藏于研究背景、问题提出、研究综述等部分,甚至有不少并未对研究涉及的主要概念有界定与阐述。但随着近年来质性方法的本土发展越来越科学化、规范化,除直接用语言表述外,也陆续涌现更多元的呈现方式。

有学者直接参考借鉴已有分析框架,并进行适度改编。为比较中美一流大学师资需求和准则,学者在直接使用国外已有科研人员发展框架的同时,考虑到中西方大学在大学管理制度与政治体制上的差异,在分析中国资料时进行本土化调整,增加了新的类目与维度(王建慧,刘之远,2020)。

学者刘水云和赵彬(2019)整合已有研究中的多重视角,形成自身框架。为探索随迁子女教育政策质性偏差,在考量相关研究成果后,研究者认为单一视角解释力度存在局限性。为避免研究空泛与不够周延,他们综合使用已有研究的四种视角,构建多维度的分析框架。

还有学者在述评以往研究的基础上,重新搭建新的概念框架。例如在研究大学教师教学实践行动模式时,许国动(2017)首先对涉及的概念图谱与内涵进行细致梳理,明确研究的主要概念;其次,逐一指出已有框架存在的问题与不足,进一步明确研究核心概念的规范性定义和操作性定义;最后,从实践性知识的视角,采用图形呈现该研究的理论框架。

尽管目前尚未对质性研究中是否必须呈现概念框架有明确规定,但构建框架能够有效促使研究者在研究开始前就用较为简洁、直观的方式,将研究问题所包含的重要方面呈现出来。陈向明(2000)指出,它一方面可以将研究者心中隐蔽的一些理论假设明朗化,另一方面可以进一步加深研究者对问题的理解,发展自己原有的理论。将先验知识和理论组织到概念框架,有助于研究者们更清楚地看待和组织研究问题,明确对该领域和主题已知或需要思考的内容,也可以协助研究者在研究设计阶段集中和明确思路(Punch & Oancea,2014)。质性研究不能以扎根理论方法为借口忽视研究的概念框架。

# 第二节　质性研究的过程及其误解

回顾二十多年来的中国质性研究,我们发现研究越来越注重研究设计,但真正能详细交代清楚研究过程的仍占少数。研究者应说明使用的质性研究方法和程序,以及为何这样的设计能适用于研究问题。

## 一、研究过程的阐述现状

研究者陈霜叶和王奕婷(2020)通过回顾二十年来的中国质性研究,发现在研究过程阐述上,越来越多的质性研究在论文中有方法与研究设计部分,专门说明研究设计。从 2000 年到 2019 年,这一比例从 41% 提升至 74%。其中,访谈作为最主要的数据采集方式,约占 90%,观察与文本是另外两种常用形式,观察占 20%—30%之间,文本从 2000—2004 年的 6%,上升至 2015—2019 年的 15%。

近五年来,尽管愈来愈多的研究能够单独汇报研究设计,但真正详细交代清楚研究过程的大约只占质性研究总量的三分之一。大部分研究设计陈述都较为简单,例如:"本研究对×名教师进行深度访谈""研究观察了课堂中的教师行为""研究选择个案研究法,以文本作为分析对象"等。在这些研究中并未对方法具体如何使用,过程如何推进有进一步澄清与说明。甚至还有研究只用一句话带过,只讲出研究使用访谈/观察/文本的方式,甚至连具体数量、对象都没有说清。此类论文将研究设计等同于只要说出某种具体数据收集或分析方式的名称,而无需交代研究过程。这是对质性研究方法定位的认知不清晰,更不了解研究方法与过程应当如何报告。

## 二、研究过程的呈现及其样例

研究者应说明使用的质性研究方法和程序,以及为何这样的设计能适用于研究问题。研究设计部分要遵循清晰的逻辑线,使读者能够追踪整个研究过程,从最初陈述问题、议题或研究兴趣,到相关学术研究的回顾;然后提出并形成正式的研究问题;再描述现场、群体、参与者;接着阐明收集和分析证据的方法;最后解释并呈现研究结果。在撰写研究设计时,研究者不仅需要将这些方面串联起来,还需要明确它们之间是如何相互联系的。此外,同样重要的是,如果研究问题或设计发生重大改变时,也需要清楚说明其改变的理由,并讨论其对结果解释的实质性影响(AERA,2006,pp.35‐36)。以下列举两个示例,详细解释了研究设计与样本选择的过程与理由。

例如在一项有关少数族裔群体的研究中,学者在明确指出研究目标对象后,还进一步阐述其选择理由,并对样本量不足造成的遗憾加以说明。而后,围绕样本获取方式进行介绍:

> 研究参与者包括在美国出生和长大的非裔美国人、墨西哥裔美国人/奇卡诺人/波多黎各人后裔的女性和男性,他们是早期职业阶段的教师,被定义为终身助理教授或卡内基定义的研究型大学终身副教授。之所以选择这些群体,是因为他们在历史上都非自愿地融入美国(通过奴隶制、殖民化或土地兼并),这决定了他们获取经济和社会机会的途径,而这种纳入方式造成了排斥、边缘化的高等教育中的社会互动和经历,与明显的、共同构成的身份和智力低下的刻板印象有关。遗憾的是,由于样本量不足,自认为是美国原住民的受访者没有包括在内。我们选择了早期职业阶段的教师,因为研究的重点是 URM 的职业道路。关注早期职业阶段教师对于揭示高等教育机构中非裔美国人教师代表性不足和保留率低的潜在原因非常重要。研究参与者是通过网络抽样技术,利用现有的学术列表服务器、个人联系、同行网络、教师咨询委员会(FAB)的推荐、口口相传和受访者推荐来确定的。兼职教师、讲师和全职教授被排除在外(Zambrana et al.,2015,pp.45‐46)。

又例如一项教师教学的质性研究中,作者不仅从小组讨论这一方法的自身定位,以及该方法与研究适配性的角度,明确叙述选择小组讨论作为数据收集方式的理由,还对如何在研究中具体开展小组讨论做出详细说明:

> 为了确定教师需要的技能、知识和态度,我们进行了调查性小组讨论。小组讨论的重点是根据集体定向模式确定整个小组的意见和态度。小组讨论还侧重于对社会子系统、集体现象和超个人行为的实证分析。小组讨论中共同

确定集体方向模式的陈述被认为是有效的,讨论为明确表达模式提供了必要的空间。参与者通过他们对讨论期间的想法和贡献的回答相互影响。相比于一对一访谈,小组讨论帮助以更自然的对话模式来研究。它提供了同时系统地采访多个受访者的机会。此外,它们可以作为参与者在交流和建立彼此观点的过程中相互学习的机会,使参与者可以将研究体验为一次丰富的相遇。由于相互激发的对话,小组讨论中出现的意见比单纯的定量调查中出现的更多。

总样本包括 20 名教师和 20 名校长,他们在教学中度和重度智障学生方面经验丰富……教师和校长被分成 12 个讨论小组,每个小组有 3 到 4 名参与者。讨论组由来自不同学校的参与者组成,以获取更多样化和更广泛的论据和信息。因此,教师之间以及教师和校长彼此不认识。此外,我们使用实践经验的标准来组成小组。小组讨论持续 2 个小时。每次讨论的过程都按照研究问题进行主题结构化:教中度和重度智障学生需要哪些技能、知识和态度? ……每个讨论小组都由一位目前活跃在教师教育领域的经验丰富的主持人主持。在小组讨论之前,主持人使用指南进行了培训。有关技能、知识和态度的信息都记录在纸上。在讨论过程中,参与者被要求提供解释、理由和例子 (Weiss, Markowetz & Kiel, 2018, pp. 841 - 842)。

质性研究并不是建立在一个统一理论和方法基础上的(弗里克,2011,第 13 页)。它没有一套完全属于自己的独特的方法或做法。有学者(Denzin & Lincoln, 2017)认为研究者可以通过符号学分析叙述、内容、话语、档案,甚至是用统计学的表格、图表和数字;还可以借鉴和使用现象学、诠释学、民族志、人种志、结构主义、女权主义等。质性研究是一个跨学科、跨领域,有时甚至是反学科的领域。访谈、观察、文本是质性研究的最常见方式,但不能代表质性研究方法的全部。因此,不能简单将访谈、观察、文本叙述作为质性研究的全部研究过程,这仅仅是收集数据的几种方式。另一方面,研究者在点明具体研究方法后,也需要进一步阐释为何选择该方法,与研究问题如何匹配;如何使用方法收集分析数据,以此回答研究问题等。

## 第三节　质性研究分析编码及其误解

过去的质性研究基本没有明确说明研究的编码与数据分析过程,随着质性研究的设计与过程阐述不断标准化、规范化,已有越来越多学者能够在研究中完整呈现其编码过程。

### 一、编码过程阐述的现状

在传统的质性研究过程中,最大的黑箱和最受挑战的地方就在于,如何从一堆文本或者非数量数据经过"分析处理"后,合理地推理出结果。质性研究需要展示编码方案以及其中涉及类属或概念的频次,用表格、图片或附录的形式,提供有关该编码框架的可用性的信息。如果使用了编码的方式,研究者也应当说明编码者的背景和培训信息,编码者之间的相互校验效度或其他分析者的评估,以及在相关情况下被研究者(参与者)同意该编码的程度(AERA,2006,p. 38)。然而,当前存在"分析编码无需呈现"的误解,导致部分研究中缺乏对编码过程的描述。

研究者通过统计发现,2000—2004 年间的质性研究基本没有明确说明研究的编码与数据分析过程。至 2005—2009 年间的仅为个位数(7 篇给出编码方法、5 篇阐述数据分析过程、7 篇给出编码示范),到 2015—2019 年则有接近 90 篇左右的文章,这表明越来越多的中文质性研究论文会记录与汇报数据分析的过程(陈霜叶,王奕婷,2020)。可是实际上,绝大部分质性研究仅仅是简单一句话带过"本研究采用三级编码方式",而并未具体呈现该研究最终编码结果是如何推导出来的。

### 二、编码过程陈述的样例

令人欣慰的是,近五年来随着质性研究的设计与过程阐述不断标准化、规范化,已有越来越多学者能够在研究中完整呈现其编码过程,并且给予编码示例。例如有研究者在对 24 个受访样本进行编码分析时,不仅条理清晰地依次呈现三级编码的具体步骤,详尽陈述是如何一步步抽象、归纳形成最终的编码模型图。并根据这一模型利用树状核心节点编码统计表,展示主范畴、范畴中涉及的不同概念的百

分比。此外,为检验理论饱和度,研究者还利用软件功能,对编码信效度进行检验。例如:

　　首先,利用开放编码的方式,反复梳理概括后,最终抽象出竞争关系、情感联结、沟通交流、人际氛围、公平机制、管理制度、评价体系、个性品质、自主权利、主体地位、目标取向、合作意识、共同任务、成员异质、责任分工 15 个范畴。

　　其次,通过主轴编码分析,把 15 个范畴再归为 6 个主范畴,即交际环境、制度保障、个人素养、共同愿景、共用工作空间、扁平式结构。再将 6 个主范畴归为包括园所环境因素、共同体社会资本因素和个体自身因素在内的三个类属。

　　再次,利用选择编码,选择核心范畴,建立其与其他范畴之间的联系并进行验证,进而完善类属。以不同群体作为质询条件表征不同层面的类属关系,形成立体式的有机关联,确定扎根编码的最终模型,研究者将其进一步简化成模型图。

　　研究者建立了幼儿教师学习共同体的抽象理论模型,然而其中的权重数据并未一一呈现。而访谈资料中归纳列出的各范畴的概率是不一样的,这一迹象也间接表明了影响幼儿教师学习共同体的各要素的权重是不同的。为明晰不同要素之间的重要性及其各要素之间的相互关系,研究者再次进行树状核心节点分析。

　　为检验编码的信度与效度,研究者采取编码比较方式……数据分析工作由课题组 3 位工作人员共同完成,所有访谈资料分别进行了独立编码。运用Nvivo8 中的"查询"—"编码比较"功能……进行了编码比较。编码评分结果一致性系数介于 0.928 与 0.735 之间,其信度较高(蔡迎旗,孟会君,2019,第48—50 页)。

还有研究在编码分析上的表述与呈现完整、充分,既介绍主要编码人员的专业背景和培训信息,又详述编码团队如何在讨论、调整、校验中完成编码。例如:

所有四名主要编码人员(两名博士生和两名博士后研究人员)都是经验丰富的定性研究人员。编码员接受了 6 个小时的培训,内容涉及学习目的和密码本中主要代码的解释。此外,在初次访谈的团队编码期间,每周举行 3 次每次 3 小时的会议,以讨论任何不一致或潜在的新代码,然后每月举行一次研究团队会议。每个转录的访谈和焦点小组都由指定的编码人员多次阅读,然后逐行编码,以开发按案例排序,然后按主题排序的描述矩阵。此外,第三位编码员进行了审查,以协调主要主题代码中的任何不一致之处。值得注意的主题饱和度在分析过程的早期就达到了,并且在编码人员之间达成了高度一致(Zambrana et al., 2015. p. 48)。

## 第四节　质性研究分析的证据及其误用

明确质性研究需要完整陈述研究过程后,还应提供有利的数据作为证据,尤其是那些对于研究者提出主要结论具有重要支持作用的数据。

### 一、研究中需要提供哪些证据

在明确质性研究需要澄清编码方法,描述分析过程,给出编码示例之后,那么什么样的数据应当作为证据,值得被呈现在研究中呢?

对相关数据的详尽呈现是必要的,尤其是那些对于研究者提出主要结论具有重要支持作用的数据。研究者一方面需要对数据分析的过程有清楚的说明,使人能够跟踪研究者对数据描述、研究主张和结论解释的决策。这一过程应该是从头到尾的,包含足够的细节,使过程透明化,并使人们相信结果是有道理的。另一方面,也应当说明形成结论所使用的证据及其来源,如重要的反例、具有概括性的典型案例等,有些需要有具体的原始材料(例如,现场笔记摘录、访谈引文或叙述性的小故事),有些则需要得到其相对频率的证据支持(AERA, 2006, p. 40)。

研究者需要思考哪些方面应该被纳入分析(如那些本质性的方面、可分析的方面、重要的视角等),而哪些方面则需要被排除在外(那些次要的、不那么重要的方面等)。在选择证据时必须尽可能减少"磨损",令对某些方面的忽视以及由此造成的可靠性的损失保持在一个有限的和可接受的范围之内（弗里克，2011，第83页）。分析文本和其他多种形式的数据对质性研究者来说是一项具有挑战性的任务，而选择如何用表格、矩阵或叙述的形式来展示关键的数据，则更增加了挑战。

### 二、如何提供研究过程中的关键证据

目前，大部分详细阐述编码过程的研究，往往采用表格的方式，举例证明研究者是如何从原始语句中一步步提炼范畴、建构模型的。

例如，方建华和刘菲（2018）为了引出编码不同阶段被提取出的范畴，采用举例的方式，从20份访谈记录中挑选有代表性的原始语句。首先在开放译码分析阶段，根据访谈中的原始语句和多数概念的倾向性，确定了范畴的面向，并利用表格的方式将原始语句与初步提取的概念、范畴逐一对应。形成完整的"概念—范畴—面向：开放译码分析表"。其次，在主轴译码分析时则以其中一个核心范畴为例，展示"核心范畴—主范畴—范畴—关系内涵：主轴译码分析表"。最后在选择译码分析阶段，根据故事线以及范畴和主范畴的链接关系，初步构建"兵团特岗教师去留意愿的影响因素模型"。

还有研究者首先同样采用表格的方式，将不同研究对象的访谈资料单独编码示例。该研究中整段呈现了节选的原始资料，并单独列出在一级开放编码中，这些段落被贴上怎样的标签（概念），凝练成怎样的类属、属性、维度，尤其关注访谈者个人本土概念的提取。而后在二级编码阶段，针对研究对象反映的现象，进一步分析该现象的因果条件、情境脉络、中介条件、行动/互动策略和结果。最后在三级选择编码阶段，主要任务是通过撰写故事线，明确核心类属，并将核心类属与其他支援类属联系起来，整合为一个完整的分析图式（李方安，陈向明，2016）。因此，不能随意放几段直接引述就认为提供了必要证据，而是要系统呈现整个分析数据结构，提供恰当而典型的直接引述作为证据示例。

## 第五节 质性研究样本大小及其误解

在质性研究中样本的大小一直是个广泛争议的话题，判断总的质性样本构成是否成功时，一个决定性的考虑因素是样本所含有相关重要信息的丰富性。以下

重点梳理了关于质性研究样本量范围及多元性的讨论。

## 一、质性研究的样本量范围

量化研究往往通过采集包含广泛变量的大样本,去揭示一个能够代表某些群体的发现。若以这一标准去评估质性研究,则将引发质性研究由于"样本小,而不具代表性,缺乏信效度"的误读。

对于质性研究而言,判断总的样本构成是否成功时,一个决定性的考虑因素是样本所含有相关重要信息的丰富性。研究者选择样本的目标在于选择合适的最具生产性的样本以有效地回答研究问题和发展理论(谢爱磊,陈嘉怡,2021)。抽样决定考虑更多的是具体的、内容上的因素,而非抽象的、形式上的因素,因此质性研究中更多地是有目的选择特性的案例,而非随机抽样(弗里克,2011,第103—104页)。

不同于定量研究中需要用足够大的样本量来产生统计学上的精确估计,定性研究通常采用较小的样本,以此获得有助于理解现象的复杂性、深度、变化或背景的信息,而不是像定量研究那样代表人群(Gentles et al.,2015)。因此,质性研究不能按照量化研究的抽样程序和原则进行,也不强调将其研究结果"推论""代表"到整体(陈向明,2000)。

学者进一步指出,虽然理论上都是按照"目的性抽样"的原则选择研究对象,但是很难根据每一项研究的具体"目的"对抽样的"标准"进行确定。"标准"只可能来自个人经验、研究目的以及前人研究。在选择抽样策略时,最重要的是对研究"目的"有清醒认知,才有可能导引出清楚的"标准",形成合适的抽样"策略"。在质性研究中,这些都不是一成不变的。如果某一个标准在研究中被发现是不合适的,研究者可以随时调换其他更适当的标准(陈向明,2000,第112页)。

随着质性研究方法的发展,在一些教科书与相关研究论文中学者们对不同研究路径的样本量提出了建议范围。例如克雷斯维尔(Creswell,2013)就在《质性探索和研究设计:五种传统》中对叙事、现象学、扎根理论、人种志、案例,分别整理提出参考数值。此外,还有莫尔斯和本纳德(Morse,J. M. & Bernard,H. R.)等在内的学者,都对质性研究样本量判定,给出过各自的建议。

表 2-1　质性研究样本量建议

| 路径 | 参考范围 | 文献 |
|---|---|---|
| 叙事 | 1—2 个 | Creswell，2013 |
| 现象学 | 3—10 个 | Creswell，2013 |
| | 跟踪密切，小于 10 个<br>跟踪不密切，大于 30 个 | Cohen et al.，2000 |
| 扎根理论 | 20—30 个 | Creswell，2013 |
| | 至少 25 次访谈 | Charmaz，2014 |
| 人种志 | 30—50 个 | Morse，1994 |
| | 30—60 个 | Bernard，2000 |
| 案例 | 不超过 4—5 个 | Creswell，2013 |
| | 多案例研究 4—10 个 | Stake，2006 |
| | 受访者、实践、政策或相关行动共 25—50 项 | Yin，2014 |

　　有研究者指出，不宜对上述教科书和研究就样本量所做的建议做过度解读，将其奉为圭臬。在质性研究中，对样本数量的预估要考虑的因素复杂而多样。除了要考虑最有生产性、最有利于理论生成与发展这一原则外，还要考虑其他因素，包括研究目的、研究设计的类型、研究对象的同质性程度、选择样本的标准、数据收集方法、研究者的能力水平与精力、预算和资源等（谢爱磊，陈嘉怡，2021）。

## 二、质性研究样本量范围的多元

　　纵览我国质性研究 20 年的数据，从多样化程度而言，中文质性研究在研究方法的理论视角以及研究样本分布上，都呈现了越来越多样的情况。中文论文在2015 年以后出现了更多的规范性的大样本质性研究，样本量在 100—300 之间。值得一提的是，中文期刊在接纳大样本研究的同时，并没有排斥一个或者两个样本量的质性口述史研究。质性研究取径的多样化与对不同样本量的接纳度，都反映了中文学术期刊的包容度和中国质性教育研究的积极发展趋势（陈霜叶，王奕婷，2020）。

　　比如，付八军和赵忠平（2019）的研究采集了大样本量的数据，通过教师座谈会、结构式访谈、非结构式访谈三种方式获得创业型大学中教师真实感受的相关信息，并遵从扎根理论对访谈文本进行编码。该研究样本覆盖了创业型高校的专任教师和管理者群体。在结构式和非结构式访谈中，样本的选择采取滚雪球取样模式，保证样本信息量的丰富性。该研究共有 98 位教师参与其中，参加座谈的专任教师总数约 90 人，深入进行结构式访谈的教师有 2 位，非结构式访谈中较具代表性的专任教师有 6 位。

而胡惠闵和汪明帅(2017)则通过个案的方式推进研究，基于角色理论框架，以一位教研员为主要研究对象，讨论教研员角色重新定位问题。研究还访谈了相关的领导和相关学科教师。同时收集该教研员工作计划、总结、会议纪要、课题申请表、听评课记录等资料，并且采用非参与式观察来获取有关教研员角色的一手资料，包括教研员在一天、一周的专业活动。

通过上述案例可以看到，不论是哪种路径下的质性研究，研究者们都采取不同的方法采集合适的数据"量"，或是样本数量，或是多种来源，这些都是"质"的实现基础。

## 第六节　质性研究的伦理及其误解

质性研究的每个研究过程都会涉及伦理准则，本节在梳理伦理阐述现状的基础上，对质性研究伦理的重要性提出思考。

### 一、研究伦理的准则

研究过程的每个步骤都会出现伦理挑战，从研究问题的确定到样本的选择，从研究的设计、实施到最终结论，直至出版。多国教育研究协会及其他国际组织与机构，都曾发布具有高度规范性的道德标准，对教育研究道德规范提出明确要求。例如，英国教育研究协会发布的《教育研究的伦理准则》指出研究者在研究中负有对参与者的责任包括：获得参与者对研究的知情同意；保持研究的透明性；确保参与者拥有撤出研究的权利；使用奖励措施鼓励参与；避免参与者因研究而受到伤害；对数据进行保密和匿名处理等(BERA，2018)。美国教育研究协会指明社会科学实证研究在报告时，作者有责任讨论影响研究设计或进行的伦理决定。例如，关于同意(或放弃同意)或保密协议(包括与参与者达成的透露其身份的任何协议)的关键考虑,对参与的任何激励措施的讨论以及如何管理这些激励措施等(AERA,2006)。

学者弗里克(2011)也从如何让自己研究中的行为符合伦理的角度,提出几点建议:1)同意参加研究的决定应该由有能力做出决定的人做出,且此前得到了合适的信息资讯;同意的决定是自愿做出的;2)避免在收集数据时伤害被研究者;3)在分析资料时做到对被研究者公正;4)研究报告中的保密性和匿名性。

## 二、伦理阐述的现状

有研究者在对我国发表在教育 CSSCI 刊物上质性研究的分析发现,在研究伦理的报告比例上,在 2000—2009 年段没有研究涉及研究伦理,到 2010—2014 年段有 13 篇,2015—2019 年有 21 篇,所占比例均为 6%。从选择的美国、英国、欧洲的四本教育研究国际英文期刊看,美国期刊论文是其中表现最低的,仅有 6% 的质性研究论文对伦理进行过阐述,这一比例与中文期刊相同。欧洲期刊论文的报告比例略高于美国,有 10% 的研究能够对伦理问题进行说明。相比之下,英国期刊论文中说明研究伦理的有 43%,明显高于其他几个区域(陈霜叶,王奕婷,2020)。作者推测这可能与英国相关学术共同体的重视程度有关,尤其是上述英国出版的有关伦理指南。

进一步分析这些有限的陈述伦理的研究,可以看到中文研究大多聚集在征得访谈对象同意、匿名处理、数据保密方面。很少提及如何避免参与者受到损害、使用何种奖励措施等。且有关伦理的汇报,几乎都是简单一两句带过,例如"征得受访者同意后对访谈进行录音""出于学术伦理考虑,对人名等信息匿名化处理"。还有些则是采用匿名、化名、编号的方式避免暴露隐私,但并未直接点明或单独表述。

不过,在我国近两三年的教育研究中,也有了完整叙述研究伦理的典范。例如蔡连玉和韦尔奇(蔡连玉,Welch, A., 2019)在研究中单独叙述"伦理考量"这一板块,详细描绘如何确保研究伦理的全过程,包括在联系参与者时,口头告知对方将要研究什么,可能给对方带来的收益与影响。在具体实施访谈之前,提前一周把访谈提纲发给参与者,并注明有关匿名处理、数据使用的说明。访谈实施过程中再次重申,得到受访者当面口头的"知情同意"。在论文写作过程中,严格遵守承诺,隐去参与者真实姓名,并确保研究发表不会带来利益的冲突。

另一范例是郑璐(2019)将研究伦理置于与研究方法并列的标题层级,详实整理研究全程秉承的六条原则,包括:1)尊重研究对象国的研究规范与学术伦理;2)尊重隐私,采用简称与化名的方式,且避免拍摄孩子的脸;3)尊重多元,坚持倾听不同文化声音、历史叙述、个体经验来开展跨文化比较研究;4)尊重反思,宁可零解读,也不过分解读,强调研究者与被研究者的反思;5)尊重特殊人群权利,尤其是儿童的知情同意;6)尊重被研究者的付出,适当赠送小礼品。

## 三、对研究伦理重要性的思考

随着质性研究方法的不断发展,有关研究伦理的思考在设计和实施研究中有更多需要关注的点。研究伦理是对于行为边界和私人领域的反思和敏感性。学者提出对伦理问题的思考不应当阻止研究者开展其研究课题,而是应当帮助研究者以更加敏感的方式来进行研究,并在另一层面上考虑到潜在的被研究者视角。为此,研究者应该将自己带入被研究者的角色,设身处地去思考研究者要求被研究者去做的事情,对被研究者来说意味着什么(弗里克,2011,第37—38页)。

"研究过程讲伦理就好,在论文中不必体现",这是一种明显的误解。在研究的每个阶段都需要重视研究伦理,在最终的研究报告或者论文中更需要明确体现。以中文出版的质性研究需要更多地考虑从"做"到"产"的转变,不能只考虑做质性研究过程中的伦理,而是要把研究伦理贯穿于质性研究的知识生产全过程;甚至应该在学术共同体中逐渐形成一种共识:没有研究伦理陈述和讨论的论文就是不完整的论文,就应该被拒绝接纳为公共性知识(陈霜叶,王奕婷,2020)。

上述六点是我们发现在教育研究的质性研究中常见的误解与误用。本章通过案例进行剖析与解说,期待可以增强质性研究者的方法使用意识,提升质性研究论文的呈现质量。

## 参考文献

AERA (American Educational Research Association). (2006). Standards for reporting on empirical social research in AERA publications. *Educational Researcher*, 35(6), 33–40.

Bernard, H. R. (2000). *Social research methods: Qualitative and quantitative approaches*. Thousand Oaks, CA: Sage Publications.

BERA（British Educational Research Association）.（2018）. *Ethical guidelines for educational research*（4th ed.）. London，BERA.

Charmaz，K.C.（2014）. *Constructing grounded theory*（2nd ed.）. Thousand Oaks，CA：Sage.

Cohen，M.Z.，Kahn，D.L.，& Steeves，D.L.（2000）. *Hermeneutic phenomenological research：A practical guide for nurse researchers*. Thousand Oaks，CA：Sage.

Creswell，J.W.（2013）. *Qualitative inquiry and research design：Choosing among five approaches*（3rd ed.）. Thousand Oaks，CA：Sage publications.

Denzin，N.K.，& Lincoln，Y.S.（Eds）.（2017）. *The SAGE Handbook of Qualitative Research*（5th ed.）. Thousand Oaks：Sage publications.

Gentles，S.J.，Charles，C.，Ploeg，J.，& McKibbon，K.A.（2015）. Sampling in qualitative research：Insights from an overview of the methods literature. *The Qualitative Report*，20(11)，1772 - 1789.

Morse，J.M.（1994）. Designing funded qualitative research In Norman，K. Denzin，N.K.，& Lincoln，Y.S.（Eds）. *Handbook of qualitative research*. Thousand Oaks，CA：Sage Publications.

Punch，K.F.，& Oancea，A.（2014）. *Introduction to research methods in education*（2nd ed.）. London：Sage publications.

Stake，R.E.（2006）. *Multiple case study analysis*. New York，NY：Guilford Press.

Weiss，S.，Markowetz，R.，& Kiel，E.（2018）. How to teach students with moderate and severe intellectual disabilities in inclusive and special education settings：Teachers' perspectives on skills，knowledge and attitudes. *European Educational Research Journal*，17(6)，837 - 856.

Yin，R.K.（2014）. Case study research：Design and methods（5th ed.）. Thousand Oaks，CA：Sage.

Zambrana，R.E.，Ray，R.，Espino，M.M.，Castro，C.，Douthirt Cohen，B.，& Eliason，J.（2015）. "Don't leave us behind" The importance of mentoring for underrepresented minority faculty. *American Educational Research Journal*，52(1)，40 - 72.

蔡连玉，Anthony Welch.（2019）.中国留学研究生在澳大利亚遭遇了什么:学术与文化适应的叙事研究.*外国教育研究*,(06),89 - 104.

蔡迎旗,孟会君.（2019）.基于扎根理论的幼儿教师学习共同体影响因素研究.*教育研究与实验*,(02),46 - 52.

陈霜叶,王奕婷.（2020）.察器求道 转识成智:质性教育研究五年述评与学术共同体的使命展望.*华东师范大学学报(教育科学版)*,(09),56 - 77.

陈向明.（2000）.质的研究方法与社会科学研究.北京:教育科学出版社.

方建华,刘菲.（2018）.新疆兵团特岗教师去留意愿的影响因素模型——基于扎根理论的探索性研究.*教师教育研究*,(06),119 - 128.

付八军,赵忠平.（2019）.怪胎抑或榜样:创业型大学建设的中国实践——基于创业型大学教师的访谈研究.*复旦教育论坛*,(02),33 - 39.

［德］弗里克.（2011）.*质性研究导引*.孙进,译.重庆:重庆大学出版社.

胡惠闵,汪明帅.（2017）.课程改革背景下的教研员角色——基于一位区县教研员的个案考察.*全球教育展望*,(12),85 - 100.

李方安,陈向明.（2016）.大学教师对"好老师"之理解的实践推理——一项扎根理论研究的过程及其反思.*教育学报*,(02),58 - 70.

刘水云,赵彬.（2019）.随迁子女教育政策执行偏差的多维度分析.*教育学报*,(04),51 - 58.

宋萑.（2018）.质性研究的范式属性辨.*全球教育展望*,(06),56 - 66.

王建慧,刘之远.(2020).中美一流大学对教师学术能力的需求偏好差异——基于研究者发展框架的分析.*清华大学教育研究*,(05),87-98.

谢爱磊,陈嘉怡.(2021).质性研究的样本量判断——饱和的概念、操作与争议.*华东师范大学学报(教育科学版)*,(12),15-27.

许国动.(2017).从职员到专业者:大学教师教学实践行动模式续谱.*教师教育研究*,(04),67-75+83.

杨帆,陈向明.(2019).论我国教育质性研究的本土发展及理论自觉.*南京社会科学*,(05),142-149.

郑璐.(2019).生命历程法下社会科课程实施的个体探索——对一位加拿大小学教师的教学实践研究.*比较教育研究*,(03),93-100.

# 第三章　教育研究中扎根理论的应用与误用

金　津

　　扎根理论(grounded theory)是由美国学者格拉泽(Barney Glaser)和斯特劳斯
(Anselm Strauss)在 1967 年提出的新质性研究方法,旨在通过规范化的技术与流
程,从质性实证数据中提炼并生成本土化理论(Glaser & Strauss, 1967)。不同于
以往一些质性研究侧重宏大理论运用、灵感式逻辑生成与神秘化的研究过程(陈向
明,2015),扎根理论因其系统的数据分析工具、扎根于数据的理论生成、清晰的研
究过程呈现,而成为"最被广泛运用的质性研究方法"(吴肃然,李名荟,2020)。

　　然而,扎根理论在诞生之后,经历了几次认识论和方法论上的创新与变革,形
成了以格拉泽为代表的传统派、以斯特劳斯和科宾(Juliet Corbin)为代表的中间派
以及以卡麦兹(Kathy Charmaz)为代表的建构派。不同流派的扎根理论在方法论、
研究设计、数据分析技术、结果呈现上都呈现出较大的差异。现有声称运用扎根理
论的研究多采用的是斯特劳斯和科宾所提出的三级编码技术,且仅仅把扎根理论
作为数据分析的方法(吴肃然,李名荟,2020),而并没有把扎根理论看作一种方法
论(methodology)、一种研究路径(approach)。这种将扎根理论片面地理解为一种
编码技术,去除其方法论层面上的独特性和整体性,将其表面地嫁接到其他研究方
法上的做法,在很大程度上是对扎根理论的窄化及误用,这削弱了扎根理论作为一
种变革性质性研究方法,产生本土性新概念的潜力与可能(于泽元,2010)。

　　这些研究中的误用,一方面是由于扎根理论本身不断发展与创新所带来的观
点、方法上不断加强的异质性,在众说纷纭的学术争论中,研究者对什么是"正统"
的扎根理论十分茫然。即使同一个作者在不同时期对于扎根理论的理解也具有非
常大的变化,比如斯特劳斯和科宾在 2008 年第三版的《质性研究基础》(*Basics of
Qualitative Research: Techniques and Procedures of Developing Grounded
Theory*)中大大修正和删减了前两个版本(1990 年第一版,1998 年第二版)里对扎

根理论编码技术、流程、范式的强调(陈向明,2015),转而偏向通过备忘录的撰写和概念图的探索,依赖于研究者的创造性而非程序与技术,来建构概念和理论。除了扎根理论发展所带来的观点争论和方法多样性,造成扎根理论误用的另一方面原因在于,一些研究者对研究方法所抱有的功用性认知,只关注于方法论中的技术,而不关心方法论所蕴含的认识论与本体论。然而,一种新的研究路径的提出、研究方法的创新都体现和蕴含着认识论哲学的发展与转向,其研究设计和研究成果也应该具备贡献于知识与哲学思想发展的可能性。如果只是在技术层面上随意拼接,将方法论(methodology)降低为方法(methods),是从根本上降低了经验研究贡献于知识与哲学的潜力,也限制了新的研究路径的提出。

基于以上对扎根理论误用的思考,本章节首先将梳理扎根理论作为一种新研究路径的产生背景及其独特的研究追求,比较扎根理论发展过程中产生的主要流派及其差异,并结合研究案例展现扎根理论的核心特征与研究过程,最后基于以上讨论呈现运用扎根理论的常见问题,并结合与一些其他质性研究方法的比较,说明扎根理论方法论上的独特性以及在中国教育研究中运用的可能。

## 第一节　扎根理论的发展演进

在阐述扎根理论的应用及误用前,有必要了解扎根理论的发展过程,其诞生于美国社会学量化研究兴盛、质性研究式微的时代,其本身融合了两大学术传统,即格拉泽所继承的哥伦比亚量化研究传统和斯特劳斯所继承的芝加哥符号互动理论及人类学传统。

### 一、扎根理论的诞生

扎根理论诞生于美国社会学量化研究兴盛、质性研究式微的时代。量化研究崇尚"可复制的实验,操作化定义的概念,逻辑推演的假设,以及验证性的证据"(Charmaz,2006:4)。量化研究遵循的是实证主义(positivism)的认识论,强调研究的客观性、科学性、可推广性以及可复制性。在社会科学的研究中,人类的经验需要通过客观、科学的方法被分解为可量化的变量,研究者是无偏见的观者,通过客观的数据收集和分析,发现真实、可推广的关于外部世界的知识。在实证主义的认识论下,理论与经验是分离的,研究是基于理论的推演,经验用于验证理论(吴肃然,李名荟,2020)。

在实证主义的视角下,质性研究是印象式、描述性、非系统、带有偏见的。哪怕一些量化研究者认可质性研究的价值,也是把它作为优化量化研究的工具,用于量化研究的前期探索,以便更好地进行问卷调研和实验。

格拉泽和斯特劳斯在 1967 年出版的《发现扎根理论》(*The Discovery of Grounded Theory*)里提出扎根理论这一新质性研究方法,他们在书中的论述挑战了主流的推演式研究逻辑,经验对理论的服从,以及流行的对质性研究的评价。有学者评价,扎根理论开启了"质性研究的革命"(Charmaz,2006:8)。

格拉泽和斯特劳斯定义的扎根理论核心特征包括:"数据收集和数据分析的同步进行;基于数据而非理论推演假设建构编码和概念;持续比较的方法;通过数据收集和分析推进理论建构;通过备忘录阐明概念,明确概念的属性、概念与概念之间的关系及空隙;理论采样,而非代表性采样;数据分析后的文献回顾"(Charmaz,2006:5-6)。

通过以上核心特征我们可以看到扎根理论对质性研究的变革性:研究不再基于宏大理论进行推演和反思,观察不再受到理论的引导,经验不是为了修正宏大理论,相反,经验才是产生鲜活、本土理论的基础;与之相关联的是,数据收集和数据分析不再是割裂的,研究问题不是从一开始就明确的,而是在研究过程中不断改变、不断明确,并基于理论抽样不断完善;抽样不再追求代表性、可推广性,而在于实现理论的丰富性、完善性;质性研究的分析过程不再是灵感式、神秘化、模糊化,而是基于编码、备忘录、概念图不断累积、生成,研究过程可以通过日常的研究记录清晰地呈现出来。

扎根理论超越了以往很多质性研究对"深描"(thick description)的关注,提出一系列变革性的观念和方法,使得研究者可以基于质性经验数据提炼出抽象、鲜活、适切的概念和理论。扎根理论有力回应了量化研究对质性研究的偏见,提升了质性研究的学术地位和影响力,也增强了质性研究与量化研究更平等的交流。

然而扎根理论对质性研究的"改进"在一定程度上迎合与融合了实证主义的思路,通过更科学、系统、严格的程序与技术改变了质性研究的一些特殊性,比如对研究者能动性、思辨性的强调,对研究对象生活经验和感受的细致呈现,研究过程的灵活性、灵感性、机缘性,以及研究分析和研究写作的个性化与创造性。扎根理论后续发展所产生的不同流派以及之间的争论,也是实证主义与质性研究本体矛盾性的一些体现。

## 二、扎根理论的发展

扎根理论的产生本身融合了两大学术传统,分别是格拉泽所继承的哥伦比亚量化研究传统和斯特劳斯所继承的芝加哥符号互动理论和人类学传统。二者的合作产生了扎根理论这一变革性的质性研究方法,而二者之间的矛盾也是产生后续分离与争辩的来源。

格拉泽博士就读于哥伦比亚大学,师从保罗·拉扎斯菲尔德(Paul Lazarsfeld)和罗伯特·默顿(Robert K. Merton),前者的社会学量化研究传统和后者提出的"中层理论"(Middle range theory)都深刻影响了格拉泽提出扎根理论这一全新的质性研究方法(Charmaz,2006)。扎根理论严谨的编码流程体现着如量化研究般的"科学",而在经验数据上提炼、生成的"中层理论"即是默顿所倡导的要在宏大理论和日常经验中建立联结。

斯特劳斯博士就读于芝加哥大学,深受赫伯特·布鲁默(Herbert Blumer)所倡导的"符号互动理论"(symbolic interactionism)的影响。符号互动理论沿袭实用主义传统,认为社会、现实以及自我都是由互动、语言和交流所产生的,人不是被动为结构所限制,而是创造性地生成意义与行动(Charmaz,2006:7)。因为符号互动理论,我们看到扎根理论会经常运用一些被研究者所使用的本土概念(in vivo code)进行编码(陈向明,2015),也会看到斯特劳斯和科宾在后续研究中所提出的扎根理论编码范式(paradigm),着眼于描绘和理解人行动和策略的情境、条件、过程与结果(Corbin & Strauss,2008:120)。

由于格拉泽和斯特劳斯对研究中社会心理过程的共同兴趣,促成了他们在《发现扎根理论》中的合作,并诞生了扎根理论这一革命性的质性研究方法。然而两者所受的不同学术传统的训练,又让他们在后续阐释和运用扎根理论中呈现出明显的差异与分歧。格拉泽坚持研究者科学、无涉的立场,强调扎根理论从数据中的"发现"以及"持续比较"这一理论生成核心原则的维护,而斯特劳斯在与科宾后续的合作中,尤其是《质性研究基础》的出版,更侧重于对数据中有关人的行动、互动等过程的关注,并提出一系列与之有关的编码技术、范式与矩阵。这些技术和范式为扎根理论初学者提供了清晰的操作指南,成为最被广泛运用和接受的编码流程,但受到格拉泽的猛烈批评(吴肃然,李名荟,2020)。格拉泽认为斯特劳斯与科宾提出的编码范式是对扎根理论的背弃,是研究者将先入为主的概念和框架强加于数据和分析。格拉泽与斯特劳斯的分歧将在下一节有关研究过程的阐述中更清楚地呈现。

相比格拉泽"发现"扎根理论的立场,斯特劳斯和科宾对编码范式以及对符号互动的关注,受到后现代主义思潮的影响,格拉泽和斯特劳斯的学生凯西·卡麦兹(Kathy Charmaz)提出了一种更加灵活、更强调研究者主体性的扎根理论理解与运用。卡麦兹将扎根理论看作是一套原则和实践,可以被研究者灵活运用,而不是处方和食谱,需要严格遵守每一步和每一个细节。卡麦兹将扎根理论看作是一门"手艺"(craft),所以她认为,就像任何一门手艺一样,研究过程都带着研究者的偏好(Charmaz,2006),不会是一个模子刻出来的。在以卡麦兹为代表的建构派扎根理论看来,扎根理论的形成不是客观中立的研究者基于严格的数据收集和分析流程"发现"关于世界的真相,而是研究者带着自身的经历与前见,在与研究对象的互动中,建构起一种对世界的理解。当然,不是每一种建构都具有同样的解释效力和学术价值。与其他质性研究类似,虽然不是以信度、效度、可推广度等这些量化研究质量评判的维度为依据,评判扎根理论研究质量有其特定的标准(具体可参见下一节第二点)。

从以上论述可见,扎根理论自 1967 年诞生以来,已经经过几代人的传承与发展,每代研究者都带着各自时代的学术遗产,回应着时代中的质性研究困境,也因此改进扎根理论。到现阶段流行的建构派,虽然仍坚持扎根理论的一些核心原则,比如数据收集和数据分析的同步进行,持续比较、理论抽样,以及备忘录、概念图的运用,但在扎根理论研究中还原了更多质性研究的固有特征,比如对研究者主体性和创造性的强调,对质性研究中不确定性、模糊性和多样性的包容。因此,在笔者看来,以卡麦兹为代表的建构派让扎根理论更像质性研究,而不是为了让量化研究认可而被改造过的质性研究。

## 第二节　扎根理论的应用

不同流派的扎根理论基本流程和研究原则上保持着统一的思路,但在编码技术、研究者能动性层面有较大差异。本节将结合研究案例呈现扎根理论的应用过程。

# 一、扎根理论的研究过程

## (一) 共同的基本流程与研究原则

虽然不同时代和不同流派的扎根理论在研究设计、数据分析、结果呈现上都呈现出一些明显的差异,但扎根理论研究者都认可一些基本流程和研究原则。这些共同的流程和原则可以概括为以下几个方面(Charmaz, 2006):

1. 迭代式的研究过程:基于研究问题(英文表述用的是更开放的 research problem,而不是具体的 research question)进行初步的数据收集,在初步数据分析的基础上,逐步聚焦研究问题,并跟随分析的指引,收集更多数据,渐进式推进问题的探索和理论的建构。

2. 扎根式的持续比较(constant comparison):虽然对于一些扎根理论研究来说,既有概念和理论可以帮助研究者增强理论敏感性,但扎根理论研究问题的提出、数据收集和数据分析不遵循既有理论框架,而是以数据优先为原则,依据编码的进行和分析的指引,在数据与编码之间,编码与编码之间,案例与案例之间,编码与文献之间,进行持续比较,找到理论空隙,并据此继续进行新的数据收集和文献收集,即不断进行理论抽样(theoretical sampling),从而完善理论建构,达到理论饱和(theoretical saturation)。

3. 发展中的理论抽样:研究对象基于理论抽样的原则,以理论适切性和丰富性原则进行有目的的选择,而不是统计意义上常用的随机抽样或代表性抽样;研究对象随着研究问题的推进和理论建构需要而不断及时补充信息或扩大范围。

4. 生成性的分析技术:由于理论对于属性(property)、维度(dimension)、变化(variation)上的要求,扎根理论需要通过多种方式收集丰富、庞大的质性研究数据;数据的分析依赖于初级、中级和核心编码的逐级进化,也依赖于每个阶段描述型和理论型备忘录的撰写,概念图的探索,从而能够记录和积累研究者日常的反思,连接、抽取出系统的理论建构。

### （二）不同流派之间的方法差别

虽然在扎根数据、持续比较、理论抽样、渐进迭代等研究原则，以及编码、备忘录、概念图等数据分析技术上一致，但不同流派的扎根理论在编码技术、文献作用及研究者主体性等方面具有较大差异。

#### 1. 文献作用与研究者主体性

在文献作用及研究者主体性上，格拉泽主张悬置理论与文献，研究者在进入研究场域前不要阅读该领域的文献，从而避免既有理论对研究者视角的污染，保持开放性，以真正做到基于数据的扎根（Glaser，1978）。斯特劳斯与科宾认可研究者既有经验和知识的作用，尤其是在第三版《质性研究基础》中引用戴伊（Dey，1993）的话指出"开放的头脑并不是空白的头脑"（Corbin & Strauss，2008：55），批判了格拉泽对研究者悬置理论的理想设想，强调相关经验与知识对研究者在扎根理论中保持"理论洞察力"（theoretical sensitivity）的重要作用。但即使在第三版《质性研究基础》中斯特劳斯与科宾已经删去了大量关于编码范式、矩阵的内容，他们所倡导的扎根理论数据分析很大程度上仍围绕着人行动的环境、策略及结果这一分析框架。这一分析视角可以帮助扎根理论研究者理解研究对象在其背景下的意义建构，但也在一定程度上限制了数据分析的方向及其开放性。

建构派扎根理论进一步强调了研究者的主体性和文献的作用，认为扎根理论的建构本身就是基于研究者、研究对象和文献之间的关系与互动（Charmaz，2006：130）。研究者的经历和知识本身就是理论建构的一个部分。而扎根理论的建构不仅仅是对研究对象及其意义的解释、理解与呈现，还应该能够提出新的视角，继而能够改变其观念和实践，实现思想和行动的变革。因此，卡麦兹倾向于用"理论化"（theorizing）来形容扎根理论的成果（Charmaz，2006：128），它应该是变革性的，是研究者参与世界、改变世界的实践方式。而与研究对象的互动、与文献的对话是能够让研究者意识到本身所带有的已有观念的途径，是挑战前见、改变前见的基础，因此也就是研究者实现观念更新，建立变革性理论化成果的基础。在建构派扎根理论看来，研究者不仅应该在研究开始前阅读相关文献，而且应该对自己的经历和知识做一个深入的反思和剖析，把"自己的牌放到台面上"（Keane，2015），这样才能清晰解释和呈现扎根理论迭代建构的过程。建构派扎根理论研究者索恩伯格（Thornberg，2011）尤为关注扎根理论中与文献的对话，提出"对话式扎根理论"

(informed grounded theory)的概念,认为扎根理论不是一个完全归纳的过程,而是归纳与演绎的互动(abduction)。文献可以为研究者提供灵感与启发,为研究者的批判反思提供参照,也能够为数据的思考提供多视角。但文献的运用要以数据优先为原则,服务于扎根,而不是阻碍扎根,据此索恩伯格提出了运用对话式扎根理论的七条"数据敏锐力原则"(Thornberg, 2011:249 - 255)。

**2. 编码技术**

与对研究者主体性的看法相一致,不同流派的扎根理论在数据编码技术上也呈现出明显的差异。以格拉泽为代表的传统扎根理论研究者强调概念和理论从数据中的自然浮现(emerge),数据编码分为实质性编码(substantive coding)与理论性编码(theoretical coding),实质性编码又分为开放编码(open coding)和选择编码(selective coding)两个子步骤(吴肃然,李名荟,2020)。开放编码从数据中建立类属(category),通过不断比较,涌现出能够联系最多类属的核心类属(core category),在选择编码阶段,通过理论采样,充实核心类属的属性和联系,直到达到理论饱和(吴肃然,李名荟,2020)。随着实质性编码的成熟,理论性编码,即联系实证性编码的内在联系会自然呈现(费小冬,2008)。格拉泽在研究中提供了一系列理论性编码,用于研究者思考研究背后的潜在模式(latent pattern);在理论性编码阶段,可以参照文献,也可借助于其他学科出现的新的理论编码(费小冬,2008:36)。探讨潜在模式,也是扎根理论变革性的核心体现,试图超越对研究过程的现实描绘而达到对其潜在联系的阐释,这也是扎根理论中"理论"的要义(费小冬,2008)。

与格拉泽对编码中的持续比较、理论抽样以及自然涌现的强调不同,斯特劳斯与科宾建立起一系列编码的程序、技术、范式与矩阵。这也是回应扎根理论建立初期研究者对文献悬置、持续比较、自然涌现的难以把握。斯特劳斯与科宾的编码分为开放编码、轴心编码(axial coding)和选择编码三级,这也是现有扎根理论研究中最广为接受和运用的编码方式。开放编码与传统扎根理论类似,从研究数据中抽取出类属,并逐渐建立起类属的属性(类属的特点)与维度(类属在频率、强度、持续时间等上的变化范围)。轴心编码即通过编码范式确定类属间的联系与层次,编码范式分为因果、情境、中介条件、行动/互动策略及后果五个方面,在界定条件与后果时还可以思考个体行动、人际互动、组织、社区、国家、国际等八个层次构成的条件矩阵(陈向明,2015)。选择编码则是从类属中确定一个核心类属,能够建立整合图式、故事线,形成系统的扎根理论。斯特劳斯和科宾建立起的三级编码及其范式、矩阵为扎根理论研究提供了清晰的操作指南,但由于过于程序化,甚至可能会被一些研究者用作验证理论框架而引发了很多争议(吴肃然,李名荟,2020)。本章前文也提到,斯特劳斯和科宾在第三版《质性研究基础》中吸收和借鉴了更多建构派的做法,删掉了大量关于范式、矩阵的内容,仅保留了三级编码的名称,建构三级编码的方式也改为通过描述型和理论型备忘录的撰写和积累、概念图的探索与完善来实现。

相比格拉泽坚持的理论自然涌现的"发现"逻辑,以及斯特劳斯和科宾对理论建构中行动框架的强调,建构派扎根理论强调编码过程中研究者的主体性与创造力。建构派扎根理论的编码只有两级:初始编码(initial coding)和聚焦编码(focused coding)。初始编码关注被研究者的行动、过程,因此卡麦兹强调要运用格拉泽所说的"用动名词编码"(coding with gerunds)(Charmaz, 2006)。编码和数据分析的目的在于能够了解行动和过程中未被言说的意义,能够呈现被研究者隐含的假设和习以为常的观念,从而为新观念的建立提供可能(Charmaz, 2006:55)。在初始编码的基础上,通过备忘录、概念图、理论抽样和持续比较,提炼出聚焦编码,进而通过研究者进一步对数据、编码、备忘录的反思、探索,建立扎根理论。

从以上的论述中我们可以看到不同流派扎根理论之间的相互影响,比如卡麦兹对格拉泽用动名词编码的认可与回归,斯特劳斯和科宾在第三版《质性研究基础》中对建构派扎根理论的吸收。虽然扎根理论不同流派之间有很大差异,争议不断,但也随着相互之间的批判和讨论,更新和拓展了扎根理论的工具库,为不同认识论和学术倾向的研究者提供了不同的研究方法。这也可能是扎根理论获得广泛运用的原因之一,不管是实证主义、后实证主义还是建构主义,都可以从扎根理论丰富的研究工具里找到适合、可借鉴的资源与启发。

## 二、评估扎根理论研究的四大原则

和其他质性研究一样,虽然不用信度、效度等评判量化研究的标准,扎根理论有其判断研究质量的维度。正如斯特劳斯和科宾在综述质性研究评估标准的文献后所指出的,好的质性研究不仅要是可信的、严谨的,还应该是有创造力、有洞见的

(Corbin & Strauss，2008)。

　　格拉泽提出判断扎根理论的四个标准：适用性(fit)、可行性(workability)、相关性(relevance)和可修改性(modifiability)。适用性指的是概念与数据的贴合，可行性和相关性指理论与研究对象、情境的贴合，可修改性指理论生长的空间(费小冬，2008)。斯特劳斯和科宾区分了合格的扎根理论研究与优秀的扎根理论研究，认为格拉泽所提出的四个指标能够界定合格的扎根理论研究，却不能区分出优秀的扎根理论研究，他们提出包含概念、逻辑、深度、变化、创造力等十个指标(Corbin & Strauss，2008：338 - 339)。

　　卡麦兹提出一系列研究者可以思考如何提升扎根理论研究质量的问题，这些问题可以分为四大类：可信(credibility)、原创(originality)、共鸣(resonance)、有用(usefulness)。可信包括研究是否能够紧密贴合研究问题与情境，数据是否能够支持论断，观察与类属是否经过了持续比较，数据与分析是否有强逻辑联结；原创包括类属是否鲜活，分析是否提供了新的视角，扎根理论如何挑战、延伸、完善了现有的概念与实践；共鸣包括类属是否能充分把握研究对象的经验，研究是否呈现了研究对象的社会心理及习以为常的意义，分析是否能够连接个人经验与组织结构，扎根理论是否能够为研究对象提供更有深度的洞见；有用包括研究分析是否可以为研究对象所用以改善他们的日常实践，类属是否能够指向一些更广泛的社会过程，这些社会过程有哪些隐含的意义，研究分析是否可以启发其他实质性领域的研究，并能够贡献于知识和更好的社会(Charmaz，2006：182 - 183)。可信与原创能够大大提高研究的共鸣与有用。除了以上四点，写作的美学性也是好的扎根理论研究的加分项。

　　由此，我们看到评判扎根理论与其他质性研究类似的标准，比如提出具有洞见性的见解，能够挑战研究对象和研究情境下习以为常的观念，同时，也看到扎根理论研究的一些特殊性，比如对类属与数据紧密贴合的强调，对社会过程和意义建构的关注，对从实质性理论向更抽象层面的形式理论进化的追求。

## 三、扎根理论的研究案例

　　下面将以笔者完成的一项有关中国精英大学低阶层学生社会流动经历的研究为例，说明扎根理论的研究过程和研究结果呈现。

### (一) 研究问题

在研究开始之前,笔者阅读了有关"寒门无贵子"的媒体报道、中国及国外教育公平和社会流动的文献,发现现有的观察和研究都是从社会流动的障碍出发,展示中国教育场域内对弱势群体的层层限制,而很少关注成功实现社会流动的群体。由此,笔者形成了研究问题,那些成功实现了社会流动的人,他们是如何实现了社会流动,他们的经历是否可以为我们提供一些突破教育和社会不平等障碍的积极因素?

### (二) 理论抽样

基于这样的研究问题,笔者有目的地寻找在教育场域内"成功实现社会流动的人",即来自弱势群体,但凭借自己的能力取得优异的成绩,通过高竞争的考试制度,获得精英大学位置的人。为了获得最具冲突性的经历以便丰富数据的层次,笔者将研究选择在北大、清华、复旦、交大这四所公认的中国最具竞争性的大学,而且这四所学校位于北京和上海这两个中国最一线的大城市,与来自弱势背景学生的原生环境也有很大的差异;为了实现对更广泛的实质领域的联结,扩大研究的"有用"性,研究选取阶层这一视角来定义弱势背景,而未采取已有文献中常用的农村视角;此外,笔者在阅读相关学术文献时发现大部分研究运用法国社会学家布迪厄的理论工具,但已有研究发现其理论工具不能很好解释人的能动性,一些学者开始探索在布迪厄的理论工具中引入能动性,而笔者的研究关注的就是具有很强能动性的群体,因此在上文提到的"有用"和"原创"层面具有做出贡献的潜力和空间。

### (三) 数据收集和数据分析的迭代

笔者在完成了第一次研究访谈并进行了初步分析和编码后,在原有的研究问题基础上提出了新的研究问题,即为什么他们成了成功实现社会流动的人,有哪些条件支持了他们的成功? 带着新的问题和类属建构中的缺失,笔者回到研究对象进行了更为聚焦的新一轮访谈,同时也更新了研究对象的经历。笔者在阅读了不同流派的扎根理论后发现,建构派的认识论和研究方法更加切合笔者本身的认识论,且符合笔者希望更开放、更灵活地立足于中国这一独特场域探讨阶层影响与能动性关系的研究目的,因此笔者在数据分析部分运用的是开放编码和聚焦编码两个层次,并更多依赖备忘录、概念图、对话文献和持续比较来建构理论。在建构理论的过程中,受索恩伯格"对话式扎根理论"的影响,不断在研究数据、分析和布迪厄的理论工具及相关研究之间比较,理解能动性的形成条件、中国场域的特殊性。在比较中国场域与已有研究关注的其他场域,比如法国、英国、美国后,笔者发现中国的教育场域更加以考试成绩作为机会分配的基础与核心,因而似乎为低阶层学生实现社会流动提供了更多机会。但在与有关优绩主义的文献比较后,笔者发现"更多机会"的另一面,即笔者研究对象在中国场域下所经历的独特的阶层象征暴力。这个阶段的分析也让笔者对研究问题的探讨从研究对象如何成功实现社会流动,为什么他们实现了社会流动,延伸到实现社会流动对他们个人以及社会的影响。

### (四) 扎根理论的建构

基于以上迭代式数据分析对研究问题的引导和拓展,在数据、编码、备忘录与文献之间的持续比较和反思,笔者将"例外"确定为研究的核心类属,它统领着四个主要类属,分别是:"例外中的非例外",即能动性与阶层影响的交织;"例外的轨迹",即成为例外的过程及蕴含的新的阶层统治;"例外的条件",即能动性所依赖的更细化的社会不平等;"例外的影响",即能动性的合谋性与能动性的变异性。通过扎根理论的建构,笔者在布迪厄所系统描述的阶层工具中引入了能动性的层次与矛盾,对能动性的形态、过程、影响及其与阶层统治的关联性进行了细致的阐述,也在结构与个人关系这一理论层面比较了中国场域与其他场域,指出了优绩主义所建构的新型象征暴力,为其他实质领域对社会结构与能动性这一理论问题的探讨提供了新的视角与参照。

## 第三节  扎根理论的误用

虽然扎根理论已经成为最广为运用的质性研究方法,声称运用扎根理论的研究却包含和体现着诸多对扎根理论的误读与误用。国际顶尖期刊《美国管理学会会刊》(*Academy of Management Journal*)在 2006 年邀请了罗伊·苏达比(Roy Suddaby)撰写了一篇主编专栏,梳理并总结了已有声称运用扎根理论研究的文章所存在的问题。苏达比结合扎根理论的认识论、研究目的、核心特征(持续比较与理论采样)指出现有研究中对扎根理论误读的六大方面(Suddaby，2006)：1)扎根理论不是忽视文献的借口；2)扎根理论不是原始数据的直接呈现；3)扎根理论不是理论检验、内容分析与词频分析；4)扎根理论不是程序化处理数据的技术手段；5)扎根理论并不完美；6)扎根理论并不容易。有些问题在前文已经有比较详细的讨论，比如扎根理论中文献的作用，不同流派对于编码的不同理解，方法与方法论的区别。这一小节将结合苏达比在 2006 年的讨论，列举一些常见扎根理论误用的问题。

## 一、以理论无涉之名做描述分析

一些研究声称扎根理论引用格拉泽强调理论无涉，避免理论对数据的污染，因而在研究开始前以及研究过程中不读任何相关理论，研究设计没有理论视角，也没有明确的研究问题，似乎一切都可以从数据中发现。

本章节前文的论述已经驳斥了"不带任何前见进入场域"的可能性，也从不同流派的发展看到扎根理论中不断增强的对研究者能动性及知识的重视。苏达比在写这篇主编专栏时，卡麦兹的《建构扎根理论》还没有出版，斯特劳斯和科宾《质性研究基础》还只有强调程序化的第二版。即使引用格拉泽、斯特劳斯和科宾中期关于扎根理论的理解，苏达比也指出，扎根理论对理论的发现需要"理论洞察力"，而这个洞察力依赖于对已有文献的阅读、了解，对不同学科知识的积累，只有在深厚的知识基础上才会有对概念的敏锐把握、对数据的抽象提炼和对知识的延伸与贡献(Suddaby，2006)。因此，苏达比在主编专栏这篇文章最后提出"扎根理论并不容易"(Suddaby，2006：639)，它需要的是研究者敏锐的概念感知力和长期的研究积累与浸入。缺乏知识和理论积累的初学者，在理论无涉的幌子下，做出的研究很大可能是对研究对象的表层描述。这也是我们经常看到一些初学者用概括文章大意的形式提炼编码的原因。由于没有理论积累，初学者很难对观察现象做理论提炼，触及扎根理论所追求的潜在模式(latent pattern)，理解习以为常中所蕴含的隐含意义。

因此，笔者认为扎根理论研究不仅需要读文献、理论，还需要大量读文献、理论，读不同学科的理论，从而才能增强研究者的理论想象力与"理论洞察力"，做出

"原创""有用"的扎根理论研究。

## 二、以扎根理论之名做主题分析

　　与前一种误读的路径相反，一些研究者在扎根理论研究之前预设了强理论框架，扎根理论仅仅被运用为程序化的数据分析方式，用来补充和完善强理论框架。如果说前一种误读方式是对文献作用的误解，是担心研究者前见影响了扎根理论的根本，那以扎根理论来补充强理论框架的方式则是对扎根理论核心原则的背离。

　　本章节在论及扎根理论产生背景和研究追求时就强调，扎根理论之所以被称为革命性的质性研究方法创新，就在于它挑战了以往验证性的研究路径和宏大理论至高无上的作用，可以以生成性、数据、情境为导向，提出新颖、鲜活的中层理论，能够为研究情境中的对象提供新的理解经验、改变实践的视角与洞见。而且扎根理论的认识论不同于验证性的实证主义，扎根理论的预设不是客观、中立、普遍的世界，扎根理论是要"发现"和关注研究对象在本土社会互动中的意义建构，是"解释学"而非实证主义的立场。这是在格拉泽与斯特劳斯提出扎根理论时就坚持的认识论立场。因此，如果将扎根理论仅仅只作为数据分析的手段，用以支持、补充、延伸理论模型和理论框架，将扎根理论用作论证宏大、外部理论的工具，这是对扎根理论最核心追求的放弃。

　　因此，苏达比在主编专栏中也强调，"扎根理论不是理论检验、内容分析与词频分析"（Suddaby，2006：636），不同认识论的方法不能混为一起使用，不同层级的方法不能随意拼贴。扎根理论是方法论，不是方法。它的变革性来自对本土对象的充分理解，对潜在模式的捕捉，而不在于对宏大叙事的确认或补充。

## 三、过度依赖内部视角

　　与以上相关联，扎根理论强调对研究对象、研究情境本土性的关注，即卡麦兹所说的"情境亲近性"（intimate familiarity）（Charmaz，2006）原则，扎根理论研究者经常会使用研究对象的语言和表述进行编码，即上文所提到的本土概念编码（in vivo code），评估扎根理论的重要指标也包括与研究对象关联的"适用性"和"共鸣"，但这并不意味着扎根理论研究完全依赖于研究对象的内部视角和本土经验。如苏达比所说，"扎根理论不是原始数据的直接呈现"（Suddaby，2006：635），它是基于研究者、研究对象与文献互动的过程中对研究经验的不断解构与建构,去探索行动与联系背后的潜在模式。

在谈及这种对扎根理论的误解时,苏达比比较了扎根理论与现象学研究(phenomenological research)。同样是关注于研究对象主体经验的研究,现象学更侧重于对研究对象经验的丰富而细节地呈现,以实现对经验的整体理解。而扎根理论的关注重点不在于经验本身,而在于经验背后的抽象意义与抽象关系。经验在分析中也常常被打碎、被重构,从而能够实现对经验的再理解。扎根理论关注经验和行动,但要实现的往往是挑战经验和行动,从对经验和行动的陌生化中探索可能的改变。这样的挑战一定不完全是依赖于被经验包裹的研究对象内部视角,而是要通过研究者的不断质询、不断反思,与数据和文献的不断对话中来推进的。也正是从这个意义上,扎根理论强调多个层面的持续比较和理论抽样,循着对话的发展和新问题的提出而迭代式生成理论。

## 四、执着于"正统"的扎根理论

本章前面的讨论展现了扎根理论从产生到后续发展基于不同的认识论思想和时代问题,产生的不同流派以及它们之间在方法论、研究者主体性和主体空间、具体的编码技术、研究结果呈现上的巨大差异。现有的一些扎根理论或者并没有具体说明采用的是哪种流派的扎根理论,或者将不同流派混淆使用,又或者一定要争辩出哪种流派更优越,更能体现扎根理论的正统精神与特质。

正如苏达比所说,虽然方法论上的争论和创新有其意义,但是研究方法终究是要对研究有用,要依据研究需要和研究实践来调整,而不是反其道而行之(Suddaby, 2006:638)。比如,虽然斯特劳斯和科宾所提出的程序化技术、范式和矩阵被认为是机械的、是既有框架对数据的入侵,但对于扎根理论的初学者而言,笔者认为这反而是非常有益的探索工具,能够帮助初学者有聚焦地思考行动过程的前因后果,在有序的探索中,也更能够放松地迎接灵感时刻,提出创造性的概念和理论建构。当然,方法运用上的灵活性也要以认识论上的契合为优先,以研究规范为基础。与对文献运用的态度类似,笔者认为扎根理论研究以及其他质性研究的过程,是在规则基础上对研究者的信任、对模糊的容忍以及对创造性的等待。

## 第四节　结语

由于扎根理论的情境亲近原则,以及它对本土概念和理论的重视,一些学者认为扎根理论是中国教育研究超越模仿或应用西方理论,提出基于中国文化和中国情境新理论的方法与路径(于泽元,2010)。这样的论述也契合一些比较教育研究者提出的"亚洲作为方法"(Chen,2010)的呼吁,希望原有世界秩序的边缘国家不再借助于主流国家的理论体系来理解本土经验,把本土经验作为验证或修正主流国家理论的试验田,而是要基于本土的社会结构、文化经验来建构概念、理论和研究方法。

另外,扎根理论所包含的一系列数据分析技术,比如三级编码、备忘录和概念图,也有利于纠正一些中国教育研究中常见的自省式研究,比如谈谈自己的几点看法,实践中的几点体会,政策改进的几条建议等。扎根理论能够帮助研究者理清研究问题的生成和演进,梳理研究过程和研究结果的进化,积累和捕捉研究灵感,清晰呈现论证逻辑,并有意识地能够透过日常实践去探索潜在模式,想象并促成新的行动和关系。

然而,扎根理论这一诞生于西方情境和西方思维方式的研究方法,运用到中国教育研究,也会存在一些问题,需要研究者的时刻反思与调整。比如扎根理论强调概念属性、维度、变化的分析式思维,遇到中国整体式、写意式思维的矛盾(陈向明,2015),比如一些研究者强调的用动名词编码以达到内部视角的要求,与中文主流的概念式、模糊式表达之间的冲突,再比如扎根理论强调持续比较、理论抽样和迭代式研究过程,与中国研究环境下强调线性研究思路的不适应。

扎根理论一定可以给中国教育研究带来变革性、启发性的力量,但也给中国的教育研究者提出新的要求。我们是否能够在方法的持续比较、文献的持续比较、理论的持续比较中,把握潜在模式层面的中国文化、中国实践和中国故事,从而能够在未来促进真正意义上的有中国特色的教育研究,是对中国教育研究者提出的新问题、新挑战。

## 参考文献

Charmaz，K. (2006). *Constructing grounded theory*. London：Sage.

Chen，K. H. (2010). *Asia as a method：Towards deimperialization*. Durham and London：Duke University Press.

Corbin，J.，& Strauss，A. (2008). *Basics of qualitative research：Techniques and procedures for developing grounded theory*. Thousand Oaks：Sage.

Dey，I. (1993). *Qualitative data analysis*. London：Routledge.

Glaser，B. (1978). *Theoretical sensitivity*. Mill Valley：The Sociology Press.

Glaser，B.，& Strauss，A. (1967). *The discovery of grounded theory*. Chicago：Aldine Publishing Company.

Keane，E. (2015). Considering the practical implementation of constructivist grounded theory in a study of widening participation in Irish higher education. *International Journal of Social Research Methodology*，18(4)，415–431.

Suddaby，R. (2006). From the editors：What grounded theory is not. *Academy of Management Journal*，49(4)，633–642.

Thornberg，R. (2011). Informed grounded theory. *Scandinavian Journal of Educational Research*，56(3)，243–259.

陈向明.(2015).扎根理论在中国教育研究中的运用探索.北京大学教育评论,13(01),2–15.

费小冬.(2008).扎根理论研究方法论：要素、研究程序和评判标准.公共行政评论,(03),23–43.

吴肃然,李名荟.(2020).扎根理论的历史与逻辑.社会学研究,35(02),75–98.

于泽元.(2010).教育理论本土构建的方法论论纲.教育研究,31(05),3–10.

# 第四章　质性研究中案例研究方法的应用与误用

郑　杰

在追新求异的学术热潮中,案例研究似乎早已被尚新者视为研究方法中的平庸一族,无甚新意。然而,作为质性研究方法的案例研究发展至今已明显呈现两个路径,即解释主义取向和批判现实主义取向(Schwandt & Gates, 2018)。研究者可以通过聚焦案例本身达到研究目的或是透过案例获取与研究问题相关的重要信息或数据,案例研究不仅是描述性的,而是可以成为一种非常聚焦的、有深度的研究策略。不过,究竟什么是案例,案例该如何被界定,案例研究适用于探索怎样的研究问题,一个完整的流程规范的案例研究设计是怎样的,案例研究的结果与发现该如何呈现,却是时常困扰着学生和学术研究初级入门者的问题。本章首先回应研究范式之争,即本体论和认识论是否影响方法论的选择。之后,本章聚焦对案例研究方法的认识与运用,介绍案例研究的完整流程,结合研究实例与教学中发现的实际问题,回应关于案例研究的学术争议,讨论案例研究中的误区。最后,本章对案例研究的实施提出建议。

## 第一节　范式、方法与案例研究

初步接触质性研究的入门者可能会对被贴上各种术语标签的质性研究方法感到新奇,在为质性研究方法的丰富性惊叹的同时也常常会为使用何种研究方法开展自己的研究感到困惑。例如,在思考使用何种研究方法/策略开展研究的时候,我们是否需要考虑自己的世界观、认识论,抑或是我们只需考虑使用一种能将研究实施下去的研究方法,从实用主义角度出发选择研究方法? 对这些问题的思考是必要的,因为其有助于我们不断深入了解质性研究,引发我们进一步去思考研究该从哪里开始,该如何实施,采用怎样的研究方法才算合适,如何保证研究的质量。

## 一、范式、范式之争与研究方法的选择

### （一）何为研究范式（paradigm）？

在其经典著作《科学革命的结构》（*The Structure of Scientific Revolution*）中，托马斯·库恩（Thomas Kuhn）认为研究者会基于一个具有典型假设的框架进行探究，他本人将这一套整合的指引研究者以某种特殊的方式看待世界的诸多假设视为范式（paradigm）（Kuhn，1970）。类似地，在《另类范式对话》一书中，伊贡·古巴（Egon G. Guba）指出范式即指导行动的一组基本信念（Guba，1990，p. 17）。唐娜·默腾斯（Donna Mertens）认为范式是一种看待世界的方式，由引领与指导思维与行动的某些哲学假设组成（Mertens，2010，p. 7）。诺曼·邓金（Norman Denzin）和伊冯娜·林肯（Yvonna S. Lincoln）则认为所有的研究都是诠释性的，"包含研究者的认识论、本体论和方法论预设的网络可以被称为范式"（Denzin & Lincoln，2018，p. 19）。

### （二）范式之争（the paradigm wars）

研究中我们常提及范式。虽然有学者为避免学术争议刻意在研究中避开对方法论的讨论，仅对研究的数据收集与分析方法进行描述。但本章认为学术争鸣是积极的，争议不宜回避，范式仍有讨论的必要与意义。

必须指出，在研究方法的发展史上，量化研究曾一度占据学科优势。诚如宣永（Yoong Suan）所言，诸多教育研究都借鉴了自然科学模式，即实证的/量化的/科学的范式，因为范式似乎像法律一样，能提供独立于情境的归纳与因果关系，更能彰显研究的标准与质量。而作为另类范式的质性研究，例如案例研究、民族志都被贴上主观的、不可靠的、松散的标签（1986）。不过随着 20 世纪 80 年代的范式之争，基于民族志、现象学与案例研究的另类范式研究极大地挑战了占据主流的实证主义范式（positivist paradigm）研究。根据纳撒尼尔·里斯·盖奇（Nathaniel Lees Gage）的说法，1980 年代的范式之争在 1989 年达到了顶峰，因为反自然主义者（anti-naturalists）、诠释学者（interpretivists）和批判理论家（critical theorists）对寻求客观真理的量化研究的碾压式批判在学术界产生了更为广泛深刻的影响力，导

致了 20 世纪 80 年代已经建立起来的对教学的客观主义量化研究或者科学研究在 20 世纪 90 年代及之后一度陷入停滞,教育领域鲜有致力于为提高客观性而使用结构性观察系统的相干研究或者实验研究,不过诠释主义的民族志研究得到了蓬勃发展。批判理论家们的分析促进了人们为社会弱势群体,如贫困人群、非白人及女性的权力而斗争。此外,实用主义和卡尔·波普尔(Karl Popper)的零碎社会工程(piecemeal social engineering)则为范式冲突提供了一条以教育研究的道德义务为指导的富有成效的和解之路(Gage,1989)。

邓金和林肯认为查尔斯·泰德利(Charles Teddlie)和阿巴斯·塔沙科里(Abbas Tashakkori)对范式的梳理至少支撑了三次范式之争:后实证主义—建构主义与实证主义之争(1979—1990 年);后实证主义、建构主义与批判理论范式之争(1990—2005 年);以及循证方法学家与混合方法、解释学派及批判理论学派之争(2005 年至今)(Denzin & Lincoln,2018,p. xix)。其中,泰德利和塔沙科里认为第二次范式之争发生于混合研究方法社区,涉及研究者个人相对于范式的纯粹性立场。纯粹主义者认为质性与量化研究因基本范式假设之间的差异而不兼容。不过,通过三角互证(triangulation)使用多种方法研究同一现象的研究者则挑战了这一观点,并引发了关于范式优先的又一轮争论(Teddlie & Tashakkori,2003)。

与此同时,质性研究内部也存在范式争鸣。例如,北美质性研究至少经历了这样几个发展阶段:20 世纪初至二战的传统阶段(the traditional period,1900—1950 年),质性研究者追求实证主义科学范式及对实地调研的客观描述,关注的是如何提供有效、可靠和客观的解释;现代主义阶段或黄金时代(modernist phase,1950—1970 年),该阶段仍然继承了传统时期的经典思想,依然重视社会现实主义(social realism)、自然主义(naturalism)和生活片段民族志(slice-of-life ethnography),诸多质性研究者试图对一些重要的社会进程,如对课堂和社会中的失范和社会控制开展严谨的质性研究,并开始掀起研究方法上的创新浪潮。这些研究方法兴盛于二战后至 20 世纪 70 年代,至今仍为许多研究者所借鉴;混合类别阶段(blurred genres,1970—1986 年),这一时期质性研究者无论在范式还是研究方法又或是研究策略上都呈现了极强的创新性与极大的丰富性,理论层面从符号互动主义到建构主义、自然探究、实证主义、后实证主义、现象学、批判理论等层出不穷,研究策略与研究报告形式也呈多样态势,有扎根理论、案例研究、历史研究、民族志研究、行动研究、临床研究等，还出现了开放式及类结构化访谈、观察、视觉、文献等数据收集方法；表征危机阶段（1986—1990 年），随着质性研究者对真理、方法和表征新模式的再次追寻，传统人类学中的规范如客观主义、由固定意识和习俗构成的社会生活等遭到了深刻的批判，批判理论、女性主义理论、关于种族的认识论等引起了学术界的关注，随之而来的，先前被认为已经解决的研究的有效性、可靠性和客观性等问题再次被质疑。随着研究者们对传统真理与意义模式的挑战，反因果和反线性理论的诠释理论也开始兴起并被普及开来；后现代以实验和新民族志为特征的阶段（1990—1995 年），以对民族志研究方面开展新的探索为代表，主要表现为研究者们摈弃了超然观察者的观念，致力于以不同方式来呈现"他者"，也出现了更多的参与性、行动导向的研究。此外，这一阶段对宏大叙事的追求也为更具地方性、更适合特定问题和特定领域的小规模理论所取代；后实验探究阶段（postexperimental inquiry，1995—2000 年），这一时期关于民族志的另类研究方法开始出现于质性研究当中，文学的、诗歌的、批判的、自传体的、视觉的、施为的和共建的作为对生活经验的新的表征出现了，这些大胆前卫的对质性研究写作的创新也一度模糊了社会科学与人文科学的界限（Denzin & Lincoln，2005，pp. 14 - 20）；此外还有方法论上有争议的阶段（2000—2004 年），范式激增的阶段（2005—2010年），以及在审计文化驱动的学术界与管理主义作斗争的分裂的后人文主义阶段（2010—2015 年），与批判性探究开始在公共领域占有一席之地的不确定的乌托邦未来（2016 年至今）（Denzin & Lincoln，2018，p. xix）。

　　本章认同以规划和开展自己的研究为目的的阅读和评论综述前人的研究、参与理论和方法论辩论，继而了解主流的理论范式及其潜在的哲学假设是必要的（Mertens，2010，p. 7）。同时建议在此基础之上，应反思自身作为研究者的身份——包括研究者自身的经历及对自然界和人类社会的认知等——进而形成对话开启探索之旅。

### （三）研究方法的选择

　　就研究者自身的范式观点对其研究实施的影响而言，学术界一直持不同观点。例如，库恩认为一个人的世界观可能会影响其研究方式（Kuhn，1962）。斯塔夫罗斯·萨兰塔科斯（Stavros Sarantakos）则认为"本体论和认识论影响方法论，这指导了研究设计和对工具的选择"(Sarantakos，2005，p. 29)。林肯和古巴主张"自然探究"(naturalistic inquiry)(Lincoln & Guba，1985)。迈克尔·巴顿(Michael Patton)认为"方法的适恰性"(methodological appropriateness)是判断方法质量的主要标准，并提出了"选择的范式"(paradigm of choices)(Patton，1990，p. 39)。此后，他则认为"一个人可以学会成为一名优秀的访谈者或观察者，并学会理解结果数据，而无需在一开始就进行深刻的认识论反思和哲学研究。这种反思和研究可能非常具有倾向性，不是田野调查的先决条件。事实上，它可能是一种阻碍"(Patton，2002，p. 69)。不过，就具有不同范式认知的学者间合作研究而言，有学者倡导更大的"认识论灵活性"(epistemological agility)(McWilliam & Tan，2010)。本章倾向于研究者的世界观和认识论会影响其方法论的运用，这尤为体现于研究者独立的自由探索研究中，而跨学科的研究项目则可能要求研究合作者们具有一种更大的认识论上的灵活性。

## 二、案例研究及方法概述

提及案例研究，我们可能会发现学术界关于案例及案例研究的不同理解。例如，罗伯特·殷(Robert Yin)、罗伯特·斯塔克(Robert Stake)、莎润·梅里安(Sharan Merriam)三位案例研究方法论的集大成者对案例的定义和案例研究就有着不同的见解。殷视案例研究为一种经验性探究，并从研究范围和技术上对案例研究加以定义，即"案例研究在现实生活情境中调查当代现象，特别是在现象与情境之间界限不清晰时"(Yin，2002，p. 13)。案例研究能在技术上处理不同情况，其中感兴趣的变量会比数据点(假设每一案例为一个数据点)丰富得多，而案例研究受益于理论命题的预先发展，因其指导了研究设计、数据收集与分析，案例研究也依靠多个证据来源(Yin，2018)。梅里安就质性案例研究给出定义，即"对一个界定的现象，如一个项目、一个机构、一个人、一个过程或一个社会单元的深入、整体的描述和分析"(Merriam，1998，p. xiii)。斯塔克则将质性案例研究定义为"研究单个案例的特殊性和复杂性，了解其在重要情况下的活动"(Stake，1995，p. xi)。不同于后两位，殷早期对案例研究在认识论上明显具有实证主义特征，而斯塔克对案例研究的认知体现了建构主义和存在主义取向，梅里安则具有建构主义取向，他们在认识论上的差异给案例研究带来了不同的研究路径(Yazan，2015)。不过，殷近年来也更加关注案例研究的相对主义(relativist)或建构主义(constructivist)取向(Yin，2018)。

### (一) 什么是案例(case)

学术界虽然在案例的构成上颇有争议，但"从最简单的意义上讲，案例是某个事物的实例、事件或单元，可以是任何事物——一个人、一个组织、一个事件、一项决定、一项行动、一个地点，例如一个社区或一个民族国家"(Schwandt & Gates，2018，p.341)。不过，斯塔克认为在更多时候，教育与社会服务领域案例的兴趣在于人和项目，尤其是他们的独特性(uniqueness)和普遍性(commonality)(Stake，1995，p.1)。斯塔克认为，在这种情境下，案例可以是一位儿童、一间教室，或者专业人士的特殊流动。案例是一个具体的、复杂的、运转着的(functioning)事物，是一个被界定的系统("a bounded system")(Stake，1995，p.2)。

### (二) 案例研究(case study)

如果按照托马斯·施旺特(Thomas Schwandt)和艾米丽·盖茨(Emily Gates)的说法，"社会科学方法论是对某种类型的调查该如何进行的研究，是对假设和原则的哲学审视及对与调查社会世界的特定方法相关的方法和技术的最终证明"(Schwandt & Gates，2018，p.341)。那么，案例研究方法论(case study methodology)也是社会科学方法论之一，是基于案例的探究。但他们也指出，不同学科和不同研究领域如社会学、人类学、政治学、临床医学、教育研究对案例的定义和使用方式存在很大差异。他们认为用于案例研究的技术方法应不受知识边界的限制，这其中既可以使用质性的又可以使用量化的研究方法(Schwandt & Gates，2018)。

虽然斯塔克并没有将案例研究视为一种方法论，而是视其为对研究内容的选择(即界定系统内的案例)。但具体到作为研究方法的案例研究，他根据研究目的做了这样三个区分，即内在的案例研究(intrinsic case study)、工具性案例研究(instrumental case study)、多个案例研究(multiple/collective case study)。当研究的出发点是为了更好地理解某一案例，且开展案例研究的主要目的不是为追求代表性或者为了阐明一个特性或者问题，而是因特别或普通性对这个案例本身感兴趣时，这样的研究可以归为内在性案例研究。而当研究考察一个特别案例的主要目的是为获取对某一问题的洞见或者为了再次归纳时,案例本身并不是研究者的主要兴趣所在,案例在研究中起着支撑作用,以促进研究者对某些事物的理解,在研究中处于次要位置。不过他也指出,内在的案例研究与工具性案例研究之间没有明确的界限。有时一个特殊案例不够时,可以将几个案例结合起来研究某一现象、人群等,此时案例研究即为多个案例研究,它其实是对一个工具性案例的拓展。多个案例研究的实施能更好地促进研究者对研究对象的理解或者更好地基于多个案例在更大范围内对研究发现进行理论化处理。诚然,这三个区分并非十分清晰,在案例研究中时常是兼而有之。

　　殷在第六版的《案例研究调查与应用:设计与方法》(*case study research and applications:design and methods*)中曾提到1984年他在出版此书的第一版时,案例研究仍然是一种模糊的探究模式,并没有被很好地诠释。但多年来,随着人们认知和实践的变化,案例研究的价值越发为人们所认识,也已成为社会科学领域的焦点之一。殷在第六版中进一步阐明案例研究的研究范围和特征,强调了案例研究概念上的两重意义,澄清了作为方法论的案例研究调查(case study research)的内在逻辑。他延用了先前对案例研究的定义,进而论述了案例研究的三部曲,他类比社会科学中其他研究方法三部曲的逻辑,像历史研究中的作为历史研究模式—作为方法的历史—作为单元的人类事件,提出作为探究模式(the mode of inquiry)的案例研究调查(case study research)—作为探究方法(the method of inquiry)的案例研究(case studies)—通常作为案例研究中研究单元(unit of inquiry)的案例(cases)这一三级建构。他认为这样的三级建构突出了两对内部关系,即"案例研究调查"与"案例研究"及"案例研究"与"案例"之间的关系。殷认为案例研究不受制于质性和量化的二元对立,案例研究包括甚至可以是纯量化的证据。殷认为每一种研究方法在使用上都可以服务于三个目的,即探索性研究、描述性研究和解释性研究,但这并非按着等级关系来划分的。如此,他认为研究型案例研究中可能存在这样三种类型,探索型案例研究(exploratory case studies)、描述型案例研究(descriptive case studies)或者解释型案例研究(explanatory or causal case studies)。但他也认为很难在这三种案例研究中划出清晰的界限,因为这三种情况也时常交叉。例如,他指出,一些关于"什么"的问题,像"从对什么的研究中可以学到什么?"这类问题是进行探索性研究的正当理由,目的是为进一步研究发展相关的假设和命题。而相比之下，"如何"和"为什么"类型的问题更具解释性，可能使解释型案例研究成为合适的研究方法，因为这些问题涉及的是需要随时间追踪的研究，而不仅仅是考察频率或概率（Yin，2018）。

虽然学术界对案例研究的定义仍存争议，但本章建议将案例研究视为一种探究方法、方法论和研究策略。作为质性研究方法的案例研究，可以理解为这样一个研究过程，即研究人员经由详细的深度的数据收集，通过多种来源获取信息，如观察、访谈、视听材料、文件和报告，去探索一个有界定的系统/案例或者多个有界定的系统/案例，对案例进行描述，并基于案例的主题进行报告（Creswell，2007）。

# 第二节　案例研究方法的应用

本章关注的是质性研究中的案例研究，因此认为案例研究可以参照质性研究的实施流程，但同时又要兼顾自身的特殊性。

## 一、质性研究的实施流程

不同学科对质性研究的归纳总结略有不同。例如，在社会工作研究领域，有学者总结了质性研究的 8 个阶段，即：始于对认识论的思考（如后实证主义、实用主义、批判的、建构主义等），再到理论视角（如符号互动、女性主义、生态学、系统等），概念框架，研究路径（如案例研究、民族志、扎根理论、现象学、叙事、行动、混合方法），方法论（参与性观察、持续性比较、叙事分析、话语分析等），数据收集方法（访谈、观察、文本文件），数据分析（开放及轴心编码、文本分析、统计等），写作与展示（Padgett，2017）。

不过，邓金与林肯则从更为广谱的层面总结了质性研究的 5 个步骤：第一步，作为多元文化主体的研究者（researcher as a multicultural subject）需对该领域研究的历史和传统、对自我和他人的概念、研究的伦理与政治性加以了解。第二步，思考理论范式与视角，这关乎研究者自身的理论视角，可能是实证主义、后实证主义、诠释主义、建构主义、解释学的视角或者批判理论视角等。研究者需要思考自己的世界观与认识论，因为这些牵涉到研究的切入点及之后的诠释与分析。第三步为研究策略的选择，即研究者如何设计并实施研究。常见的研究策略有案例研究、民族志、扎根理论、生活史、批判性参与行动研究（critical participatory action research）等。第四步为数据收集与分析。常见的数据收集方法有叙事探究、观察、基于艺术的探究、访谈、视觉方法、自传体民族志、电子网络民族志、对会话和文本的分析、对理论的思考等。最后一步为对研究的诠释和评价，包括对证据、标准、政策、政治等方面的考量，及将写作视为一种探究的方法等（Denzin & Lincoln，2018）。

## 二、案例研究的实施流程

　　作为人文与社会科学领域常用的研究方法/路径，案例研究除了具备上述质性研究的一般特征，还具有自身特点。例如，约翰·克雷斯维尔（John Creswell）谈及案例研究与民族志的区别时指出，"如果就民族志中的整个文化共享群体而言，其可以被视为一个案例，但民族志的目的是弄清楚文化是如何运作的，而不是以案例作为具体说明去理解一个问题。因此，案例研究涉及通过一个或多个案例在一个界定的系统（即，一个环境、情境）内对某一问题的探索"（Creswell，2007，p. 73）。又如殷曾指出不同于一些追随民族志方法的质性研究，案例研究没有受限于两个条件，即研究者通过细致的对自然界的观察，二是试图避免对任何理论模型的先入为主。他继而指出案例研究相对历史研究的优势。尤其在研究当代事件时，案例研究是恰当的研究方法。案例研究采用了许多与历史相同的技术，但它增加了两种证据来源，即对所研究事件的直接观察和对事件相关人员的访谈。同样，尽管案例研究和历史可能有重叠的地方，但案例研究的独特优势在于它能够处理各种各样的证据文件、人工制品、访谈和观察，超出了传统历史研究的范围（Yin，2002）。

　　在使用案例研究方法前，研究人员首先需要确定案例研究方法是否适合研究问题。当研究者希望对某一问题或现象进行深度理解、调查或寻找可能的解决方案，又抑或是为了某一问题或想象进行深入的比较研究时，案例研究会是一种很适合的研究方法。然后，研究者需要明确识别自己的案例，需要回答的一个关键问题是"这是关于什么的案例"，这个问题将研究者的注意力集中在区分感兴趣的现象与所研究的单元或实例上（Yin，2018）。有学者如查尔斯·拉金（Charles Ragin）提出"案例化"（"casing"），认为其本身就是一个研究过程，因为一些人、一些事及事件等被放进一个关于什么的案例，这个过程中会涉及与概念、理论和数据相联系的辩论(Ragin，1992)。研究者接下来需要确定他们的案例。这些案例可能涉及一个人、几个人、一个项目、一个事件或一项活动。在明确案例的过程中，殷建议研究者可以与同事讨论潜在的案例选择，试着向对方说明想解决的问题，以及为什么选择一个特定的案例或一组案例作为解决这些问题的方式(Yin，2018)。通过这样的交流，可以有效减少盲目的案例研究设计和案例选择。

在明确了"这是关于什么的案例"之后，还要对案例作出界定。例如，如果案例是一个群体，那么这一群体中的哪些人会被视为研究对象，这些人需要具备哪些人口特征或地理位置条件？除此之外，还应对案例的时间加以界定。对案例加以界定会有助于确定数据收集的范围，尤其是区分案例研究主题的数据("现象")与案例外部的数据("情境")。边界还应加强案例与研究问题和命题之间的联系(Yin，2018)。

开展案例研究时，案例的选择是有策略的，这一点从常识上也能理解。在进行案例研究时，学者们有着不同的偏好和理由。有学者建议调查人员首先考虑哪种类型的案例研究最有希望、最有用(Creswell，2007)。克雷斯维尔认为在选择要研究的案例时，可以使用一系列有目的的抽样。他本人倾向"有目的的最大抽样"原则，更偏向选择对想要描述的问题、过程或事件有不同观点的案例，但也不排除对普通案例、可访问案例或不寻常案例的选取。丹麦学者傅以斌(Bent Flyvbjerg)提出了两种案例选择策略，一为随机选择(避免样本中的系统性偏差，样本的大小于归纳是决定性的)，包括随机抽样和分层抽样，二为信息导向的选择(最大限度地利用小样本和单一案例中的信息。案例的选择基于对其信息内容的期望)，包括极端案例、最大差异案例、关键案例和范式案例(Flyvbjerg，2004)。在他看来，所谓极端案例，即获取有关异常情况的信息，这些异常情况可能特别有问题，又或者在更严格的定义上特别好。而通过最大差异案例则可以获取关于各种情况对案例过程和结果的重要性的信息，可以就同一纬度如规模、组织形式、地点、预算等方面选取三到四个非常不同的案例；关键案例通常是为了获得可以逻辑推断类型的信息，"如果它对这种情况(不)有效，那么它(不)适用于所有情况"；范式案例则可以为案例所涉及的领域发展隐喻或建立流派。如果我们的目标是为就某一问题或现象获得最大可能的信息量，那么一个代表性案例(representative case)或者随机抽样(a random sample)可能就不是最合适的策略了。这是因为一个典型的或者平常的案例可能无法提供足够丰富的信息。这种情况下,通过非典型案例或者极端案例通常可以获得更多的信息,因为通过这些案例通常在所研究的情境中能发现更多的行动者和更多的机制。除此之外,从出于理解和行动的角度来说,澄清特定问题背后的深层原因及其后果比描述问题的症状及其发生频率往往更为重要。不过,随机取样则很少能够产生这种洞见,在这种情况下考虑到合法性,多选取一些案例更为合适(Flyvbjerg, 2004)。

对案例界定之后,就需要考虑数据收集与分析方法。常见的案例研究的数据来源一般有文件、档案、访谈、(参与性)观察、视听材料等。殷提出四种关于案例研究的数据处理方法。即:第一种策略是依靠理论命题(relying on theoretical propositions),遵循指导此案例研究的理论主张。案例研究的最初目标和设计可能基于这些命题,而这些命题又影响了研究问题的形成和文献的回溯与评述。所有这些会进一步影响数据收集与处理,并在数据分析时出现优先级。第二种策略是自下而上地处理数据(working your data from the "ground up"),让数据说话,不思考任何理论命题,而是专注于数据。通过对数据的挖掘,常常会发现一些有用的概念。这样的洞察可以为分析路径提供启示,利于对数据的进一步处理,并可能发现其他联系。第三种策略与前两种策略不同,是对案例进行描述(developing a case description)。这种情况发生于研究者可能以某种方式收集了大量数据,但没有确定最初的研究问题或命题,也可能无法从数据中提取任何有用的概念。第四种策略考察看似合理的匹敌的解释(examining plausible rival explanations)。它通常与前三种策略结合使用,带有定义和测试的目的。例如,在案例研究中考察到的结果实际上并非为假设的研究主题干预或活动的结果,而是其他因素影响的结果(Yin, 2018)。

在分析数据时,既可以对案例作整体分析,也可以对案例的某些方面作嵌入式分析(Yin, 2002)。在对研究发现呈现时,我们可能会先对案例进行深描,例如详述案例的历史,而后则可能专注于主题分析,揭示案例的复杂性。而当研究中涉及多个案例时,我们一般首先对每个案例和案例主题进行深描,做案例内分析,然后再对多个案例做跨案例的主题分析(Creswell, 2007)。在最后的诠释阶段,我们通常会强调案例的启示与意义,也会讨论案例研究的局限性。

### 三、案例研究实例

本人曾于 2008—2010 年间在加拿大西部一所大学做过一个探索型质性案例研究(Zheng，2010)。因为彼时的留学生身份和在教育理论、文化与国际研究专业的学习，很自然地关注了新自由主义主导的全球化、主要 OECD 国家和地区的高等教育政策与当时日益频繁的国际学生流动等现象，并在日常学习与生活体验中逐渐将关注点放在了留学生在当地高等教育机构里的现状与问题上。可以说正式开展调查研究之前，作为研究者我已对国际学生流动这一议题有了些许直观感受。在确定并识别了自己的研究议题之后，我开始与自己的本体论、认识论对话，并思考可能的研究路径与方法。首先，因为我的研究对象是人而非物，我认为对人类世界中社会现象的解读并非纯粹地经由线性的决定论去解读，社会现象是可以探索的，但只有通过深入的探索和透彻的分析与解读，才有可能揭开其神秘面纱。

又鉴于对探索、意义和理解的关注，我采用了探索型质性案例研究策略来开展这项研究。在大致明确了研究议题之后，我对案例有了如下的界定：国际学生作为国际学生流动现象的主体，应该对其进行研究，以进一步考察政策对国际学生流动的影响，并探索其选择留学的原因。然而，留学生是一个极具文化多样性的群体，又不可能将所有国际学生都包括在这项研究中。究竟是随机选取案例呈现比率态势还是就我观察到的问题做进一步探讨是我在开展案例研究之初思考的问题。对此，我反思自己开展此项研究的目的与研究的可能性，并认为将这项研究置于具体的情境下更能发现问题。此后，为了能深度理解和解读国际学生流动现象，我聚焦来自中国在加拿大一所高校就读硕士或博士的留学生，专门调查了中国研究生对在这所高校的学习与生活经历的看法，并形成了三个试图探究的问题：1)中国学生为何选择来加拿大继续研究生教育？2)中国研究生在加拿大高等院校的教育经历是怎样的？3)中国和加拿大的高等教育政策如何影响了国际学生流动？

我对研究对象的招募也有一些基本的要求，即必须是在中国一所大学获得学士学位的中国学生，并在加拿大案例高校学习了一年或更长时间。做这样的限定主要是从研究对象的学习与生活经历方面考虑，如果对一名初来乍到的留学生进行深度访谈，他/她可能由于对新环境不太了解而无法在访谈时提供较为丰富和成熟的见解。此外，研究对象可以是自费、国家公派、获得加拿大大学奖学金资助的中国留学生,在留学资助渠道上不做限制,对就读专业也没有限制,且招募研究对象时尽可能地关照性别参与的平衡性。此外,考虑到案例的情境,我对彼时 OECD 国家和地区的国际学生流动政策以及中国与加拿大在国际学生流动方面的政策结合理论视角做了梳理与评述。做完这些以后,我着手研究伦理的申请并设计访谈提纲与具体的访谈问题,在伦理申请获得大学研究伦理委员会批准后,开始通过大学网站上的公开信息及熟人引荐等方式联系可能参与访谈的中国留学生,准备小组访谈、面对面的个人访谈及关键人物访谈。与此同时,我本人继续参与大学和院系层面关于留学生的常规会议或活动,做参与性观察,收集数据。整个案例研究涉及的数据收集方法包括政策文本分析、小组访谈、半结构化面对面访谈、关键人物访谈和两次参与性观察。通过采用多渠道数据收集方法,保证了数据的质量和丰富性。回顾我的研究流程,对数据的分析在数据收集过程就已经开始了。在数据收集过程当中就分析数据的目的在于先行开展一些基本的分析,以考察研究议题是否得到实质性的探讨,并引导研究朝着既定的方向发展,另外也有利于我进一步完善研究设计。而在整个研究的数据收集阶段结束之后,我进一步聚焦研究问题,在研究问题与数据之间开展更为细致的对话。具体而言,我对数据进行了编码、主题分析等,整个研究最后概念化了国际学生流动这一教育与社会现象,从新自由主义全球化、文化全球化等批判性视角探讨了全球化背景下中国学生向加拿大高等教育机构流动的缘由、对留学教育的体验与反思,并提出对国际高等教育政策和实践改进的建议与期望。这个探索型案例基本完成其初始被赋予的研究使命,且为我之后高等教育国际化的政策与现实研究提供了一个可借鉴的研究设计。

## 第三节　案例研究方法的误用

在诸多研究方法中,案例研究似乎颇为人所熟悉。的确,案例研究已经被广泛运用于各领域学科,其中不乏社会学、人类学、政治科学、组织研究、历史、心理学、临床医学与诊疗实践、教育研究、政策分析和项目评估(Schwandt & Gates, 2018, p. 341)。不过,案例研究在实际应用中却常被低估或误读。本部分结合研究和教学过程中发现的问题对此加以讨论。

## 一、被低估的学术价值

学术界对案例研究的学术价值存有刻板印象。例如,有学者指出案例研究的目的在于调查现实生活中的当代问题或情况,其研究人员主要聚焦微观层面,说明、理解和探索个人、团体、组织、机构、过程或事件。此类研究可以作为试点研究服务于更大的研究项目,又可以考察群体或者个人的新现象或经验(Wolff,2019)。而在更为早期的量化研究占主导地位的年代,案例研究则被视为"对一类现象的单个实例进行的详细考察",案例研究无法为更广泛的类别提供可靠信息,可能只在调查研究的初始阶段有用,不过它提供了假设,所以可以通过更多的案例系统地检验这些假设(Abererombie et al.,1984,p.34)。由此,对案例研究的传统理解通常停留在微观层面、对个案的兴趣或者将其视为大研究项目的预研究,而非将其作为一种研究方法来对待。也因此,案例研究的学术价值曾为学术界所低估。

傅以斌指出学术界早期对将案例研究必须与假设联系在一起否则就无意义的理解十分狭隘。他继而说明传统智慧对案例研究的五种偏见与误解:1)独立于情境外的普遍性的理论知识比情境下的具体的实践性知识更有价值;2)人们不能基于一个案例而归纳总结,因此案例研究无法为科学发展作出贡献;3)案例研究就生成假设而言非常有用,即在整个研究过程的第一阶段非常有用,而其他研究方法则更适用于假设检测和理论建构;4)案例研究包含一种偏向于验证的倾向,即倾向于确认研究者先入为主的观念;5)在特殊案例研究的基础上总结和发展一般性命题和理论往往是困难的。他以强有力的论据对上述五种误解一一进行了驳斥与更正。例如,针对第一种对案例研究的误解他提出两个驳斥观点,其一为基于对学习的研究发现,案例研究产生的与情境相关的知识在帮助人们从基于规则的初学者发展成为专家的过程中是必要的,其二,在对人类事务的研究中,似乎只存在情境相关的知识,因此排除了认知理论建构的可能性。他甚至更正了对案例研究的五种误解:1)在对人类事务的研究中找不到预测理论和普遍性。因此,具体的、与情境相关的知识比徒劳地追求预测性理论和普遍性更有价值;2)基于单个案例的归纳是可能的,案例研究作为其他方法的补充或者替代经由归纳或许是科学发展的中心。不过,形式上的归纳作为科学发展的源泉被高估,而"例子的力量"被低估;3)案例研究对假设的生成和检验都很有帮助,但不限于这些研究活动;4)与其他研究方法相比,案例研究对验证研究者的先入之见的验证没有更大的偏见。相反,经验表明,案例研究对先入为主的曲解而非验证持有更大的偏见;5)对案例研究进行总结往往很困难,尤其在案例过程方面,但就案例结果而言则并非如此。然而,这些问题更多地是由所研究的现实的性质造成的,而不是作为研究方法的案例研究引起的。通常来说,对案例研究进行总结和归纳不可取,因为好的研究应该在整体上是娓娓道来的(Flyvbjerg,2004)。

## 二、被混淆的研究型案例研究

在研究生的论文开题报告中经常发现这样一些现象:在研究方法的陈述中虽然提到案例研究,但却没有具体说明如何实施了案例研究,在案例研究究竟被视为一种研究策略还是作为一种数据收集方法上是模糊的甚至是回避的。还有学生直接把对一个事例的描述等同于案例研究,只要在论文中放上事例,就在其研究方法中写上本研究使用了案例研究方法。从日常教学中遇到的这些情况来看,不少学生对案例研究的了解是不足的、混淆的。殷在对案例研究的阐述中,指出了"非研究"型案例(nonresearch case studies)的存在。例如,那些广泛存在于日常生活中的新闻报刊、博客视频等各类大众媒体中常常提到的案例或者案例研究,而几乎所有人都可以参与,这样的案例提供大量的信息,但案例研究本身未必会遵循任何明确的研究程序,殷将这种研究称为"流行案例研究"(popular case studies)。另一种他称之为"教学实践案例研究"(teaching-practice case studies),其中"教学案例"(teaching cases)常常作为补充材料出现于专业培训或者实习之中,如商业、法律、医学等领域。这类案例研究的目的在于提供用于培训或实践的有关实际情况的信息,同样未必遵循任何明确的研究程序,因而有别于研究型的案例研究。还有一种以"案例记录"(case records)形式存在的非研究型案例研究,"案例记录"作为组成部分出现于各种行政档案中(Yin,2018)。殷从研究性质对案例研究的区分有助于研究者更好地理解作为研究策略的案例研究调查和作为研究方法的案例研究。

## 三、被混乱界定的案例

如何识别界定案例的确是案例研究的一个挑战,也极大考验研究者的辨别能力,究竟聚焦一个案例还是多个案例也需研究者根据研究的实际情况做出决定。曾有同学研究博士生教育,因其对多个案例的理解与界定有误,将十位访谈对象当成十个案例,在博士论文答辩的时候受到了诸多质疑。这位同学的整个研究其实就涉及一个案例,只不过在数据收集过程中访谈了十位研究对象。另外,有的案例可能没有明显的边界,该如何对其进行界定也考验着研究者的智慧。例如,有研究者想使用案例研究方法研究中国情境下的职业本科,但就中国当前的职业教育发展而言,职业本科究竟是个怎样层次的教育尚无定论,什么样的院校能够被界定为提供职业本科的教育机构也是存有争议的。

### 四、将案例研究与其他研究方法相对立

因为学术界对案例研究的刻板印象,案例研究常常被视为缺乏归纳性,无法与大规模抽样相提并论,二者也因此被对立起来。然而在实际的质性研究中,很多学者会通过三角互证多渠道地获取数据。其实好的研究通常以问题为导向,而非以方法论的选择为出发点。例如,有的学者在研究中使用了民族志案例研究策略,将民族志与案例研究方法不违和地应用在了一起。当然,案例研究作为一种研究方法亦有其局限性,这些不可回避,且需加以说明。

## 第四节　结语

现代社会科学中的案例研究曾被追溯至人类学家马林诺夫斯基对特罗布里安群岛的研究、法国社会学家莱普利对家庭的研究,以及芝加哥大学社会学系从 20 世纪 20、30 年代至 50 年代的案例研究(Hamel et al. , 1993),案例研究有其发展历史。不过,诚如殷观察到的,许多社会科学家对各研究方法作等级划分,并认为案例研究的应用范围有限,只适用于调查研究的初级探索阶段,而实验则是进行解释性或因果性调查的唯一方式(Yin, 2018)。对案例研究的刻板印象在一定程度上影响了作为研究方法的案例研究的应用与学术声誉。即便如此,作为质性研究方法之一的案例研究在教育研究领域还是得到了较多地应用,如常见的以国家教育系统、学校、班级、学生、管理人员、教师群体为案例的研究。在教育领域,无论是解释主义取向的案例研究还是批判现实主义取向的案例研究都可能因其深度调查与对问题的洞察引起教育利益攸关者的关注。

本章建议质性研究的入门者不妨在正式开始研究之前对质性研究家族做一个

较为全面的了解,同时在学习与生活实践中日积月累,坚持持续的理论学习与反思,促使自己对教育与社会问题保持敏感性与好奇心,不断在理论—现实—自我反思中构建自己的理论视角并明确合适的方法论路径。就质性案例研究方法的运用而言,研究者首先需避免盲目跟风,不能因某种研究方法的一时兴起就觉得自己得追随方法论热点,无视研究现实。曾有研究生在毕业论文的研究中运用了案例研究方法,但其受大规模抽样量化研究的影响,认为后者更为先进更为主流,在论文初稿的结论部分,不仅质疑了自己已经使用了的案例研究方法且对大规模抽样的量化研究作出超然的评价。显然,其对质性研究和量化研究的目的缺乏深入思考。好在其后来意识到这个问题,重新审视了自己的研究目的与研究问题,基于在多所学校的田野调查,做出了一个扎实的多个案例研究,最后形成了一篇优秀的毕业论文。另外,本章也特别建议对质性研究感兴趣的入门者不妨从预研究入手,先从实践层面积累直接经验。哪怕是一个规模很小的案例,只访谈 1 至 2 位研究对象都有可能发现问题,都可能对后面正式研究提供些许启发。这些前期的步骤与准备对最终形成一个令人信服的有质感的质性案例研究至关重要。

虽然学术界对作为研究方法的案例研究争议不断,但正因为有争鸣,才有辩论和发展完善的空间。本章鉴于前人在这个领域的探索并结合研究及教学中的实际情况,以期为质性研究方法入门者提供作为质性研究方法的案例研究的些许洞见。

## 参考文献

Abererombie, N., Hill, S., & Turner, B.S. (1984). *Dictionary of sociology*. Harmondsworth: Penguin.

Creswell, J. W. (2007). *Qualitative inquiry and research design: Choosing among the five approaches*. Thousand Oaks: Sage.

Denzin, N.K., & Lincoln, Y.S. (2018). Preface. In N.K. Denzin & Y.S. Lincoln (Eds.). *The Sage handbook of qualitative research* (5th ed., pp.ix-xx). Thousand Oaks: Sage.

Denzin, N.K., & Lincoln, Y.S. (2005). Introduction: The discipline and practice of qualitative research. In N.K. Denzin & Y.S. Lincoln (Eds.). *The Sage handbook of qualitative research* (3rd ed., pp.1-26). Thousand Oaks: Sage.

Flyvbjerg, B. (2004). Five misunderstandings about case-study research. In C. Seale, G. Gabo, J.F. Gubrium & D. Silverman (Eds.). *Qualitative research practice* (pp.420-434). Thousand Oaks: Sage.

Gage, N.L. (1989). The paradigm wars and their aftermath: A "historical" sketch of research and teaching since. *Educational Research*, 18(7), 4-10.

Guba, E.G. (1990). The alternative paradigm dialog. In E.G. Guba (Ed.), *The paradigm dialog*. Newbury Park：Sage.

Hamel，J.，Dufour，S.，& Fortin，D. (1993). *Case study methods*. Newbury Park：Sage.

Kuhn，T.S. (1962). *The structure of scientific revolutions*. Chicago：University of Chicago Press.

Kuhn，T.S. (1970). *The structure of scientific revolution* (2nd ed.). Chicago：University of Chicago Press.

Lincoln，Y.S.，& Guba，E.G. (1985). *Naturalistic inquiry*. Beverly Hills：Sage.

McWilliam，E.，& Tan，J.P. (2010). When qualitative meets quantitative：Conversations about the nature of knowledge. In P. Thomson & M. Walker. *The Routledge doctoral student's companion：Getting to grips with research in education and the social sciences* (pp. 43 – 51). London：Routledge.

Merriam，S.B. (1998). *Qualitative research and case study applications in education：Revised and expanded from case study research in education* (2nd ed.). San Francisco：Jossey-Bass Publishers.

Mertens，D.M. (2010). *Research and evaluation in education and psychology：Integrating diversity with quantitative，qualitative，and mixed methods* (3rd ed.). Thousand Oaks：Sage.

Padgett，D.K. (2017). *Qualitative methods in social work research* (3rd ed.). Los Angeles：Sage.

Patton，M.Q. (1990). *Qualitative evaluation and research methods* (2nd ed.). Newbury Park：Sage.

Patton，M.Q. (2002). *Qualitative research and evaluation methods* (3rd ed.). Thousand Oaks：Sage.

Ragin，C.C. (1992). Introduction：Cases of "What is a case?" In C.C. Ragin & H.S. Becker (Eds.)，*What is a case? Exploring the foundations of social inquiry* (pp. 1 – 17). New York：Cambridge University Press.

Sarantakos，S. (2005). *Social research* (3rd ed.). New York：Palgrave Macmillan.

Schwandt，T.A.，& Gates，E.F. (2018). Case study methodology. In N.K. Denzin & Y.S. Lincoln (Eds). *The Sage handbook of qualitative research* (5th ed.，pp. 341 – 358). Thousand Oaks：Sage.

Stake，R.E. (1995). *The art of case study research*. Thousand Oaks：Sage.

Suan，Y. (1986，October). Guba as a vanguard of naturalistic inquiry：A harbinger of the future? Paper presented at the Bergamo Conference on Curriculum Theory and Classroom Practice. Dayton，USA. https：//files. eric. ed. gov/fulltext/ED277738. pdf

Teddlie，C.，& Tashakkori，A. (2003). Major issues and controversies in the use of mixed methods in the social and behavioral sciences. In A. Tashakkori & C. Teddlie (Eds.). *Handbook of mixed-methods in social and behavioral research* (pp. 3 – 50). Thousand Oaks：Sage.

Wolff，K.B. (2019). Methods，case study. *The Blackwell encyclopedia of sociology*. https：//doi. org/10. 1002/9781405165518. wbeosm090. pub2

Yazan，B. (2015). Three approaches to case study methods in education：Yin，Merriam，and Stake. *The Qualitative Report*，20(2)，134 – 152.

Yin，R.K. (2002). *Case study research：Design and methods* (3rd ed.). Thousand Oaks：Sage.

Yin，R.K. (2018). *Case study research and applications：Design and methods* (6th ed.). Thousand Oaks：Sage.

Zheng，J. (2010). *Exploring international student mobility：Neoliberal globalization，higher education policies and Chinese graduate student perspectives on pursuing higher education in Canada* [Master's thesis，University of Alberta]. University of Alberta Libraries.

# 第五章　教育民族志方法的规范、挑战与展望

董　轩

　　教育民族志是把人类学的民族志方法应用于教育研究领域所形成和发展的术语，是教育研究的基本方法、取向和成果呈现形式之一。教育民族志研究者长期参与研究对象的日常生活，通过有选择的观察、询问特定问题、解释研究对象的回答、写作田野笔记、誊录访谈录音等，建构对田野调查所获得资料的理论解释。教育民族志方法适用于两大类问题：一是社会"边缘"群体的生活与文化相关议题；二是"局内人"与"局外人"观点态度差异较大的议题。

　　教育民族志方法使用的挑战主要包括：一是研究者角色的边界模糊，过分依赖便利性原则，缺少对相对"不便利"个案的积极探寻，研究者需要有对"当地生活"更多层次、层面的探索；二是视民族志田野工作为"工作"，参与"生活场景"有余而理解"文化逻辑"不足，将"生活"工具化为可分析的"数据"，缺乏对"共同生活"本身的深度理解与共情；三是对研究伦理的理解"重程序、轻伦理"，将"研究伦理"视为有关"研究"的要求，将"伦理"要求抽离了日常生活。

　　我国教育民族志未来可能的发展方向包括：一是网络民族志，尤其是"元宇宙"等新型教育"场景"内部的民族志研究，而不是关于"元宇宙"、网络世界的研究；二是多点民族志，尤其是对教育生活中的人与物的跨学段、跨地域、跨文化的追踪；三是海外民族志，目前中国教育研究者对其他国家（尤其是非英语国家）、文化中的教育生活的民族志研究几乎是空白。

　　王铭铭认为，民族志"不简单是'田野'，也不是简单的'写作'，而是指人类学基础研究的过程之整体"（王铭铭，2011，p. 376）。从技术方面来看，"民族志方法"极容易上手操作，几乎没有门槛，基本等同于"人在哪里，哪里就是田野"，但在"产品生产"的环节难度较大，常常让初学者感觉迷茫有挑战。

　　本章首先梳理介绍了民族志方法的发展历程；进而介绍一般意义上的基本规

范与操作流程;第三部分主要讨论这种方法常见的几种应用挑战;最后对教育民族志方法的未来给予抛砖引玉式的展望。

## 第一节　民族志方法的发展历程

19世纪中后期,人类学家们便开始了有组织的田野调查。例如,英国人类学家哈登(Alfred Haddon,1855—1940)于1888年首次到托雷斯海峡(Torres Strait)做实地调研,并在1893年任教剑桥大学后,于1898年组织了到托雷斯群岛(Torres Strait Islands)的田野调查活动(Eriksen & Nielsen,2001)。哈登的《猎头者:黑色、白色与棕色》(*Head-Hunters:Black,White and Brown*,1901)可能是最早研究"猎头"的人类学著作。而另一本在中文学界更为有名的相关主题著作直到1980年才以英文出版,即罗萨尔多(Renato Rosaldo)的《伊隆戈人的猎头:一项社会与历史的研究(1883—1974)》(*Ilongot Headhunting,1883-1974:A Study in Society and History*)。比哈登的田野调查稍晚,美国人类学家博厄斯(Franz Boas,1858—1942)也在北美地区组织了一些持文化传播立场的人类学家进行田野考察,最著名的成果可能是关于"夸富宴"的细致描述(Codere,1956)。这些"组团式"田野调查既是人类学、民族学对"世界尽头"研究旨趣的发展,也是那个时代"文化淘金热"的重要表现,并将"开蒙野蛮人"的学术情怀奠基于人类学学科的发展(董轩,2021a,pp. 3 - 19)。

## 一、业余民族志时代

对"世界尽头"的兴趣源于殖民时代的旅行或业余民族志。在业余民族志时代,对"非我族类"的"志"可能并不业余,而只是缺乏"人类学"学科的自觉与所谓的"规范"。这类"民族志"在我国有《山海经》、东晋的《历游天竺记传》、玄奘的《大唐西域记》、明代郑和团队的《瀛涯胜览》《星槎胜览》《西洋番国志》,以及更为晚近和为人熟知的《海国图志》等(王建民,2013,p. 18 - 27)。

在西方,此类"民族志"的雏形亦有许多,如《马可·波罗行纪》《柏郎嘉宾蒙古行纪》。这些"游记"或"调查报告"虽服务于不同时代的不同目的,但其共性可能都是对"非我文化"的观察、体验、记录,重点大多放在风土人情、习俗物产、奇闻轶事等方面。

## 二、科学民族志时代

在经历了"业余""猎奇"的阶段之后,随着欧洲殖民主义需求的增强,如何更好地理解殖民地土著的思维、行为方式,进而更好地管理殖民地,成为欧洲殖民主义者的迫切需求。在这样的背景下,"科学民族志"诞生了,即希望对殖民地的描述能够用统一格式、书写方式,以便"科学地"研究"非我族类"。

这一阶段的重要标志是 1843 年英国民族学会的成立,这个组织在 19 世纪中后期组织编写了三本重要的指南手册:《人类学观察与询问:在未开化土地上居住与旅行须知》(1844)、《民族学调查》(1851)、《民族学的质疑》(1853)。在这三本指南的基础上,1874 年,英国科学促进协会主持编写了著名的《田野调查技术手册》(*Notes and Queries on Anthropology*),并分别于 1892 年、1899 年、1912 年和 1929 年进行了修订。二战后,英国皇家人类学学会(Royal Anthropological Institute)进行了第六次修订,也是最后一次(何国强,2016)。

## 三、反思民族志时代

第三个阶段是"反思民族志"时代。反思民族志或反思人类学包括两种:"一种对人类学文本和知识加以评论,另一种致力于发明新的文本和话语形式"(王铭铭,2011,p. 202)。反思民族志可能始于贝特森(Gregory Bateson,1904—1980)的《纳文》(*Naven*),从拉比诺(Paul Rabinow,1944—2021)的《摩洛哥田野作业反思》(*Reflections on Fieldwork in Morocco*)开始成为一种学术时尚,而真正引领人类学界、成为人类学发展史上的一个"时代"的重要标志性著作可能是 1986 年出版的会议论文集《写文化:民族志的诗学与政治学》(*Writing Culture:The Poetics and Politics of Ethnography*)。《写文化》希望视人类学及其民族志实践为一种文化批评(cultural critique),即"借助其他文化的现实来嘲讽与暴露我们自身文化的本质,其目的在于获得对文化整体的充分认识"(马库斯和费彻尔,1998,p. 11)。马库斯认为,"文化批评"需要不同研究者在各自的田野之中的勇敢尝试,提出对作为整体的人类社会有价值、有意义的批评,让人们最大可能地摆脱对其他异文化的偏见,"使我们认识到我们自己的社会仅仅是众多人类群体或文化中的一种类型或模式;

使我们自己所持有的,以及在与其他社会文化的成员接触时所产生的未经检验的一般普通假设变得易于理解"(马库斯和费彻尔,1998,p. 11),进而培养保护和维持文化富饶性的能力。

直到今天,"科学民族志"与"反思民族志"仍被包装成各种各样的新鲜术语,以"某某民族志"或"某某人类学"的表述互相争论、攻击。但是,1990 年代以后,有关民族志究竟是"科学""实验"还是"文学""艺术"的讨论已不再是这个学科和领域的"风口"。两种思维方式始终共在,似乎也不存在谁能取代了谁的问题。

# 第二节 民族志方法的基本规范

民族志研究有其基本研究规范,本节从适用的研究问题、田野调查的流程两个层面具体展开。

## 一、适用的研究问题

民族志方法的核心是参与观察,因而其适用的研究主题也需要满足能够开展观察的条件。在教育研究中,最为常见的使用民族志方法进行研究的主题也许是与课堂互动、学校生活有关的问题,而与"微观生活"有一定距离的主题,如政策类、历史类研究问题,则大概率不适合使用民族志方法,或仅仅依靠民族志方法是不够的。

民族志方法适合探索性研究、描述性研究。从参与观察的角度而言,研究者选择观察主题时,需要具备以下基本条件。

> ➢ 所研究的问题是从局内人的角度看的,涉及人类的互动和意义。
> ➢ 所研究的现象在日常生活情境或场景中可以观察得到。
> ➢ 研究者可以进入合适的现场(setting)之中。
> ➢ 现象的规模和范围都相当有限,可以作为个案研究(case study)。
> ➢ 所研究的问题适合个案研究。
> ➢ 所研究的问题可以用质性的资料加以说明,这些资料可以通过直接观察和适合该场合的其他方法来收集。(乔金森,丹尼,2015,p. 3)

与上述参与观察法适用问题类似，从大的方面来看，民族志方法可能适用两类问题或主题：一是人们普遍了解较少的群体及其生活、文化等。对教育研究者而言，受限于"教育"主题，人们不太了解的群体可能只存在于一些非主流教育形态中，如武术学校、高尔夫球学校、围棋学校、象棋学校、厨师学校等。相对于一般意义上的"学校"而言，这些特殊类型的学校可能会提供相对"异文化"的案例与民族志调查的"田野"。二是"局外人"与"局内人"观点迥异的议题。例如，"局外人"可能认为大学教师都是"铁饭碗"，工作稳定压力小、时间自由有假期，但实际情况可能要远比这种刻板印象复杂得多。此类题目在可行性允许的情况下，也可以使用或部分使用民族志方法进行探索。

## 二、田野调查的流程

民族志田野调查的流程可以有多种划分方式，按时空顺序可能是最为简单、直接的划分方式，即田野前、田野中、田野后三个阶段。

在田野前的阶段，研究者需要完成一些准备工作。具体而言，准备工作可以分为研究设计的准备、资料的准备与田野装备的准备。就研究设计而言，与其他社会科学研究或质性研究并没有太多区别，都需要先确定选题，通过文献综述逐步聚焦研究问题，做预研究或通过"想象"来确定可能需要的、适切的具体方法技术，明确田野调查的时间表与计划等。与质性研究其他方法的主要不同可能体现在资料的准备与田野装备的准备两个方面。在资料准备方面，有经验的民族志研究者会提前做好一些基本信息的功课，如田野地点的风土人情、习俗禁忌、气候饮食等，除此之外，还需要尽可能多地收集和提前阅读与研究主题相关或与田野地点相关的资料，有时也可以包括小说、诗歌、神话传说等，这些资料的准备不一定是为了"研究"准备的，更多可能是为"融入当地生活"准备的，或者仅仅是为了满足研究者的好奇心与求知欲。在田野装备的准备方面，准备什么取决于田野地点的条件、研究者的性别、年龄等。一般性的原则可能要考虑两个方面：一是确保研究所需设备功能正常，确保数据资料能随时安全保存备份；二是确保研究者的安全、身心健康，对可能遭遇的"自然挑战"（如气候）与"社会挑战"（如性骚扰）有预案和应对策略。

在田野过程中，如何使用相关"技术"来完成田野工作并没有严格的流程与规定，完全取决于研究者的个性、训练、对田野工作的理解，甚至还取决于研究者的自律程度。如果一定要总结出一个"流程",也许可以概括为:进入现场、建立与研究对象群体的关系、参与观察或共同生活、有针对性的访谈、撰写笔记和日志。"流程"虽如此,但实际操作过程中仍会因人而异、因题而异。灵活应对、随遇而安可能才是做田野调查的最主要方法。

在离开田野地点之后,研究工作进入到以写作为主的阶段,但这并不意味着"田野"的结束。有的研究者会因为需要补充某些资料而不断回到田野地点做进一步的资料收集工作;有的则通过网络、新媒体、社交媒体等方式对研究对象进行持续跟进;有的研究者由于某些不可抗拒因素不能再回到田野地点,即便这种情况,研究者后续的选题、田野的选点都会与前一次的田野经历有某种相关性和连续性,在这个意义上,"田野后"并不是田野调查的结束,而是另一段"心灵之旅"的开始。

## 第三节　教育民族志的应用挑战

教育民族志方法的特殊性之一可能便是不同的研究者有不同的理解与操作方式,而这些理解、操作上的差异并不存在对与错的问题,区别仅仅在于作为产品的"民族志"的品质、风格可能有所不同。这也就意味着不同研究者因其训练、经验、个性、理论素养等的不同,应对田野过程中各种挑战时表现出差异。本节选择三个较为典型的挑战,结合案例,探讨不同策略的利弊得失。

### 一、"便利性"陷阱

对于田野调查中研究者应该以何种角色或身份进入研究场所一直存在争议。一种观点认为,研究者应该尽可能避免强化"研究者"的身份,以便能更好地融入当地生活。对教育研究者而言,一种最常用的策略可能是以"实习教师""教师"的身份进入学校,但这样的"融入"是不是停留在"身份标签"的意义上,是值得讨论的问题。另一种观点认为,无论研究者做怎样的"伪装"都是徒劳的,以何种角色进入研究地点,研究者始终都是研究者,除非不告诉当地人他们正在被研究,而这是违反研究伦理的。换言之,符合研究伦理规范的前提下,"研究者"在当地人、研究对象的眼中始终是"研究者",而永远不可能成为"局内人"。

这里举一个同时涉及上述两种挑战的例子。《男孩与他们的学校教育:"与众不同"的经验》(*boys and their schooling：The experience of becoming someone else*)(Whelen，2011)是一本以澳大利亚墨尔本近郊一所中学(Hillside High School)为个案的民族志。作者韦伦(John Whelen)的兴趣主要集中在学校差生的就读经验，以及这种"经验"对男性气质(masculinities)建构与日常实践的影响。这所中学位于一个中产社区，学生构成族裔多元，来自 40 多个国家。学校在墨尔本乃至澳大利亚全国都以学业成绩优异闻名，是一所名符其实的"好学校"。作者韦伦在校工作了 20 多年，是一名元老级员工。在田野调查期间，他仍是这所学校的教师和年级组长(coordinator)。为了避嫌，他选择了 8 到 10 年级(13—16 岁)的男生，而不是自己教的年级。据作者在书中所说，在两年的田野调查时间里，他逐步组织了一个研究对象小组，并有规律地与这一小组成员进行访谈。此外，他还在教师大会等公开场合向全校老师介绍自己的研究进展，希望让其他教师理解自己在做什么，以便获得支持。

从有利的方面来看，韦伦对所调查的学校极为熟悉，与其他教师是长时间的同事关系，甚至很多人是他的"晚辈"与"下属"，这样的身份无疑会给研究工作带来诸多便利。例如，其他教师可以爽快地为作者提供一份符合研究需要的学生名单(至于这种"委托"挑选研究对象对民族志研究有怎样的影响，另当别论)；韦伦可以自由出入学校的各种场所，可以参与学校的重要活动，如晨会(assembly)、演讲之夜(speech night)，可以获得差生被惩罚的相关信息，也被允许与他有兴趣的群体接触和访谈等。这些看似容易的事情，如果是一个"局外人"研究者，则需要一年半载才有可能完成。

从不利于田野调查的方面看，研究者作为"教师—研究者"，其最大的挑战是如何融入差生群体。书中提供了许多有趣的案例，尽管作者的分析侧重点并不在融入问题，但作为读者，似乎很容易感受到作者作为教师与差生群体的格格不入。尽管作者声称这是一本民族志著作，但是他却非常依赖一对一的正式访谈和集体访谈，而参与观察仅仅局限于学校日常的公共事务时刻，如晨会。对于民族志研究而言，这样的资料结构显然是有问题的。例如，作者在书中多次提到他猜测一些男生有吸烟行为，但他并没有"眼见为实"的证据。吸烟可以说是"差生"群体违规违纪行为里情节较轻的一种，如果此类"违纪"作者都无法得到男生们的信任，至少说明"教师"身份是田野调查的障碍(董轩，2021b)。

　　"教师—研究者"可能是很多教育民族志研究者在田野中常用的一种角色策略，即一边在田野调查的学校做"教师"，如见习教师、行政人员等，一边以"研究者"的身份开展研究工作。在一些教育民族志著作中，研究者都习惯性地把这种二元的角色实践描述成浑然一体、相得益彰的"田野回忆"：既出色地完成了教学任务或学校领导交办的工作，成长为一名"优秀教师"，又与学校师生相处愉快，甚至发展出了深厚的友谊等，也成为了一名优秀的"研究者"。但是，可能需要追问的问题是：这种情况究竟是因为研究者过于"优秀"还是研究者并没有扎根"田野"所导致的？换言之，"人在哪儿，田野就在哪儿"并不等同于"人到哪儿，就可以在哪儿生根"。当研究者为进入田野、调查访谈的"顺利"而暗中得意时，更需要提醒自己的也许是"是否过于顺利"、这样的"顺利"是否是田野调查的"陷阱"，以及这些"一帆风顺"对研究本身究竟有怎样的影响。

## 二、参与观察"生活场景"

　　教育民族志的一个常见挑战是研究者大多只"参与观察"了"学校生活"，而对相关群体的"校外生活"一无所知或知之甚少。对于其他研究方式而言，这样的"观察"、调查可能并没有什么问题。但对于教育民族志的实践者来说，如果只了解教师、学生的在校生活，而不知道甚至从来没有跟随教师、学生走进他们校外的生活，则大概率带来的问题是只参与观察了"生活场景"或片断，进而导致某些判断与解释可能只是研究者的想象或臆断。这是因为学校里的"生活场景"既缺少共时性的关系联结，也缺少历时性的岁月痕迹。

　　人类学家赖立里和张慧通过拆分日、常、生、活四字来讨论日常生活研究的四个面向：

　　　　"日"指向每日或周而复始的时间性、重复性，其中包含线性和非线性时间；"常"指向常规或平常，其中既包含平常之"物"也包含空间；"生"指向活生生的生命本身，其中包含身体、情感等更加亲密的维度；"活"指向具体的生活实践，以及习性与经验。（赖立里，张慧 2017）

　　如上所述，日常生活本身有其自洽的循环逻辑，而从民族志方法实践的角度，只观察其中一个"切片"或"场景",而有意无意忽略或无视其在"意义之网"中的位置与变化,便是极具风险的。例如,教育人类学、教育社会学研究中有一类熟题是关注课堂互动,尽管具体的研究进路五花八门,但其内核无非就是通过观察师生、生生互动的过程,进而回答、回应研究者所要研究的问题。"课堂"只是学校生活中的一个制度化场景,甚至都不是学校生活的全部,如果研究者只观察课堂,可以想象其结论也许会引起诸多争议。但如果研究者可以以课堂为焦点,能走出课堂,将课堂互动的情况置于学校生活、校外生活之中进行考察,也许就不会将一个"坏学生"在课堂上与老师不互动简单地归因于"坏学生"心理有问题或教师职业经验不足。

在历时性方面,语言人类学家、教育人类学家希斯(Shirley Brice Heath, 1939— )的工作或可提供一个案例。希斯于 1983 年出版了《言语的方式:社区和教室中的语言、生活和工作》(*ways with words:language,life,and work in communities and classrooms*,1983),比较了美国东南部两个社区里儿童的语言习得与使用情况,并分析了其背后成因。其中,Roadville 社区是一个白人工人阶级为主的社区,大多数居民在附近的纺织厂工作。另一个社区,Trackton 是一个非裔美国人聚集区,大多居民的父辈靠种地为生,当时的大多居民在磨坊工作。尽管两个社区的主流人群都是低收入群体,但其表现出的对下一代在校学习、语言学习和使用情况的影响却有着显著不同。汤美娟(2021)认为,希斯早期的语言民族志在经验层面回应了布迪厄的"语言—符号权力"理论,"看到了文化模式对儿童语言的形塑,揭开了社会下层儿童学业困难背后的结构性力量"。

与很多人类学家的工作类似,希斯也与她最初做田野调查的两个社区及当年的研究对象保持着联系,并见证了彼此的人生。这种"见证"很好地体现在她的另一本著作《工作与娱乐中的语言:家庭和社区生活三十年》(*words at work and play:three decades in family and community life*,2012)中。在这本著作中,希斯将研究对象扩展为三代人的人生起落,从 1970 年一直到 2000 年左右,从两个社区三代人的人生经历反观教育、社会、经济、文化等问题。在这些人生起落里,希斯从日常生活中的语言使用、技术与面对面交流方式的变化、种族与阶层对语言能力和职业发展的影响等方面着眼,绘制了一幅生动入微的 1970 年代以来的美国以及身处其中的普通人的生活。例如,一个鲜活且细致的例子是,希斯了解到,至 2000 年,Roadville 和 Trackton 的大部分家庭都认为自己即将达到或已经达到了中产水平的生活。证据是超过 80％的当地家庭有了普通支票账户（checking account），42％的家庭有了活期储蓄账户（savings account）；90％的家庭有至少一张信用卡，而双职工家庭则可能有八张信用卡；有一些家庭甚至在 1990 年代进行了节税退休投资（tax-efficient retirement investing）（Heath，2012，p. 5）。

　　从希斯的案例可以看出，历时性追踪所体现出的民族志力量，这是"抓拍"生活场景所无法达到的效果。但同时，由于各种各样的原因，历时性追踪听起来很容易，实际操作的难度却很大。

## 三、程序化伦理

　　研究伦理审查目前已成为国内外学界的一项共识。除了不能以各种形式抄袭、剽窃他人成果之外，还包括一些程序要求。研究伦理审查的初衷是防止研究者权力的滥用、对研究对象权利的侵害等。为了达到这样的目的，许多国家、大学都采用了医学院模式，对研究伦理进行分类分级，根据风险等级进行审查。在程序合法性的意义上，这样的审查没有任何问题，也会让研究者不断提高对遵守规则的认识，最终达到大部分研究者能自觉"知行合一"的效果。但是，这样的伦理审查也有其一直被诟病的问题，主要包括两个方面：一是注重研究前的程序审查，而无法对研究过程、结果进行监督；二是伦理审查受到医学院模式的影响，是否适用于社会科学仍有争议。

　　1970 年代开始，社会科学研究开始重视研究伦理问题。社会科学研究伦理一般包括研究对象身份匿名处理、保护研究对象隐私、研究对象自愿参与、知情同意、研究所获数据信息的储存和安全等原则（Drake，2014）。文化差异是社会科学（尤其是人类学）对研究伦理审查制度的一大诟病。例如，所谓的研究对象知情同意在实际的田野调查中很难做到。有学者认为，知情同意书（consent form）是"以个人主义和自由意志的原则为基础的——这些也是独特的西方文化的假设。书面的知情同意书还假定了研究对象的读写能力。而在那些有不同文化传统和法律传统的国家进行田野工作时会发现，研究对象可能不具备读写能力"（马歇尔，罗斯曼，2015，p. 159）。也有学者给予措辞更为激烈的批评，认为对知情同意书的强调实际上是官僚体制下对文书工作的拜物（fetishization），其代价是忽略了更为广泛、复杂的道德伦理问题（Bell，2014）。

　　民族志研究者的研究伦理实践往往体现在其如何应对田野过程中的"重要伦理时刻"。"重要伦理时刻"是研究者与研究对象共同在场的"事件",而不仅仅是"时间"。在这种"事件"中,研究者如何感知、理解、应对都体现着对伦理问题的理解。例如,研究者的"感同身受"不仅是田野调查中具身性的境遇(embodied encounters),还是基于日常性、讽刺性和生成性三个维度对日常生活及其价值意义的重构(董轩,何梦蕊,2020)。若此,教育民族志研究者需要不断提醒自己的也许是研究伦理审查的程序固然重要,"通过审查"并不是研究伦理的终点,而仅仅是开端,真正考验研究者伦理底线的是置身于田野之中,应对伦理困境的时刻。在这个意义上,研究伦理就不再仅仅是在田野调查中与他人、异文化相处之术,更是与自我和解之道(董轩,许李萌,2020)。

## 第四节　结语

　　民族志方法随着时代、社会、技术的发展而不断演进。例如,在没有录音设备的时代,人类学家们主要依靠纸、笔来记录田野发现,而到了便携式录音设备不再昂贵的时代,将研究对象的讲述录音成为可能,离开田野地点后还能反复分析田野所得。当摄影摄像设备广泛应用之后,一些人类学家开始做民族志影像、民族志电影等技术先锋式尝试。最著名的例子可能便是米德与贝特森1930年代在印尼巴厘岛拍摄的系列民族志电影,如《三种文化中的浴儿实践》(*bathing babies in three cultures*),开创了使用摄像设备进行田野工作的先河。在这个意义上,民族志方法始终与其关注的人类生活紧密相关。从中国教育民族志发展的角度来看,也许有三个方向是未来教育民族志能够有所助力与贡献的。

### 一、网络民族志

　　技术对民族志研究有着深层的改变与影响。二十年前人们习惯把网络世界与现实世界进行"虚拟/现实"区分,有大量的文献讨论过虚拟世界与现实世界的关系问题。在民族志方法方面,卜玉梅(2012)的《虚拟民族志:田野、方法与伦理》是较早讨论这一问题的文章。在这篇文章里,卜玉梅指出了为什么要关注虚拟民族志的时代背景性原因:

首先,在互联网上,人与人之间的沟通不再局限于面对面的交流,而更多的是基于文本和可视或不可视媒介的非面对面互动;其次,对研究对象进行观察的情境不再是一个处于特定地域范围内的具体的物理空间,而是一个超越了地理空间限制且带有虚拟特性的环境。(卜玉梅,2012,p.219)

但最近一些年,随着"虚拟"与"现实"的边界不再清晰可见,"虚拟"这个词似乎已不大常见,代之以"数字世界"的表达。在这样的背景下,卜玉梅(2020)认为,民族志研究者甚至可以以虚拟身体实现到场,长时间持续专注于虚拟社区中的互动。在这个意义上,"元宇宙"提供了新的可能。但目前的讨论仍停留在"元宇宙"是什么、能是什么等"外部问题",尚没有深入其内所做的长期研究,这也许将挑战民族志方法的旧有传统。

如果说"元宇宙"是新鲜事物,那么,网络游戏已经有几十年的历史。但教育研究者似乎对游戏世界内部的"文化实践"仍缺乏深入探究。网络游戏是现实世界的缩影,投射了现实世界的各种规则,例如,玩家要通过经验积累提升等级,参加帮派或公会,可以打工挣钱或充值暴富,也可以恋爱、结婚、离婚,等等。游戏之中有靠近"权力中心"(游戏运营商)的"托"和"氛围组",也有普通玩家,有分层、歧视,也有友谊和背叛,有生意也有道义。在这样的世界里,研究者可以通过深度参与其中,通过观察、与玩家交流等方式达到研究的目标。在过去的二十多年里,尽管网络游戏已经更新数代,教育研究者似乎仍缺乏兴趣和深入探索的动力、毅力。

## 二、多点民族志

多点民族志(multi-sited ethnography)由著名人类学家马库斯(George E. Marcus,1943—　)于1990年代最先提出。1995年,他的论文《世界体系内的与身处其中的民族志:多点民族志的兴起》(ethnography in/of the world system: the emergence of multi-sited ethnography)在《人类学年度综述》(*Annual Review of Anthropology*)发表,标志着多点民族志作为一个概念、主张与方法运动在全球范围内展开。

在这篇文章的开篇,马库斯便对两种民族志研究方法进行了区分:一种是作为马林诺夫斯基遗产之一的单点民族志传统,即集中在某一个地方进行民族志参与观察,辅助以历史文献、当地档案研究等其他方法。另一种则是马库斯称之为多点民族志的新兴田野研究方式。顾名思义,多点民族志与单点民族志最直观的不同是田野调查的地点是多个。但是,从更深层方法论意义上来看,多点民族志所要尝试解决的问题实际上颇具时代意义,希望从多个地点着眼,观察"不同时空之中文化意义、客体、身份的流转"(circulation of cultural meanings,objects,and identities)(Marcus,1995,p. 96)。此外,马库斯认为,民族志研究者将单点民族志发展或拓展为多个田野地点,其重要意义还在于可以不再依赖于宏大理论所搭建的情境框架(contextual architecture),进而获得对田野资料进行"文化解释"的更多可能性、灵活性与流动性。

目前国内大多教育民族志作品仍停留在单点,甚至单一学校的方式,似乎并没有跟上民族志方法演进的时代步伐。这也许与对民族志的刻板印象有关,也许与研究者对"地方"的理解有关,无论是哪种情况,也许未来都需要更具实验性的民族志田野调查与写作。

## 三、海外民族志

海外民族志是将"田野地点"转向中国以外的民族志研究。由北京大学高丙中于21世纪初主导推动,至今已近二十年。2020年出版的《世界社会的文化多样性:中国人类学的视角》(高丙中,马强,2020)是这一团队二十年田野工作的集中总结。据高丙中回忆,他最初有这个想法是因为在加州大学伯克利分校的人类学系访学时,观察到伯克利的人类学有两大类,一是美国本土的印第安人研究,二是海外研究。"他们系里图书馆的墙上,就有一张地图,标示他们的师生在全世界哪些地方做田野。这幅图显示着一个全球的布点。当然不只是伯克利有这个地图,好多学校都有类似的地图。我挺受这幅图刺激的。"(高丙中,熊志颖,2020)于是,高丙中回国后,积极推动学生赴海外做田野调查,至今已有三十余项海外民族志研究。

尽管海外民族志已有二十多年的探索,但目前关于境外教育问题的教育民族志,尤其是关于"一带一路"、海上丝绸之路沿线国家的教育问题研究几乎是空白,缺少深入、扎实的民族志研究。海外民族志对研究者的要求较高,既要学习和掌握当地语言,尤其是非英语国家的语言,又要学习和熟悉民族志方法、教育研究的立场旨趣等。未来也许会成为教育人类学、教育民族志发展的新兴方向。

# 参考文献

Bell, K.（2014）. Resisting Commensurability：Against Informed Consent as an Anthropologist Virtue. *American Anthropologist*，116(3)，511－522.

Codere, H.（1956）. The Amiable Side of Kwakiutl Life：The Potlatch and the Play Potlatch. *American Anthropologist*，58(2)，334－351.

Drake, G.（2014）. The Ethical and Methodological Challenges of Social Work Research with Participants Who Fear Retribution：To'Do No Harm'. *Qualitative Social Work：Research and Practice*，13(2)：304－319.

Eriksen, T. H.，& Nielsen, F. S.（2001）. *A History of Anthropology*. London：Pluto Press.

Hammersley, M.，& Atkinson, P.（2007）. *Ethnography：Principles in Practice*. London and New York：Routledge.

Heath, S. B.（1983）. *Ways with Words：Language，Life，and Work in Communities and Classrooms*. Cambridge：Cambridge University Press.

Heath, S. B.（2012）. *Words at Work and Play：Three Decades in Family and Community Life*. Cambridge：Cambridge University Press.

Marcus, G. E.（1995）. Ethnography in/of the World System：The Emergence of Multi-Sited Ethnography. *Annual Review of Anthropology*，24(1995)，95－117.

Whelen, J.（2011）. *Boys and Their Schooling：The Experience of Becoming Someone Else*. New York：Routledge.

卜玉梅.（2012）.虚拟民族志：田野、方法与伦理.社会学研究,27(6),217－236.

卜玉梅.（2020）.网络民族志的田野工作论及反思.民族研究,2020(02),69－85＋143.

董轩,何梦蕊.（2020）.感同身受：教育民族志方法的情感向度.教育学报,16(1),27－33.

董轩,许李萌.（2020）.教育民族志研究者的角色隐喻与伦理考量.全球教育展望,49(11),73－83.

董轩.（2021a）.重构常识：教育民族志的方法与文本.上海：华东师范大学出版社.

董轩.（2021b）."与众不同"的成年：澳大利亚青少年的学校生活与男性气质构建.民族高等教育研究,9(2):9－16.

高丙中,马强.（2020）.世界社会的文化多样性：中国人类学的视角.北京：商务印书馆.

高丙中,熊志颖.（2020）.海外民族志的发展历程及其三个层次.广西民族大学学报(哲学社会科学版),42(02),2－9＋1.

何国强.（2016）.译序.田野调查技术手册,英国皇家人类学会编.上海：复旦大学出版社.

赖立里,张慧.（2017）.如何触碰生活的质感：日常生活研究方法论的四个面向.探索与争鸣,327(01),104－110.

［美］马歇尔,凯瑟琳.& 罗斯曼,格雷琴.（2015）.设计质性研究：有效研究计划的全程指导.何江穗,译.重庆：重庆大学出版社.

［美］马库斯,乔治.& 费彻尔,米开尔.（1998）.作为文化批评的人类学：一个人文学科的实验时代.王铭铭,蓝达居,译.北京：生活·读书·新知三联书店.

［美］乔金森,丹尼.（2015）.参与观察法：关于人类研究的一种方法.张小山,龙筱红,译.重庆：重庆大学出版社.

汤美娟.（2021）."语言—文化"模式：教育不公平的结构与行动——S.B.希斯的语言民族志研究.教育学报,17(1):29－42.

王建民.（2013）.中国海外民族志研究的学术史.西北民族研究,2013(03),18－27.

王铭铭.（2011）.人类学讲义稿.北京：世界图书出版公司.

# 第六章　教育定量研究的基本规范与误用

刘胜男

　　定量研究是目前教育领域广受关注和使用的研究范式。严谨规范的定量研究有助于提升教育研究质量，推进我们对教育活动的认识。由于我国教育实证研究发展历史较短，研究者对于定量研究的内在逻辑和基本规范的认识和应用还存在偏差。基于定量研究的基本结构，对当前教育研究中常见的误用进行分析。研究认为，好的定量研究应该倡导规范和科学的研究过程，立足于教育实践根基，同时不陷入方法至上的盲目崇拜，对定量研究的限度有清醒的认识，并通过多元化的研究范式不断推进对教育理论发展和对教育现象的认识。

## 第一节　我国教育定量研究的发展历程及反思

　　我国教育学科中定量研究的发展大约走过了 30 年的历程，论文数量不断增多，研究呈现蓬勃态势。对这一历程的简要回顾，有利于我们对其发展阶段和使用的规范性，有更为全面和充分的理解。

### 一、我国教育定量研究发展的简要历程

　　"1967—1980 年间，有关教育管理者的研究使我们想起了一句格言：事情越是多变，越是万变不离其宗……尽管研究者们明显地表露出他们对结果的兴趣胜于对先前阶段的事实本身的兴趣，但是他们还是表现得过于仰赖调查的设计、含糊其辞的问卷的效度以及统计分析的相对简单化的方式。而且这些研究者们坚持把研究的问题当作特定个案而不是当作一种纲领性样式来处理……尽管对理论的界定不甚严密，但（理论）还是被用来对研究样本进行分类，而其中大部分（理论）被证明是毫无理论性可言的。同样，那些研究看起来也几乎没有或根本没有实际的

效用。"

——埃德温·布里奇斯(Edwin M. Bridges，1982，第 24—25 页)

教育管理教授布里奇斯(Bridges，1982)对理论运动后这一领域 322 篇国际研究文献(含学位论文和期刊论文)的分析曾得出如上结论。理论运动发端于 1950 年左右的美国，强调要改变教育管理学科长期以来过于仰赖经验性的主观臆断和单纯思辨的研究取向，借鉴社会科学中的"假设—演绎"陈述和组织管理理论，沿着"观察现象—发现问题—建立理论框架—提出研究假设—搜集数据调查检验—得出研究结论—拓展规律"的范式，促进研究规范化，提高研究质量。经过 20 余年的发展，布里奇斯认为，教育管理中的研究仍然大量存在对研究中的信效度重视不足，统计分析的简单化误用，研究中理论的缺失或不恰当运用使得学术研究对实践问题的回应不够和领域知识积累不足等问题。布里奇斯教授对英美国家 1980 年代教育管理的研究反思对今天我国的教育实证研究同样具有启发意义。中华人民共和国成立以来，受苏联影响，我国教育研究主要采用的是传统的经验总结和哲学思辨(Walker et al.，2012；张新平，2005)，对于西方国家 1920 年代发端的实验、统计、测量等实证方法和手段重视不足。随着 1978 年底教育领域开始关注国外教育理论以及形成这些理论所采用的方法，实证研究逐渐进入研究视野。直到 2000 年以后，研究者越发意识到实证研究方法是科学认识和改造世界的重要工具，实证研究尤其是教育定量研究发文数量急剧上升(Yue & Xu，2019；李一杉，刘金松，2021)。2015 年以后，华东师范大学教育学部发起"全国教育实证研究论坛"，成为教育领域全国性的盛会。其中因为疫情 2021 年通过线上线下相融合的论坛更是吸引了全球教育领域百万计人次在线观看。这一定程度上可以认为，促进"实证研究是教育学走向科学的必要途径"已经成为这一领域大部分研究者的共识(袁振国，2017，第 4 页)。

## 二、我国教育定量研究局限性的回顾反思

定量研究(Quantitative Research)作为实证研究中的主要方法学范式，主要依赖对事物的测量和计算，强调通过统计分析技术检验变量之间的关系，认识事物发展中普遍性规律，使复杂而模糊的教育活动和现象变得相对确定和明晰。随着定量研究逐渐成为教育领域中主流的研究范式，对教育定量研究的批评也不绝于耳。

这方面的研究梳理可以分为以下两类。

**一类是对定量研究方法本身局限性的反思**。研究者主要指出,教育环境本身的差异性、情境性、复杂性、不确定性以及现实世界中人的行为动机和后果难以完全把握(吴慧,刘先进,2008;阎光才,2013),我们难以完全用定量研究中确定性的客观数据表达教育对象和提出普适性的教育规律(程建坤,2016)。其次,考虑教育定量研究的测量主要是对人的知识、态度、情感、价值观的间接测量,间接测量本身可能由于概念的操作化问题存在一定误差。此外,目前教育研究中多数采用自评方式作答,教师群体是社会赞许需求比较高的调研对象,出于美化组织或自我形象,以及戒备心较强等原因,许多调研对象容易有意表现出符合"社会期许"的一面(蔡红红,2020,第 63 页)。因此常有学者用"garbage in, garbage out"表达对定量研究中数据质量的担忧。此外,定量研究过程中的抽样误差以及其他不可控变量影响也都导致我们难以做出准确的因果推断。

**另一类是对教育定量研究中方法运用科学性和规范性不足的批判**。研究指出目前已经发表的教育量化研究存在诸多统计方法上的误用,并结合具体例子对教育研究中常用的回归分析、$t$ 检验、方差分析、卡方检验、因子分析、结构方程模型等存在的偏差提出纠正建议(吕晶,2020),同时研究者还存在不考虑研究问题性质盲目应用量化方法(刘建设,1999),量化研究的参数报告存在不完整、不规范,以及对相关和回归结果做过度的因果推论等问题(葛亚波等,2021;李一杉,刘金松,2021)。

我国教育学科中定量研究总体而言发展历史还较短,长期以来研究者对方法论的内在逻辑与规范认识不清,统计逻辑方面的方法训练有限,以及期刊审稿机制不完善等问题导致研究质量仍然存在参差不齐,整体研究水平有待提升(姚计海,2017,第 67 页)。这时候不论是基于教育学科的特性对定量研究方法本身局限性的反思,还是对教育学科中定量统计分析技术使用误区的纠偏都是不断推动这一学科理论和实践发展的重要动力。

基于已有的研究基础,作者认为尽管教育实证研究尤其是定量研究近几年在我国如火如荼地发展,但是研究者对于教育定量研究背后的逻辑思维方式,具体的操作和研究功能的认识仍然存在不足。叶澜教授等在 1989 年发表的对教育研究方法的反思中指出,"十年来我国教育研究方法的发展开始'补上'西方从本世纪初就出现的实证化这门'课程',但是我们的研究员对方法还没有充分认识和熟练掌握……我们现在所做的,也许仅仅是'补课',而且补的只是'基础课'"(叶澜等,1989,第 5 页)。30 余年过去了,这一论断似乎对今天的教育实证研究仍有警醒价值。鉴于此,本研究将主要从定量研究的方法论逻辑,从形式规范的角度探讨其行文结构的规范性,并结合具体案例分析常见的误用。

## 第二节　定量研究的"洋八股"结构及逻辑

"洋八股"一词引自彭玉生老师(2020,第 181 页)的文章,指的是国际上对经验研究结构的共识,即:问题、文献、假设、测量、数据、方法、分析和结论。教育定量研究也是如此。从研究问题出发,围绕研究问题开展文献综述,基于特定理论视角分析问题,进而提出研究假设,对研究假设中涉及的关键变量进行操作化测量,设计问卷搜集数据,通过一定的统计方法分析数据检验研究假设,最后得出研究结论并结合文献探讨其理论价值。这八个部分在定量研究中既各司其职,又环环相扣,彼此相互关联。本节将根据研究需要,围绕这其中的主要结构展开分析。

### 一、洞见性选题的引领是知识积累和发展的根本

实践价值、理论意义以及可行性是开展教育研究对选题的基本要求。在满足如上要素基础上,定量研究是一种演绎性验证研究,不能"发现"或"查明"未知,而是基于已有的研究基础,以揭示变量之间的关系,检验理论假设为目的(潘绥铭等,2011,第 37 页)。如果研究选题只有调查主题,那么还不属于严格的学术意义上定量研究的问题。因为这表明作者对这一领域并不熟悉,只是泛泛调查,没有深入的分析和阐释,存在"全面而肤浅"的问题。这也进一步影响研究中理论框架的提出和文献综述,不利于研究知识的积累。潘绥铭教授等(2011,第 42 页)指出"按中国人民大学社会学系的学术共识,在社会学调查的层面上,以问卷调查为例,如果仅仅调查一个变量的情况,那么仅仅就是在研究一个现象;只有至少研究两个变量之间的关系,才算是研究一个'问题'"。

### 二、系统的文献综述是研究价值重要的逻辑起点

文献综述是针对特定研究问题,通过系统的梳理和分析对相关研究的知识发

展脉络进行评价和解释,从中梳理出已有研究之间的矛盾之处或未解之题,作为本研究重要的逻辑起点。通过文献回顾有助于清晰这一领域的研究进展,识别已有研究的不足,展望未来研究方向,并在这一过程中进一步确定所提出来的研究选题价值(风笑天,2010)。很长一段时间以来,文献回顾在我国教育研究中一直没有得到足够关注。《教育研究》杂志至 2019 年始,多次发布《关于全面加强论文文献综述的启示》,强调要全面加强论文文献综述,提升学术规范。

## 三、合乎逻辑的研究假设是取得理论突破的关键

　　研究的理论贡献在很大程度上影响了学术研究的高度。理论是一组概念或原则,以解释某一特殊现象为何以及如何发生(Leedy & Ormrod,2001,第 7 页)。定量研究中理论有助于通过合乎逻辑的方式澄清自变量和因变量为何能够以某种强有力的方式结合,以描述、解释和预测关键变量之间的假定关系,建立有效的研究假设(Raymond et al,2011,第 1098 页)。萨顿和斯托(Sutton & Staw,1995,第 372—378 页)在经典的《理论不是什么》(*what theory is not*)一文中曾明确指出研究者对什么是理论存在很多误区:堆砌参考文献不是理论;数据本身不是理论;罗列变量或构念不是理论;图表不是理论;假设或预测不是理论。定量研究经常被诟病只是基于简单的变量拼凑基础上的统计分析,其重要的原因之一就在于研究者在分析和解决问题时并没有恰当运用相应的理论框架推进对研究问题的认识,仅停留于"就事论事"的数据分析层面。

　　研究假设不是主观的"猜想",而是基于研究问题通过系统性的文献梳理和理论架构,得出"有逻辑的推测、有理由的猜想、有根据的推理……是一种尝试性的解释"(Leedy & Ormrod,2001,第 7 页)。一个研究假设至少涵括了两个或两个以上可测量的变量,指出自变量和因变量之间的关系,并可以通过实证方法加以检验,具有一般可推广性。

## 四、有效的测量是推进研究结果真实的重要保障

　　在搜集数据之前需要明确定量研究涉及的关键变量、内涵、外延,并进行相应的操作化测量。目前定量研究包括直接测量和间接测量。直接测量指的是如学生学习成绩、跑步速度等可以直接测定的变量。但是社会科学中的很多概念是抽象

的,被定义出来时无法直接测量,因此需要将概念进一步操作化、分解成为另外一些可以直接测量的量化指标,如师生的情感、态度和行为等。这些无法被直接测定的变量被称为潜变量。教育领域中的潜变量的测量主要借鉴心理学和组织行为学研究中的方法,通过多个可观测的题项来测定(郭晟豪,萧鸣政,2022,第 103 页)。测量的有效性直接影响数据结果的显著性以及研究结论的真实性。

## 五、科学的抽样方法影响研究结论的可推广价值

　　实际研究中由于研究者的调研难以触及完整的研究总体,为了节省人、财、物资源,往往会按照一定抽样原则从总体中选择有代表性的样本,再从样本中搜集可用于研究的数据,以推断总体特点。科学的抽样方法(即提高样本的代表性)可以让这个由样本推断总体特征的过程更加合理有效(Pedhazur & Schmelkin, 1991)。抽样方法可以分为概率抽样(probability sampling methods)和非概率抽样(non-probability sampling methods)。在概率抽样中,总体中的每个单位被抽到的概率是已知的。非概率抽样是调查者根据自己的方便或者主观判断抽取样本,不是严格按照随机抽样原则。由于非概率抽样无法确定抽样误差,也就无法正确说明样本多大程度能够代表总体,调查结果是否能够代表总体情况值得商榷。

## 六、适切的统计方法选择是洞察内在规律的前提

　　定量研究为了回答问题和验证研究假设,研究者需要选择相应的统计分析方式。布里奇斯(Bridges, 1982,第 16 页)和哈林格(Hallinger, 2011,第 288 页)将教育管理领域常用的数据分析根据统计难度层级分为 4 个层次。第一个层次是描述性分析(含平均数、百分比和标准差等),第二个层次是两个变量之间的相关或回归分析,第三个层次是控制了其他变量后的相关或回归分析,第四个层次是多因子高阶模型。统计方法的选择主要服务于研究问题,我们并不倡导研究者"化简为繁",为了方法而方法,用看似复杂和高阶的方式去解决"普通方法"就能解决的问题。但是如果已有研究存在大量的描述性统计,这也意味着研究仅停留于现象描述层面,并没有深层次地去揭示现象背后的影响机制,这会局限我们对于教育活动和教育规律的认识。

## 第三节  教育定量研究的常见误用

　　根据定量研究的基本结构及其规范要求,通过梳理我国教育实证研究发展过程中的一些定量研究成果,不难发现,研究者对于定量研究的内在逻辑和基本规范的认识和应用还存在偏差。当前教育研究中常见的误用情况可能包括以下方面。

### 一、研究选题的问题

　　目前教育定量研究选题中常见的问题之一在于“现状—问题—对策”类研究仍然频频出现于学术期刊。如“×××背景下教师工作负担的现状、问题和对策研究”“×××中小学青年教师专业发展的问题、原因与对策分析”。这类研究中研究者实际上并不了解调研对象,只是通过泛泛的调研,得到一般性的答案。这类型的文章在文献综述、理论框架和研究设计中也都会存在问题。比如文献综述“全面而宽泛”,没有具体的研究问题“靶子”,查找文献“无的放矢”。对于原因的分析,作者往往是基于现状和问题的了解进行推断,因而也就难以选择相应的理论框架和提出研究假设。另外,在统计方法分析部分主要采用的是百分比、频率等描述性统计,难以推进我们对现象背后内在机制的深入研究。因而虽然也采用了问卷作为调查工具搜集数据,并通过基础性的统计分析回答问题,仍然只属于关于教育问题的调查报告,研究结论缺少深入的分析、阐释,也不利于研究知识的积累和推进。

### 二、文献综述的问题

　　定量研究中文献综述主要存在如下问题:**首先是研究缺少文献综述或者只是象征性地罗列部分研究者的研究,而且缺少对研究脉络的整体把握**。研究者将主要精力集中于从实践层面论述研究问题的重要性,而后匆忙地搜集数据,得出结论,提出对策建议。这可能存在不必要的重复研究,削弱研究价值。同时由于不同研究之间缺乏关联,同一主题的研究难以实现在不同研究者共同努力下交互、可持续地推进对教育活动的认识(冯大鸣,2017)。哈林格在1982年提出了教学型领导的概念模型(PIMRS),在之后的40年里,PIMRS测量工具被世界各地的研究者引用超过1000余次,围绕PIMRS模型研究者深入探索了教学型领导对教师态度、教学实践、学校改进的影响，形塑教学型领导的环境和个体性因素，以及不同情境下教学型领导影响的边界效应(Hallinger, et al., 2020)。在不同研究者的共同努力下，教学型领导的理论不断丰富完善。但是这类系统的纵向连贯性定量研究在中国教育领域还非常少见，这也影响了我国教育理论的创建和完善。

　　**其次是文献综述没有精准瞄定研究问题，**虽然全面而丰富，但是"蜻蜓点水"，泛泛而谈。缺少对这些研究系统深入的分析，进而识别出重要的、影响这一领域理论完善的"知识缺陷"(knowledge gap)，凸显本研究问题的重要性。例如一项关于家长式领导对教师工作投入影响机制的研究中，作者建构了家长式领导基于教师组织承诺的中介效应影响教师工作投入的模型。文献综述中作者分别对家长式领导、教师工作投入和教师组织承诺三个变量的前因后果进行了系统的文献回顾。虽然文献工作比较厚实，但是却和研究问题——家长式领导对教师工作投入的影响机制关系较为疏离。好的定量研究文献综述应该紧密围绕研究问题，结合已有的研究论证研究变量之间关系的合逻辑性，研究问题的紧要性，为研究假设的提出奠定基础。

## 三、研究理论问题

　　对理论认识的偏差，缺少理论框架，理论框架与研究问题"两张皮式分析"以及理论的"碎片化"是定量研究中最常见的问题。**首先是理论认知的偏差**主要指的是一些教育研究者对理论在研究中的作用重视不够以及对理论是什么认识不足。理论是对现象因果逻辑链的深入分析和解释，好的理论能够回答现象是怎么发生的以及为什么会发生。但是很多研究者以为呈现一些文献，罗列相关研究，画个模型图就是理论，这就属于对理论本身的"误读"。

　　**第二是缺少理论框架。**一些定量研究缺少强解释力的模型，主要依托主观经验或对已有文献的分析建立起了研究中自变量和因变量的关系，并借助统计分析算法得出研究结论。由于变量的选择缺少依据，这种研究容易给人以基于数据不断试错后再根据显著性结果进行"事后假设"的印象。例如，一项对大学新生学习投入的影响因素的研究中，作者验证了学生个体的学习兴趣、能力和专业匹配、学习动机、自我效能感、个人特质以及环境层面同学关系、师生关系、家庭经济、宿舍氛围和个体与环境的匹配等因素对学生学习投入的影响。虽然选择的影响因素非常全面丰富,但是研究者对于为什么应该选择这些自变量以及这些变量是如何以一种强有力的方式组合来预测研究问题缺少足够依据和理论解释。即使通过统计模型得出研究结论,但是研究中对理论的忽略导致对研究中变量关系间所存在的因果机制解释仍然是主观和武断的,难以增进我们对于现象背后规律性的因果机制把握。

第三是理论与问题之间的"脱节"。即所运用的理论可能和研究中的某个变量有一定关联,但是并不能发挥描述、解释和预测变量之间关系的作用,或者作者在提出研究理论框架后就搁置了理论,并没在研究问题中真正运用理论进行分析。比如有研究者运用组织支持理论探讨教师工作投入的影响机制中指出,基于组织支持理论提出影响学校管理中的情感性支持、工具性支持、信息支持和评价支持会影响教师工作投入。这一研究虽然基于组织支持理论明确了影响教师工作投入的自变量,但是并没有进一步论证为什么学校管理中的情感性支持、工具性支持、信息支持和评价支持会影响教师工作投入。

第四是研究中运用多个理论解释模型中不同变量间的关系,但是不同理论之间缺乏关联,这些理论并没有进行有效的整合。这类问题常见于学位论文中,研究者为了体现研究中对理论的关切和研究的深度,往往运用3—5个理论来解释研究问题。实际上,运用多个理论解释研究模型的挑战非常大,尤其是当这些理论来源于不同学科,研究者需要清晰地解释这些理论是如何以独特的方式结合,互相补充以产生对研究问题更加完整的独特解释,而非拼凑理论来分别解释研究中不同变量的关系(Raymond,Sparrowe,&Mayer,2011,第1099页)。

## 四、研究假设问题

目前教育研究中研究假设存在的问题主要有如下几个方面:**其一,研究假设和研究问题之间脱离**。研究假设是对研究问题的回答,与研究问题、文献综述和研究结论之间密切相连。以《贫困地区中小学教师组织支持与工作创新的关系:职业认同的中介效应》一文为例,作者的研究问题是揭示学校组织支持对教师工作创新的影响机制,但是在研究中用了很大的篇幅从教师性别、任教学段、周课时、所处地区等做了一系列的差异性检验假设。这些研究假设与研究问题之间实际并不存在直接的紧密关联。

其二,**研究假设的提出缺少依据**。部分教育定量研究中,文献综述与研究假设之间存在脱节,不能为研究假设的提出提供依据,甚至研究假设中的一些关键变量都不存在于文献综述中。以《个体特征和组织环境因素对教师工作投入的影响》研究为例,作者的组织环境因素涵括了学校管理方式、职责分工、资源条件、人际关系等因素。但是在文献综述中却没有对学校管理方式、职责分工、资源条件、人际关系等变量与教师工作投入关系进行探讨,研究假设的提出突兀而缺少依据。

**第三是研究假设的表述不当**。例如,类似"教师胜任力是由教师学科知识、教育素养和心理品质构成的一个复合体,是凝结在个体身上的一种综合素养"。这种表述方式就不符合定量研究假设的规范表达,不存在对可以验证的两个研究变量之间关系的表述。

## 五、变量测量问题

在测量社会科学概念时由于概念本身的复杂性,测量对象的复杂多变,以及被调查者对个人真实偏好的隐藏而导致的影响研究结论的可靠性和实践价值是困扰教育定量研究结果真实性,进而使得定量研究在社会科学应用中受到争议的原因之一(郭晟豪,萧鸣政,2022,第 103 页;郅庭瑾,2001,第 107 页)。在实际应用中具体表现在:其一,研究者对研究中涉及的主要概念的内涵和外延界定不清晰,量表开发的随意性强,在研究中对于如何保证量表的信效度也不做说明,所开发的测量题项并不能完整、真实地表征研究概念,影响研究结果的真实和有效性。以《个体特征和组织环境因素对教师工作投入的影响》研究为例,学校管理方式、职责分工、资源条件、人际关系等是在研究中涉及的主要组织环境变量,但是作者并没有对这些变量的内涵和外延进行清晰的界定,没有交代量表如何编制,因此研究结论难以取信于读者。实际上,教育研究中"自编问卷""已有问卷的修订和改变"等表述常见于各类论文,但是大部分论文对如何自编、原有量表题项改编和删减的依据等关键问题没有清楚的论证,这都导致难以保证其对概念理解的准确性和测量的有效性,进而影响其研究结论。

其次,目前教育定量研究中的测量工具大部分来自英美学者的研究,题项的设计具有很强的情境性,需要根据具体情况进行适当改编,否则容易出现"水土不服"现象。以教师集体效能感(collective teacher efficacy)为例,高达德(Goddard)等人开发的量表中就有"社区中的吸毒和酗酒等问题给学生学习造成困扰",这一题项不适合中国中小学情境(Goddard et al.,2000,第 504 页)。第三,研究者答题时对题意的准确理解、是否不受顾虑真实答题等也都是影响研究结果的重要因素。但是现实中,存在部分研究者不考虑被调查者的认知,题项用被调查者不熟悉的、费解的语言表达,远离其生活世界,给其造成较大的理解负荷等问题,影响题项的应答有效性。第四,教育研究中由于很多对象是没有明确的外延的,因此尝试用几个"精确"的题项去涵括某些具有丰富内涵的变量是远远不够的(黎荷芳,2001)。实际上,为了提升研究变量测量的信效度,越来越多国际期刊开始从单一的横断时间点的问卷测量逐步向提倡不同数据来源、不同测定方式和不同时间点测量等方面改进。

## 六、数据搜集问题

教育研究中,不少研究者主要考虑样本量的问题,而忽视了抽样过程,没有完整交代研究对象是如何通过抽样选择出来的,而且在研究中对样本的人口学信息缺少描述,都直接影响研究结果的有效性和可推广价值。例如某研究者探讨"大学生科研动机影响因素研究",作者选择了对当地 9 所大学进行调查。研究回收有效样本 1063 份(其中高职高专占比 4.9%,三本占比 44.3%,二本占比 32.9%,一本占比 17.9%)。尽管作者也考虑到了学生的院校类型,但是由于该院校类型学生占比与我国普通本专科学校在校生占比有较大差别,以 2021 年全国教育事业统计数据为例,全国普通本科在校生 1893.10 万人,职业本科在校生 12.93 万人,高职(专科)在校生 1590.10 万人(教育部,2022),研究结论中一本和二本院校学生占比过高,使得科研动机的调研结果存在偏差,不能代表我国大学生科研动机情况。

除了研究对象的代表性,数据搜集对象也会影响研究结果的有效性。目前,教育定量研究中大部分使用自陈量表,即让研究者根据自己的实际情况或感受去回答其态度和行为题目。以对教师的测评为例,研究者在搜集教师工作投入、组织承诺、专业学习等数据时基本采用自评的方式。这固然便利了研究的开展,但是这种数据搜集方式容易导致由于社会期望效应,被调研者希望展示理想的个人和组织形象,因而大部分测量的评分偏高,影响研究的真实结果。因此为了促进研究结果更具有说服力,社会科学中强调在变量测量、数据搜集或研究策略阶段通过三角互证提升研究结果的外在效度(Scandura & Williams,2000)。

## 七、统计分析问题

作者曾经以"校长/教育领导力"为主题对 1985—2018 年发表于中国教育研究 CSSCI 及扩展版杂志中 1 167 篇教育领导力的文章进行分析。在研究方法应用上的分析结果指出,这一期间的教育定量研究中各层次方法的应用分别占比 44%, 18%,5% 和 33%(层次划分标准详见 Hallinger,2011,第 288 页),这意味着在教育研究领域简单的描述性分析在很长一段时间内占据主要位置。进一步,作者对 2015—2018 年教育研究方法应用的数据分析显示,随着我国教育学科对定量方法的重视,其中第一、二、三层次的分析分别占比 18%,15% 和 5%。而第四层次的分析则迅猛上升至 62%(Liu & Hallinger,2019)。结果表明,随着研究者方法训练的提高,TALIS 和 PISA 等公开的大型数据库被越来越多研究者使用,以及研究问题的逐渐成熟,教育领域对数据描述性分析的依赖逐渐降低,高阶模型在研究中的应用增长较快。但是这并不代表我国教育定量研究在统计方法应用方面已经非常娴熟。由于研究者在统计分析方面训练较晚,不乏诸多误用的问题。比如目前教育定量研究中大部分采用的是横截面观测数据,严谨而言只能进行相关判断,但是作者在研究中经常进行过度的因果解释。另外,由于对高级模型掌握仍然不全面,比如研究者缺少对不同层次嵌套性数据的考虑,在分析多层数据时较少考虑多层结构方程模型等应用,这也影响了研究结果的可靠性(这方面的具体分析详见吕晶,2020)。

# 第四节　结语

讲好中国教育故事、传播中国教育经验需要我们精心梳理已有的教育故事和经验,通过国际社会能接受、能理解的研究范式搜集、分析数据,进而形成具有吸引力、令人信服的论点,以吸引国际同行关注我们的教育研究。

## 一、"好"的教育定量研究应遵守基本的研究规范

国际学界 8 本教育领导力权威刊物的文献计量统计研究指出,在 2011—2020

年这十年,其实也是中国教育研究者在国际学界开始活跃的十年,8本教育领导力刊物共发表论文3084篇,中国研究者发文35篇,仅占全球发文总数的1.1%(刘莉莉,杨创,2021,第94页)。虽然我国教育管理实践历史悠久,教育思想深厚,研究成果也非常丰富,但是我们在国际学界仍缺少被广泛认可和具有影响力的教育管理理论(冯大鸣,2017,第1页)。由于中国教育研究者在研究方法应用方面的不成熟,影响了我们教育理论创建和教育研究的影响力。研究方法选择的恰当性和应用的规范性、严谨性决定着教育研究质量。我国教育实证研究近年来如火如荼,而其中定量方法"风头"尤胜。由于发展历史较短,研究者不论是对定量研究本身的理解还是对其中统计方法的应用都存在不成熟,离"科学"和"符合专业研究的规范"标准还有一定距离。也由于对方法的不恰当使用导致一些研究者对定量研究产生误解,这都需要随着我国教育实证研究的推进而不断改进。

## 二、"好"的教育定量研究应立足实践中的真问题

除了本研究所强调的教育定量研究应该遵守基本的研究规范,我们还认为好的定量研究不能走盲目的"方法崇拜"误区,即研究方法变得越来越复杂,但是研究结果对教育实践者却越来越无益,学术研究更像是一种"严谨"的"自娱自乐"游戏。以顾泠沅老师开展了45年的青浦教改实验为例,该研究针对上海市青浦区中小学数学教学质量不理想的现实,在实验早期借鉴中国古代《礼记·学记》中"学—不足—自反,教—知困—自强"的思想,建立教学双通道反馈模型。通过"问题调查、经验筛选、对比实验、推广深化"的实证研究范式,在研究和实践相结合的过程中提炼出提升教学质量的中国经验。试验后期,基于提升学生能力和素养的新目标,通过"大数据执果溯因"法,识别出提升学生探究与创新能力的有效教学行为(顾泠沅,2022)。这一研究前后历时45年,研究者很好地往返穿梭于具体世界和抽象世界中,瞄定教育改革中具有重要挑战的真实问题,通过严谨和可操作性的研究设计,得出激发他人兴趣、富有启发意义、具有说服力的研究结论。因此我们鼓励教育研究者,尤其是年轻学者,不能脱离教育实践,不关心中国教育改革中亟待解决的真实问题,只是从研究文献中寻找问题,将研究简化为统计方法训练,只关注方法本身的严谨性,而忽略了研究问题或研究结论的实践启发。好的教育定量研究应该是直面我国教育实践的复杂、丰富和变化,既能让他人体味到亲近感,又同时

在这个过程中感受到严谨实证逻辑的魅力,真正达到"有品位(有历史文化的厚重)、有亲切(有与他人日常世界的相同)、有智慧(有合乎逻辑的理性推演),同时又有规范(符合专业研究的规范)"(阎光才,2013,第83页)。

### 三、"好"的教育定量研究应清晰方法本身的限度

本研究并非鼓励教育研究应该一窝蜂地从思辨为主的规范研究转向实证研究,倡导教育实证研究一统天下。实际上,尽管教育规范研究可能由于缺少"证据"支撑,严谨性不如实证研究,但是教育实证研究只能从有限的变量和视角描述和解释教育现象,而教育实践的复杂性要求我们不仅要能够全面完整地认识教育活动和现象,还同时需要提出对教育实践改进有切实帮助的"如何做"的解决对策。教育规范研究中对教育领域特定主题,如教育本质、价值、公平争议等超越现实的应然性问题的探讨也是教育实证研究所不能取代的(刘莉,2017,第32—33页)。一直以来教育规范研究中的智慧也一直在指导和滋养着我们的教育实践和实证研究。而且,需要清醒地意识到,定量研究也只是我们分析和理解教育活动或现象的一种视角。研究者基于个人研究喜好或者研究问题的特点选择定量研究,但是这并不意味着定量研究范式"优于"其他研究。实际上,不论是定量研究还是定性研究都有其优势和分析问题的限度。过于依赖某种研究范式并不利于学科积累。因此一方面我们需要更多"好"的定量研究,但是另一方面我们也呼吁有更加多样和多元化的研究范式以不断推进我们对教育研究活动的认识。

### 参考文献

Bridges, E. M. (1982). Research on the school administrator: The state of the Art, 1967 – 1980. *Educational Administration Quarterly*, 18(3), 12 – 33.

Colquitt, J. A., & George, G. (2011). From the editors publishing in AMJ Part 1: Topic choice. *The Academy of Management Journal*, 54, 432 – 435.

Goddard, R. D., Hoy, W. K., & Hoy, A. W. (2000). Collective teacher efficacy: Its meaning, measure, and impact on student achievement. *American Educational Research Journal*, 37(2), 479 – 507.

Hallinger, P. (2011). A review of three decades of doctoral studies using the principal instructional management rating scale: A lens on methodological progress in educational leadership. *Educational Administration Quarterly*, 47(2), 271 – 306.

Hallinger, P., Gümüş, S., & Bellibaş, M. Ş. (2020). 'Are principals instructional leaders yet?'

A science map of the knowledge base on instructional leadership, 1940 - 2018. *Scientometrics*，*122*，1629 - 1650.

Leedy，P. D.，& Ormrod，J. E.（2001）. *Practical research*：*Planning and design*（7th ed）. Upper Saddle River，NJ：Merrill.

Liu，S.，& Hallinger，P.（2019，March 11）. *Mapping EDLM research in China*：*A bibliometric review*，*1985 - 2018*［Keynote speech］. Asia Leadership Roundtable 2019，Guangxi Normal University.

Raymond，T.，Sparrowe，K. J.，& Mayer.（2011）. "From the Editors Publishing in AMJ——Part 4：Grounding Hypotheses"，*Academy of Management Journal*，*54*(6)，1098 - 1102.

Scandura，T. A.，& Williams，E. A.（2000）. Research methodology in management：Current practices，trends，and implications for future research. *The Academy of Management Journal*，*43*(6)，1248 - 1264.

Schmelkin，L.（1991）. *Measurement*，*design*，*and analysis*：*An integrated approach*. Hillsdale：NJ：Lawrence Erlbaum Associates.

Sutton，R. I.，& Staw，B. M.（1995）. What theory is not. *Administrative Science Quarterly*，*40*(3)，371 - 384.

Walker，A.，Hu，R.，& Qian，H.（2012）. Principal leadership in China：An initial review. *School Effectiveness and School Improvement*，*23*(4)，369 - 399.

Yue，C.，& Xu，X.（2019）. Review of quantitative methods used in Chinese educational research，1978 - 2018. *ECNU Review of Education*，*2*(4)，515 - 543.

蔡红红.（2020）.在教育研究中运用量化研究方法的问题与反思.中国高教研究，(9)，61 - 65.

程建坤.（2016）.反思教育研究的实证情怀:兼与 D. C. 菲利普斯对话.*教育学报*，*12*(3)，11 - 18.

冯大鸣.（2017）.教育管理的李约瑟难题:现象与症结.*教育发展研究*，(15 - 16)，1 - 5.

风笑天.（2010）.论社会研究中的文献回顾.华中师范大学学报(人文社会科学版)，*49*(4)：40 - 46.

风笑天.（2017）.定性研究与定量研究的差别及其结合.*江苏行政学院学报*，(2)，68 - 74.

葛亚波，李伟健，陈芳艳，秦桂花.（2021）.教育量化研究的统计"误区"：基于 234 篇 CSSCI 文献分析.宁波大学学报(教育科学版)，*43*(5)，87 - 93.

顾泠沅.（2022）.45 年：一项数学教改实验.华东师范大学学报(教育科学版)，(4)，103 - 116.

郭晟豪，萧鸣政.（2022）.公共管理研究中潜变量指标误用问题及其改进策略.华中科技大学学报(社会科学版)，(1)，103 - 112.

教育部.2021 年全国教育事业统计主要结果［EB/OL］.（2022 - 4 - 23）［2022 - 3 - 1］. http://www. gov. cn/xinwen/2022-03/01/content_5676225. htm

金占明，王克稳.（2015）.中国管理研究选题的误区及科学性判断标准.管理学报，*12*(4)，477 - 483.

黎荷芳.（2001）.浅析教育量化研究存在的问题及其正确应用.吉林教育科学·高教研究，(6)，36 - 39.

李一杉，刘金松.（2021）.教育实证研究改善了学术论文的质量和影响力吗——以中国大陆教育学术研究领域为例.*教育发展研究*，(9)，63 - 77.

刘建设.（1999）.对我国教育量化研究的若干思考.北京邮电大学学报(社会科学版)，*2*(1)，22 - 49.

刘莉.（2017）.对教育规范研究范式的反思及辩护.*教育学报*，*13*(6)，26 - 35.

刘莉莉，杨创.（2021）.中国教育领导与管理研究的国际影响力:基于 2021—2020 年 8 本权威期刊的分析.*教师教育研究*，*33*(5)，93 - 100.

吕晶.（2020）.中国教育实证研究中的定量方法：五年应用述评.华东师范大学学报(教育科学版)，(9)，36 - 55.

潘绥铭,黄盈盈,王东.(2011).论方法:社会学调查的本土实践与升华.北京:中国人民大学出版社.

彭玉生.(2020)."洋八股"与社会科学规范.社会学研究,(2),180-246.

吴慧,刘先进.(2008).教育量化研究"失效"的产生原因及其转化措施.天津市教科院学报,(1),13-15.

阎光才.(2013).教育及社会科学研究中的数据:兼议当前的大数据热潮.北京大学教育评论,11(4),77-86.

姚计海.(2017).教育实证研究方法的范式问题与范式.华东师范大学学报(教育科学版),(3),64-71.

叶澜,陈桂生,瞿葆奎.(1989).向着科学化的目标前进.中国教育学刊,(3),2-6.

袁振国.(2017).实证研究是教育学走向科学的必要途径.华东师范大学学报(教育科学版),(3),4-17.

张新平.(2005).实地研究:教育管理研究的第三条道路.美中教育评论,2(4),20-29.

郅庭瑾.(2001).论定量方法在教育研究中的有限性.河南大学学报(社会科学版),41(3),105-109.

# 第七章　教育研究中回归分析方法的应用与误用

顾　昕

回归分析是教育量化数据分析解释变量统计关系、预测变量变化趋势的基础方法,大多高级统计模型都建立在线性回归模型之上。但是,教育学研究者可能对回归分析应用流程的理解与掌握不全面、不准确,误用回归分析的情况普遍存在,主要涉及以下几个方面。一是回归分析的结果报告与解释,研究者可能漏报重要的模型评估、假设检验、参数估计指标,或者错误解释回归系数、R 方等统计量。二是回归分析的适用情形,线性回归模型有很强的数据假设,如正态性、方差齐次性等。不满足模型基本假设,会导致参数估计偏差和假设检验失效。三是回归模型的变量选择,研究者可能漏掉某些重要变量致使分析结果无法解释,也会加入无关或冗余变量导致较差的模型参数估计和拟合效果等。为此,本章在介绍回归分析基本方法与应用的基础上,结合实际案例重点说明回归分析的误用,给出规范的分析与报告流程。此外,本章还将简单介绍回归分析统计推断与模型选择的新方法。

## 第一节　回归分析方法概述

本节从简单线性模型介绍及所运用的最小二乘方法两个方面进行展开。

### 一、回归模型

教育量化数据分析的目的是解释多变量的统计关系,找出变量的影响因素,预测变量的变化趋势。比如,研究父亲在儿童时期的缺席是否会导致儿童数学能力低下的问题,仅仅分析父亲缺席与儿童数学能力的关系是不合适的,因为可能忽略其他影响孩子数学能力的变量,包括母亲受教育水平,学校数学教学质量,孩子的智力水平,孩子是否上幼儿园等。这时 $t$ 检验、方差分析、相关分析等研究两变量关系的方法不再适用,需要建立统计模型来分析多变量的关系。回归分析是 $t$ 检验、方差分析、相关分析的整合与拓展,将多变量间的统计关系进行科学的描述与解释。同时回归模型也是广义线性模型、多水平模型、结构方程模型等的基础。在回归模型中,处于被解释地位的变量称为因变量或结果变量,影响因变量的称为自变量或预测变量。例如在分析儿童智力水平与学业成绩的关系时,因变量为学业成绩,自变量为智力水平。回归分析与相关分析的区别在于后者刻画变量间相关的密切程度,而前者解释自变量对因变量的影响大小。

回归模型的全称为线性回归模型,线性表示变量与变量间按比例、成直线的关系。例如,距离＝速度×时间,给定速度,随着时间的增加,距离会按比例增加。如图 7-1 左所示,时间和距离成直线关系,若速度为 10 米每秒,时间从 2 秒到 4 秒,距离一定从 20 米增加到 40 米。但是教育实证研究的对象通常为人,偶然因素较大,影响因素较多,变量存在不确定的线性关系,没有到唯一决定的程度。例如,每天课外阅读时长与语文成绩正相关,但并不是说课外阅读时间越长,语文成绩就一定越好。如图 7-1 右所示,数据点并未连成一条直线,每天课外阅读时长从 1.5 小时提高到 1.8 小时,语文成绩可能会降低。如果用直线表示变量间的关系,会存在一定的误差。

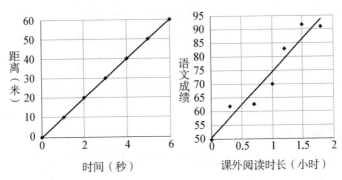

图 7-1　线性模型例

统计模型可表示为

$$数据＝模型＋误差$$

误差的引入,使得我们可以用数学的方法研究因变量与自变量的关系。误差的产生可能有以下几个因素,一是抽样过程的抽样误差;二是测量过程的测量误差;三是理论模型的设置误差。回归模型是最基本的统计模型,只有一个自变量的模型称为简单线性回归模型,包含多个自变量的模型称为多重回归模型。注:有些书籍材料称为多元回归模型,但多元回归(multivariate regression)通常代表多个因变量的模型,本书使用多重回归(multiple regression)以作区分。

以简单线性回归为例,模型可以表示为

$$因变量＝常数项＋回归系数×自变量＋残差$$

其中,常数项又称为回归截距,是当自变量为零时,因变量的模型预测值。如图 7-1 右所示,当课外阅读时长等于 0 小时,在回归直线上因变量的预测值为 50.63。回归系数又称为回归斜率,表示自变量变化而引起因变量变化的比率,解释为自变量每提升 1 个单位,因变量预测值提升(或降低)多少个单位。在图 7-1 右中,知道回归直线上任意两点的横纵坐标值即可计算斜率,比如取直线两端顶点的值,课外阅读时长 0 与语文成绩 50.63,以及课外阅读时长 1.8 与语文成绩 94,可计算回归系数得(94－50.63)/(1.8－0)＝24.09。该系数解释为,课外阅读每增加 1 小时,语文成绩的预测值提高 24.09 分。在回归模型中,常数项与回归系数是未知的参数,需要我们估计。残差反映了样本数据的个体得分与模型预测得分的差异,即回归模型的误差。如图 7-1 右所示,样本数据(点)到回归模型(直线)的垂直距离表示了模型预测的误差。需要注意的是,残差有正有负,即有的点在直线上面,有的点在直线下面,而所有样本数据的残差之和应为 0。回归模型的残差非常重要,我们将在后文的内容中进一步介绍。

## 二、最小二乘方法

给出能够描述样本数据趋势的回归直线,即可算出常数项与回归系数,构建如下回归模型:

$$语文成绩＝50.63＋24.09×课外阅读时长$$

那么,图 7-1 右中的回归直线又是如何求得的呢?残差之和为 0 的要求无法帮助我们确定唯一的回归直线,如图 7-2 所示的两种情形,样本数据到回归直线的残差(即图中数据值减去回归值,虚线表示)之和都为 0。但是很显然,左图的直线更能反映数据趋势。为此,统计学家考虑残差的平方和,以避免正负误差抵消的

影响,即

$$\sum 残差^2 = \sum (数据值 - 回归值)^2$$

　　使得残差平方和最小的回归直线即为最优的回归模型,所对应的常数项(截距)与回归系数(斜率)即为我们需要的参数估计值。这种回归模型设置方法称为最小二乘法(least squares),所得估计称为最小二乘估计,因此回归模型有时又称为最小二乘回归。最小二乘思想最早起源于数学家高斯和勒让德,是线性模型最基本的参数估计方法。

　　构建回归模型即完成常数项和回归系数的参数估计,进一步可进行参数与模型的检验。但是,教育学研究者常常会误用回归分析,忽略模型的基本假设与数据类型的适用问题,导致分析结果失效。同时,许多回归分析的新方法、新应用很少出现在教育实证研究中。本章第二、三、四节将分别介绍回归模型方法的应用、误用、新用。

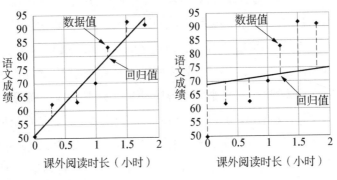

图 7-2　最小二乘法例

# 第二节　回归分析方法的应用

　　回归分析的应用非常广泛,能够解决许多教育学研究问题。比如,教育财政支持对学生学业成绩的影响如何? 哪些变量有显著的影响? 又如,家庭环境因素对青少年反社会行为的解释程度如何? 哪些实验外的因素应在模型中考虑? 再如,智商和情商哪个对成功更重要? 通过建立回归模型,分析并解释这些变量间的关系,可得到支持或反对教育学研究理论的数据证据。本节将首先介绍回归模型的参数估计与检验、模型评估与检验、分类变量虚拟化、样本量确定等应用回归分析的必备知识。之后基于教育学数据分析实例展示回归分析方法的应用流程。

## 一、回归模型及其应用流程

回归模型用于分析因变量与多个自变量的线性关系,表示为:

因变量=常数项+回归系数1×自变量1+回归系数2×自变量2+⋯+残差

多重线性回归模型系数的解释与简单线性回归稍有不同,需要加上一个条件。如回归系数1解释为控制其他自变量不变的情况下,自变量1提升1个单位,因变量预测值提高(或降低)多少个单位。有时为了强调其他自变量影响的存在,多重回归模型的系数又称为偏回归系数,表示自变量对因变量的偏效应。

回归系数估计值的符号反映了自变量对因变量影响的方向,回归系数大于零表示正向影响,小于零表示负向影响。回归系数估计值的大小反映了自变量对因变量影响的强弱,回归系数越大表示自变量对因变量的影响越强。但是如何判断自变量对因变量的影响是否显著?即该影响是由随机抽样等误差引起的,还是在总体中真实存在的。回答这一问题需要对回归系数进行显著性检验。

显著性检验需要设置零假设与备择假设。零假设为回归系数=0,表示自变量不影响因变量;备择假设与零假设互补,为回归系数≠0,表示自变量显著影响因变量。线性回归模型是线性正态模型的一种,其回归系数的抽样分布服从 t 分布,自由度为样本容量减去自变量个数再减 1。因此可构造 t 统计量,并计算所对应的显著性 p 值进行参数检验。若拒绝零假设,则得到自变量显著影响因变量的结论。假设检验的具体应用本书相关章节已有详细介绍,这里不再赘述。

使用回归分析的前提是模型能够很好地拟合数据,即模型和数据很"贴近"。在回归模型中,决定系数 $R^2$(coefficient of determination)是评估模型拟合程度的指标,表示自变量能够解释因变量变化的百分比。其取值范围 $0 \leqslant R^2 \leqslant 1$,$R^2$ 越大表明回归模型拟合越好,$R^2=1$ 表示因变量的变化完全由自变量解释,$R^2=0$ 表示因变量的变化与自变量无关。当一个自变量加入回归模型后,模型的 $R^2$ 一定是增加或保持不变的。$R^2$ 增加量可以看作是自变量对因变量变化的贡献度。值得注意的是,$R^2$

增加量小并不一定代表自变量对因变量的影响小,其与回归系数的解释含义不同。决定系数 $R^2$ 的缺点是,即使加入与因变量无关的自变量,$R^2$ 也不会下降。因此,在 $R^2$ 指标下,自变量越多的回归模型,其拟合程度一定越好,这不符合人们的期望。为此,统计学家提出调整的 $R^2$,以控制自变量个数对拟合程度的影响。

尽管决定系数 $R^2$ 对回归模型拟合有很好的解释,但它无法用于检验模型拟合的显著性,即自变量的整体是否能显著解释因变量的变化。假设检验需要构造服从特定分布的统计量,在回归模型检验中,构造回归模型所解释的因变量变化与不能解释的因变量变化之比,该统计量服从 F 分布,称为回归模型的 F 统计量。F 统计量有两个自由度,分别为自变量个数和样本容量减去自变量个数再减 1。计算 F 统计量所对应的显著性 p 值即可检验回归模型拟合的显著性。回归模型检验与参数检验是不同的,前者判断模型中所有的自变量是否足以解释因变量的变化,后者判断模型中某个自变量是否对因变量有显著的影响。模型检验显著不代表每一个自变量的系数检验都显著,某一自变量检验显著也不代表模型检验一定显著。

在线性回归模型中,自变量可以是连续变量,如课外阅读时长、智力水平等,也可以是分类变量,如性别、受教育水平等。当自变量为分类变量时,其原始的数值编码不具备任何数量上的意义,只代表类别间的差异,我们需要将其转化为虚拟变量,重新进行编码。当某个数据样本属于某个类别时,表征这个类别的虚拟变量被赋值为 1,否则为 0。如原始数据性别记录男孩为 1,女孩为 2,需转化为男孩为 1,非男孩为 0。对多个类别的分类变量,每个类别都将作为新的变量进行编码,如受教育水平中的类别高中及以下学历为 1,高中以上为 0;本专科学历为 1,非本专科为 0;研究生学历为 1,非研究生为 0。注意,虚拟变量之间不存在计算关系,编码 1 不大于编码 0。此外,当纳入回归模型时,其中一个类别(通常为最后一个)的虚拟变量需要被排除,因为它能被其他类别所表示。比如,当我们知道某个样本数据不属于研究生学历,也不属于本专科学历,那它一定是高中及以下学历。被排除的类别称为分类变量虚拟化的参照组。

在回归分析中,有些变量并不是研究所关心的,但是也需要纳入模型,控制其对因变量的干扰,这类变量称为控制变量。注意,当我们将控制变量加入模型后,研究关心的自变量的回归系数即解释为,控制其他自变量不变的情况下,对因变量的影响。在教育学研究中,控制变量通常为年龄、性别等人口统计学变量,也可能为家庭收入、父母受教育水平等社会经济地位变量。

在收集数据前,研究者需要预先判断样本是否足够用于回归分析。否则,样本容量不足将导致分析无法有效进行;而样本容量过大又造成实验人力、经费的浪费。样本容量可根据显著性水平、效应量、统计功效、自变量个数等确定。显著性水平,即一类错误率,通常设置为 0.05。回归模型使用 $f^2 = \dfrac{R^2}{1-R^2}$ 作为效应量,效应量 $f^2 = 0.1^2$,$0.25^2$,$0.4^2$ 分别对应小、中、大的效应,研究者可根据本领域文献确定效应量实际大小。统计功效,即正确拒绝零假设的概率,通常设置为 0.8,有时也可设置为 0.95,使一类错误率与二类错误率相等。回归分析的样本容量确定可使用统计功效分析软件 $G^*$ Power,计算方便。

回归模型的设定、参数估计与检验、模型拟合与检验、分类变量的虚拟化等都可以在软件中实现,几乎所有的统计分析软件均支持回归分析,如 SPSS、Stata、SAS、R、Python 等。本章的数据分析部分均采用 SPSS 软件实现。

回归分析的基本应用流程为:(1)确定研究问题;(2)确定研究变量;(3)给出零假设、备择假设和显著性水平;(4)确定样本容量;(5)收集、整理数据;(6)对研究变量进行统计描述;(7)构建回归模型;(8)检验回归模型,若模型不拟合,则返回第(2)步重新选择研究变量;(9)估计与检验模型参数;(10)解释结果,得出结论。上述回归分析的应用流程见图 7-3。

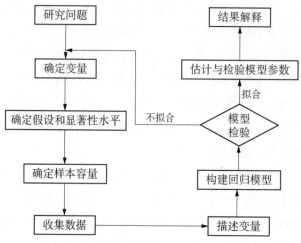

图 7-3 回归分析应用流程

## 二、回归分析应用案例

本节结合教育数据分析案例一展示回归分析的具体流程。案例一采用儿童教育电视节目《芝麻街》(*Sesame Street*)数据(Pituch & Stevens，2016)。《芝麻街》是一个教授3—5岁儿童学前技能的动画片，该数据包含240名年龄在34到69个月的儿童，变量包括儿童观看节目后的数字测验得分(Postnumb)、观看节目前的数字测验得分(Prenumb)、Peabody图画词汇测验得分(Peabody)、观看场所(Setting)、年龄(Age)、性别(Sex)、出生地(Site)等。下面给出案例一的回归分析流程，数据分析使用统计分析软件SPSS。

### (一) 研究问题

儿童数字测验得分的影响因素。

### (二) 研究变量

因变量：儿童数字测验后测得分(Postnumb)；

自变量：儿童数字测验前测得分(Prenumb)、Peabody图画词汇测验得分(Peabody)、观看场所(Setting)；

控制变量：年龄(Age)、性别(Sex)。

### (三) 零假设、备择假设和显著性水平

零假设1：儿童数字测验前测得分对后测得分无显著影响；

备择假设1：儿童数字测验前测得分对后测得分有显著影响。

零假设2：Peabody图画词汇测验得分对儿童数字测验后测得分无显著影响；

备择假设2：Peabody图画词汇测验得分对儿童数字测验后测得分有显著影响。

零假设3：观看场所对儿童数字测验后测得分无显著影响；

备择假设3：观看场所对儿童数字测验后测得分有显著影响。

尽管年龄、性别变量也将加入回归模型，但这里将它们作为控制变量。假设检验的显著性水平，即一类错误概率，通常设置为0.05。若研究者更关注一类错误率的控制，可考虑更小更严格的显著性水平。

### (四) 样本容量

使用 G* Power 软件确定样本容量，如图 7 - 4 所示。这里选取多重回归模型的 F 检验(F tests)设定默认的效应量($f^2 = 0.15$)、显著性水平($\alpha = 0.05$)、统计功效(power=0.95)，并设置自变量个数为5(三个自变量＋两个控制变量)，可得到本研究所需样本容量为138。现有数据样本容量为240，足够进行回归分析。研究者可以根据实际需求设置更严格的显著性水平，如 $\alpha = 0.01$，或较低的统计功效，如 power=0.80 等都是常用的设置。

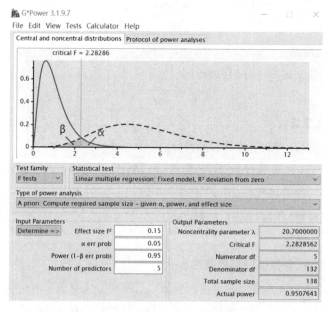

图 7 - 4　G* Power 软件样本容量确定

### (五) 数据收集、整理

研究者根据实际情况收集、整理、清理数据。不属于回归分析的内容，故不详述。

### (六) 统计描述

在统计描述中，对连续变量展示均值、标准差等，对分类变量展示频数、百分比等。表 7 - 1 中，因变量和连续自变量的均值和标准差在第二、三列展示，如因变量的 Postnumb 的均值为 29.45,标准差为 12.59。连续变量的相关系数矩阵在后四列展示,比如自变量 Prenumb 和 Peabody 的相关系数为 0.590。"＊＊"表示相关系数在 0.01 的水平下显著。相关系数矩阵显示自变量 Prenumb、Peabody 和 Age 与因变量 Postnumb 都有显著的正相关。分类变量观看场景 Setting 中,在家观看的人数为 143,占比 59.6%,在学校观看为参照组,其占比为 1−59.6%。

表 7-1　变量描述和相关系数矩阵

| | 均值 | 标准差 | Postnumb | Prenumb | Peabody | Age |
|---|---|---|---|---|---|---|
| Postnumb | 29.45 | 12.59 | 1 | | | |
| Prenumb | 20.76 | 10.62 | 0.676＊＊ | 1 | | |
| Peabody | 46.80 | 16.08 | 0.496＊＊ | 0.590＊＊ | 1 | |
| Age | 51.01 | 6.29 | 0.298＊＊ | 0.361＊＊ | 0.240＊＊ | 1 |

| | 频数 | 百分比(%) |
|---|---|---|
| Setting(at home) | 143 | 59.6 |
| Sex(boy) | 115 | 47.9 |

＊＊:在 0.01 级别(双尾),相关性显著。

### (七) 回归模型

以数字测验后测得分 Postnumb 为因变量,前测得分 Prenumb、Peabody 得分、观看场所 Setting 为自变量,年龄 Age、性别 Sex 为控制变量,构造如下回归模型。注意分类变量加入回归模型时要转换为虚拟变量。

$$Postnumb = \alpha + \beta_1 Prenumb + \beta_2 Peabody + \beta_3 Age + \beta_4 Setting(at\ home)$$
$$+ \beta_5 Sex(boy) + e$$

其中 $\alpha$ 为截距,$\beta_1$,$\beta_2$,$\beta_3$,$\beta_4$,$\beta_5$ 为回归系数,是每个自变量对因变量的偏效应,$e$ 为残差。将 Setting 和 Sex 转换为虚拟变量,若 Setting 为 1,则 Setting(at home) 为 1,反之为 0;若 Sex 为 1,则 Sex(boy) 为 1,反之为 0。

### (八) 模型拟合

在构造回归模型后,进行模型拟合评估和检验。模型拟合指标 $R^2$ 的结果见表

7-2,模型检验结果见表 7-3。注:结果均由 SPSS 软件计算输出。模型摘要表展示了模型的拟合指标 $R^2$ 及调整后的 $R^2$。$R^2 = 0.474$,表明在 Postnumb 的变化中,有 47.4% 是由 Prenumb、Peabody、Setting、Age、Sex 等自变量变化引起的,调整后 $R^2 = 0.463$。回归分析的方差分析表 7-3 展示了模型能够解释的因变量变化总和(即回归平方和)和不能解释的因变量变化总和(即残差平方和)等信息。但通常需要报告的是回归模型检验的 F 值及其对应的自由度和显著性,比如 $F_{(5, 234)} = 42.251$,$p = 0.00 < 0.05$ 表示模型检验结果显著,自变量整体能够解释因变量的变化。

表 7-2 模型摘要表

| R | $R^2$ | 调整后 $R^2$ | 标准估算的误差 |
| --- | --- | --- | --- |
| 0.689[a] | 0.474 | 0.463 | 9.223 |

表 7-3 方差分析表

| | 平方和 | 自由度 | 均方 | F | 显著性 |
| --- | --- | --- | --- | --- | --- |
| 回归 | 17 968.513 | 5 | 3 593.703 | 42.251 | 0.000 |
| 残差 | 19 902.887 | 234 | 85.055 | | |
| 总计 | 37 871.400 | 239 | | | |

## (九)模型参数

模型拟合检验通过后,将进行回归系数的估计及检验,结果见表 7-4。注:结果由 SPSS 软件计算输出。结合第(3)步中的零假设与备择假设,得出以下结果:

Prenumb 回归系数检验的 t 值和 p 值为 $t = 9.219$,$p = 0.00 < 0.05$,表明 Prenumb 对 Postnumb 有显著的影响。Prenumb 回归系数的估计值为 0.671,标准误为 0.073,表明 Prenumb 得分越高,Postnumb 得分越高,在其他自变量不变的情况下,Prenumb 每提高 1 分,Postnumb 提高 0.671 分。

Peabody 回归系数检验的 t 值和 p 值为 $t = 2.515$,$p = 0.013 < 0.05$,表明 Peabody 对 Postnumb 有显著的影响。Peabody 回归系数的估计值为 0.116,标准误为 0.046,表明 Peabody 得分越高,Postnumb 得分越高,在其他自变量不变的情况下,Peabody 每提高 1 分,Postnumb 提高 0.116 分。

Age 回归系数检验的 t 值和 p 值为 t＝1.031，p＝0.304＞0.05，表明 Age 对 Postnumb 没有显著影响。

　　Setting(at home)回归系数检验的 t 值和 p 值为 t＝－0.232，p＝0.816＞0.05，表明 Setting(at home)类别和参照组 Setting(at school)下的 Postnumb 均值没有显著差异。Sex(boy)回归系数检验的 t 值和 p 值为 t＝0.422，p＝0.673＞0.05，表明 Sex(boy)类别和参照组 Sex(girl)下的 Postnumb 均值没有显著差异。分类变量的回归系数都不显著，故不需要再进一步解释。倘若分类变量的系数显著，则需要对其进行解释，如 Setting(at home)的回归系数为－0.295，表示在其他自变量不变的情况下，Setting(at home)类别下的 Postnumb 均值比参照组 Setting(at school)低 0.295。

表 7-4　模型参数表

| | 未标准化系数 | | 标准化系数 | t | 显著性 |
|---|---|---|---|---|---|
| | 估计值 | 标准误 | | | |
| （常量） | 4.523 | 5.444 | | 0.831 | 0.407 |
| Prenumb | 0.671 | 0.073 | 0.566 | 9.219 | 0.000 |
| Peabody | 0.116 | 0.046 | 0.148 | 2.515 | 0.013 |
| Age | 0.108 | 0.105 | 0.054 | 1.031 | 0.304 |
| Setting(at home) | －0.295 | 1.270 | －0.012 | －0.232 | 0.816 |
| Sex(boy) | 0.505 | 1.197 | 0.020 | 0.422 | 0.673 |

### （十）结果、结论

　　在回归模型中代入常数项和回归系数的估计值得到回归方程：

$$Postnumb＝4.523＋0.671Prenumb＋0.116Peabody＋0.108Age$$
$$－0.295Setting(at\ home)＋0.505Sex(boy)＋e$$

也可由变量关系图的方式展示回归模型，见图 7-5，其中箭头的方向由自变量指向因变量，表示自变量作用、影响因变量。在图上加入"＊"等符号表示显著性及其强弱。

　　结合第(1)步的研究问题，我们得出，影响儿童数字测验后测得分的因素有数字测验前测得分(Prenumb)和 Peabody 图画词汇测验得分(Peabody)。数字测验前测得分和 Peabody 图画词汇测验都对测验后测得分有正向影响。观看场所、年龄

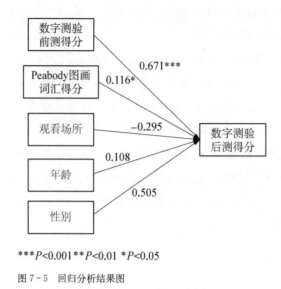

***P<0.001**P<0.01 *P<0.05

图 7-5　回归分析结果图

和性别对数字测验后测得分没有显著影响。

# 第三节　回归分析方法的误用

　　在教育实证研究中,误用回归分析的情况普遍存在。原因可能是研究者没有系统地学习回归分析课程,不理解、不熟悉回归模型相关指标的解释,造成回归分析结果的漏报或误读;同时,许多教材和数据未关注或强调回归模型的基本假定和适用性,研究者错误使用回归分析导致参数估计与假设检验失效。最后,实证研究者在数据分析与结果解释时往往将已有文献的分析流程和解释,套用在自己的研究中,但是却忽略了研究假设、研究变量、研究结果的差异,进而得出错误的结论。本节首先呈现回归分析常见的结果漏报与误读,并介绍回归模型诊断,判断回归分析是否适用当前研究问题、实验设计、研究变量等。之后通过具体案例展示实际教育学研究中可能出现的回归分析方法误用。

## 一、回归分析结果漏报与误读

　　第二节结合案例详细讨论了回归模型及其应用流程,本小节重点强调在回归分析应用中可能存在的结果漏报和误读。

（一）混淆相关系数与回归系数。相关系数和回归系数有不同的表述和含义，回归系数为正，不代表相关系数为正，不代表自变量与因变量正相关，反之亦然；回归系数为零，不代表相关系数为零，不代表自变量和因变量独立，反之亦然。因此，混淆相关系数与回归系数的关系是对回归系数的误读，回归系数不表示自变量与因变量的相关性。另外需要注意的是，相关系数是一种标准化的指标，即其范围始终在正负 1 之间，而回归系数没有范围限制。

（二）解释回归系数未考虑其他自变量。某个自变量的回归系数估计值可能会因为其他自变量加入或离开模型而变化。较大的回归系数可能因为其他自变量的加入或离开而变为零；正的回归系数可能因为其他自变量的加入或离开而变为负。因此，没有强调"控制其他因素"或"保持其他自变量不变"的前提条件是对回归系数的误读，解释回归系数必须要考虑其所在的模型包括哪些自变量。

（三）分类变量回归系数的错误解释。连续自变量的回归系数解释为，自变量提升一个单位，因变量的变化，然而对于分类自变量，没有数量上的大小关系，性别 1 不大于性别 0。因此，自变量提高一个单位的因变量变化值是对分类自变量回归系数的错误解释。第二节讲到分类变量纳入回归模型要进行 0—1 虚拟化，设置参照组，而参照组并不加入模型。因此，若分类变量有 k 个类别，那么将有 k−1 个虚拟变量将加入模型，会有 k−1 个回归系数估计值。这时，每个类别对应的回归系数解释为该类别下因变量均值与参照组类别下因变量均值的差异。比如在因变量为成绩，自变量为性别的回归模型中，男生作为参照组，女生作为虚拟变量纳入回归模型，若女生的回归系数等于 5，表示预测女生的平均成绩比男生高 5 分。

（四）漏报标准误。研究者可能只报告回归系数估计值而忽略标准误统计量。标准误表达了参数估计的精确度，抛开标准误，我们无法得知所得参数估计是否可信。因此，正确的做法是同时报告估计值与标准误。根据估计值与标准误计算出的参数估计的置信区间，也可以考虑报告。

（五）错误比较回归系数。研究者想知道哪个自变量对因变量的影响更大，直觉的做法是比较多个自变量的回归系数，哪个自变量的回归系数大，其对因变量的影响就大。然而这样的比较是错误的，因为自变量的单位、量纲不同，回归系数之间没有可比性。比如,课外阅读时长对语文成绩的回归系数解释为自变量提升一个单位,因变量的变化。但是阅读时长单位为小时和分钟的系数含义完全不同,阅读时长提升一小时和一分钟对语文成绩的影响也会不同。因此,正确的比较指标是系数表中的标准化回归系数值。标准化回归系数估计值可以看作是将数据标准化后得到的估计值,即自变量都有相同的均值和标准差,具有可比性。

(六)错误使用模型拟合指标。决定系数 $R^2$ 是模型拟合的评估指标,$R^2$ 越大模型拟合越好。但是,任意自变量的加入都会使得 $R^2$ 指标变大,即使该自变量对因变量的影响、作用很小。包含较多自变量的回归模型一定比包含较少自变量的回归模型有较大的 $R^2$。因此,$R^2$ 指标不能用于模型检验、模型比较和变量选择。调整后的 $R^2$ 控制了自变量个数对拟合程度的影响,但仍不是最佳的模型比较指标。在回归分析中,常用的模型比较指标是赤池信息准则(AIC)和贝叶斯信息准则(BIC)等。

## 二、回归模型诊断

### (一) 残差分析

残差分析是回归模型诊断的基本方法,残差需服从正态分布、相互独立、同方差。若残差不满足以上任何一个条件,将导致回归模型参数估计偏差与检验失效。残差是因变量模型预测值与数据观测值之差,对残差的假定大致等同于对因变量的假定。因此,在介绍残差分析时,我们使用因变量来展示违背回归分析基本假设的情形。但是,在具体回归诊断中,仍需对残差进行分析。

回归模型假定残差服从正态分布。正态分布的特点是数据连续且对称分布在均值附近,远离均值的数据出现的可能性相对较小。教育学研究中的因变量可能是直接观测的变量,如学生学业成绩、学校升学率等;也可能是需要工具测量的变量,如学生的创造力、协作能力、学业压力等。对于观测变量,一方面成绩分数等连续变量通常服从正态分布,但成绩等次则是有序变量,如 A、B、C、D 四个等次分类。当成绩等次作为因变量时,一般线性回归模型不再适用,不能简单地将 A、B、C、D 转化为 1、2、3、4 代入模型。这时应该使用多分类 Logistic 回归或有序 Logistic 回归模型(均属于广义线性模型)。另一方面,升学率等百分比变量取值限制在 0 到 1 之间。当百分比均值接近 0 或 1 时,数据分布因为限制呈非对称形状。

如均值为 95％,高于 95％与低于 95％的数据形态不符合正态分布的对称性要求。因此对于百分比变量通常采用取对数的方式来消除取值限制。

对于需要工具测量的变量,常见的量表如李克特量表的计分是不连续的,理论上不服从正态分布,不能作为因变量直接加入模型。为了研究方便,有时也将 5 点及以上的量表测量数据视为连续变量,假定服从正态分布。但是建议研究者做出量表数据变量的直方图或进行正态性检验,因为许多量表数据并不满足正态分布对称在均值附近,且远离均值的数据出现的频率较小的特征。若量表数据没有通过正态性检验且点式较少,建议使用多分类 Logistic 回归或有序 Logistic 回归模型;若量表数据没有通过正态性检验但点式较多,建议使用 bootstrap 抽样等方法估计与检验回归系数。

诊断残差正态分布的工具有很多,包括直方图、P－P 图、Q－Q 图等的图形判断,以及量化的正态性检验。在残差直方图中,正态数据的频数应大体贴近正态性曲线,满足对称且中间高两边低的钟形形态。在残差 P－P 图或 Q－Q 图中,散点应分布在对角线附近,表明实际残差与正态性假定下的残差是近似相等的。正态性检验提供了量化的判断标准,通常可使用夏皮洛-威尔克(Shapiro-Wilk)法检验残差分布与正态分布的差异,若差异不显著,则表明残差服从正态分布,反之则不服从。

回归模型假定残差相互独立。线性回归模型通常应用于横截面数据样本,假定被试的因变量取值是相互独立的,即一个样本的取值不应影响另一个样本。时序数据、面板数据、多层数据等的因变量存在自相关性,一般线性回归不再适用。比如研究者重复多次测量学生成绩,同一学生多次测量的样本之间一般是自相关的;比如研究多个学校、班级学生成绩的影响因素,学生嵌套于班级、学校,同一班级、同一学校内的学生成绩具有自相关性。在分析这些样本数据时,可考虑重复测量模型、自回归模型、多层线性模型等。

诊断残差自相关性可使用德宾-沃森(Durbin-Watson,简称 DW)指标,DW 指标是一个在 0 到 4 之间的数。DW＝0 表示残差完全正自相关,DW＝4 表示残差完全负自相关,DW＝2 表示残差完全不相关。通常认为,当 1＜DW＜3 之间时,残差自相关性低,可以假定残差相互独立。需要注意的是,该指标不是严格的显著性检验,仅能帮助研究者大体判断自相关性。更建议的是研究者从研究问题、实验设计出发,考虑数据是否为独立的横截面样本,以使用正确的模型。

回归模型假定残差同方差。$t$ 检验、方差分析、回归分析等模型都有同方差的要求。回归分析中,残差同方差表示数据中任意群体的样本残差应该有相同的方差。在一些教育研究问题中,样本来自的群体不同,比如高收入家庭和低收入家庭,他们对家庭教育支出的方差可能是不同的。高收入家庭群体的教育支出方差较大,而低收入家庭的教育支出方差较小,当教育支出作为因变量,家庭收入作为自变量时会产生异方差的问题。解决异方差的方法非常多,包括变量变换(如对数变换)、加权最小二乘法、bootstrap 抽样推断等方法来消除异方差的影响。但是,异方差的产生往往是实验设计导致的,因此建议研究者在设计实验时充分考虑可能产生异方差的因素,在数据收集之前就避免该问题。

诊断残差异方差既可从残差散点图观测,也可以使用斯皮尔曼等级相关检验。残差同方差的散点图应该是随机分布的,而残差异方差的散点图呈喇叭状,部分残差较集中、方差较小,部分残差较分散、方差较大。而斯皮尔曼相关检验给出了量化的推断结果,其判断残差的等级次序与自变量的等级次序是否相关,若显著相关则表明存在异方差,反之则同方差。

以上介绍了回归模型残差分析的相关问题。在实际使用回归分析中研究者经常忽略、省略残差分析,直接构建回归模型分析数据,在结果出问题或无法解释时,才返回来考虑回归模型的基本假定,这样的步骤是不正确的。是否能够使用回归分析应该在实验设计时考虑,在数据分析前诊断,否则会误用回归分析,导致统计推断失效。

### (二)多重共线性问题

自变量的多重共线性是回归分析的常见问题。在教育学研究中,自变量之间往往存在相关,比如家庭教育支出的影响因素包括父母受教育年限和家庭收入,后两者存在相关;又如智力水平与学历共同影响收入。一般较低或中等程度的自变量相关不会对回归分析产生危害。但是,当自变量高度相关,甚至存在某种线性关系时,多重共线性将增加回归模型参数估计的标准误,降低检验的统计功效。这导致的问题是,对因变量都有显著影响的两个自变量,当他们同时放入回归模型时,会变得不再显著。比如当预测学生学业成绩时,父亲的受教育年限和母亲的受教育年限高度相关,这时参数估计和检验将不再可靠。更极端的例子是将父母受教育年限的平均数也加入模型,其完全由父亲和母亲各自的受教育年限线性表示,这时回归模型将无法建立。

多重共线性诊断通常有三个指标。一是自变量的复相关系数(multiple correlation coefficient),表示多个自变量之间的相关程度。复相关系数越大,自变量相关程度越高,共线性问题越严重。二是容许度(tolerance,简称 TOL),提示模型中是否存在不稳定的潜在问题。容许度越小,自变量相关程度越高,共线性问题越严重。三是方差膨胀因子(variance inflation factor,简称 VIF),表示因共线性而使回归系数估计的方差(即标准误的平方)增加了多少。方差膨胀因子越大,自变量相关程度越高,共线性问题越严重。需要注意的是,共线性诊断指标是对每一个自变量而言的,即需要判断单个自变量与其他自变量是否存在多重共线性。尽管三个诊断指标的解释不同,它们之间存在一一对应的关系,因此只需使用一个指标,常用的是方差膨胀因子 VIF。一般的判定标准为 VIF 大于 10,即表示该自变量与其他自变量存在严重的共线性问题,需要进行处理。

处理共线性问题的方法包括:(1)理论识别合并,如母亲受教育年限和父亲受教育年限可以合并为父母受教育平均年限。(2)删除数据中不必要的自变量,即那些可能被其他自变量所表示的变量,这一问题涉及回归模型的变量选择,将在后文说明。(3)多元统计方法,包括主成分分析、因子分析等降维方法。(4)增大样本容量,因为多重共线性影响的是回归系数的标准误和检验的统计功效,增大样本容量能够有效降低标准误、提高统计功效。

### 三、回归分析误用案例

本节结合教育数据分析案例二展示回归分析的误用和诊断。案例二采用的数据集来自美国加利福尼亚州的学校调查(Stock et al.,2003),共包括 420 个学校的基本信息、教学条件和学生成绩,样本单位为学校。考虑两个回归模型。在模型 1 中,因变量为各学校学生的平均数学分数(mathscr),自变量包括地区平均收入(avginc)、教师数量(teachers)、学生平均计算机数量(compstu)、学生平均教育支出(expnstu)等,回归模型 1 设定为:

模型 1:$mathscr = \alpha + \beta_1 avginc + \beta_2 teachers + \beta_3 compstu + \beta_4 expnstu + e$

在模型 2 中,因变量为英语学习者比例(elpct),自变量为地区平均收入(avginc)、教师数量(teachers)、学生平均教育支出(expnstu)等,回归模型 2 设定为:

模型 2:elpct = $\alpha + \beta_1$ avginc + $\beta_2$ teachers + $\beta_3$ expnstu + e

下面给出案例二的回归模型诊断,数据分析使用 SPSS 统计软件。

### (一)残差分析——残差正态分布

判断回归模型的残差是否服从正态分布。图 7 - 6 描绘了回归模型 1 和回归模型 2 残差的直方图(SPSS 中线性回归—保存—标准化残差;分析—描述统计—频率—图表—直方图—在直方图中显示正态曲线)。模型 1(图 7 - 6 左图)中平均数学分数(mathscr)的残差频数基本符合正态分布曲线,可以认为残差服从正态分布;模型 2(图 7 - 6 右图)中英语学习者比例(elpct)的残差频数不能很好地贴合正态分布曲线,直方图分布呈现非对称的右偏态(positive skewness),不能认为残差服从正态分布。同时,图 7 - 7 给出了回归模型 1 和回归模型 2 残差的 P - P 图(SPSS 中分析—描述统计—P - P 图),模型 1(图 7 - 7 左图)中的散点几乎在对角线上,说明残差分布十分贴近正态分布;模型 2(图 7 - 7 右图)中的散点离对角线有一定距离,残差分布与正态分布有较大差异。此外,表 7 - 5 中的夏皮洛-威尔克正态性检验给出的结论(SPSS 中分析—描述统计—探索—图—含检验的正态图)与直方图、P - P 图相同,模型 1 检验不显著,表示残差分布与正态分布没有差异;模型 2 检验显著,表示残差分布与正态分布有显著差异。

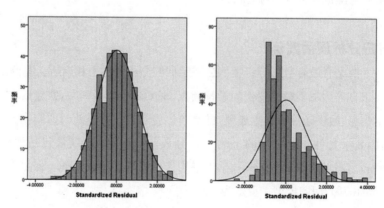

图 7 - 6　残差直方图(左图为模型 1,右图为模型 2)

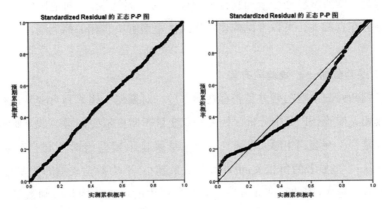

图7-7　残差 P-P 图(左图为模型1,右图为模型2)

表7-5　正态性检验(夏皮洛-威尔克)

|  | 统计 | 自由度 | 显著性 |
|---|---|---|---|
| 模型1 | 0.998 | 420 | 0.964 |
| 模型2 | 0.902 | 420 | 0.000 |

　　模型1的因变量数学成绩为连续变量,可以假定其残差服从正态分布。模型2的因变量英语学习者比例(elpct)为百分数,不能假定其残差服从正态分布,可以尝试对其进行对数变换后建立模型。

### (二) 残差分析——残差独立

　　判断回归模型的残差是否存在自相关。对模型1进行德宾-沃森自相关检验(SPSS回归分析—统计—残差中勾选德宾-沃森统计量,结果展示在模型摘要表的最后一列),得到德宾-沃森统计量为0.960(见表7-6)。当统计量在0到2之间时表明残差正自相关,当统计量小于1时可以粗略地认为自相关程度较高。可能的

表7-6　模型摘要表

| R | $R^2$ | 调整后 $R^2$ | 德宾-沃森 |
|---|---|---|---|
| 0.725 | 0.526 | 0.521 | 0.960 |

原因是 420 所学校嵌套于加利福尼亚州内的不同地区,相同地区的数学平均分数残差存在自相关。可以考虑构建多层线性模型解决自相关的问题。

### (三) 残差分析——残差同方差

判断回归模型的残差是否存在异方差。对模型 1 残差和自变量进行斯皮尔曼等级相关检验(SPSS 中分析—相关—双变量—斯皮尔曼),考察残差绝对值与各自变量是否存在显著相关(见表 7−7)。结果显示残差绝对值与自变量教师数量(teachers)呈显著的负相关,也即教师数量越小,平均数学成绩的残差绝对值越大,残差方差越大,因此存在异方差。异方差产生的可能原因是教师数量小的学校规模较小,学生人数较少,数学成绩的均值波动较大。这是研究变量的不恰当选取造成的异方差,可以考虑使用师生比变量代替教师数量。

表 7−7 斯皮尔曼等级相关检验

| 残差(绝对值) | teachers | compstu | expnstu | avginc |
|---|---|---|---|---|
| 相关系数 | −0.173** | 0.012 | −0.025 | −0.030 |
| 显著性(双尾) | 0.000 | 0.808 | 0.614 | 0.544 |

\*\*:在 0.01 级别(双尾),相关性显著。

以上结果表明,违背回归分析基本假设的情况在教育实证研究中常常出现,因此残差分析是回归分析必不可少的步骤。

### (四) 多重共线性

判断多重回归模型的自变量是否存在共线性问题。对模型 1 进行共线性诊断(SPSS 回归分析统计中勾选共线性诊断,结果展示在模型参数表的最后二列),得到各自变量的容许度(SPSS 中译为容差)和方差膨胀因子 VIF。模型 1 中各自变量的 VIF 均小于 10 且平均 VIF 在 1 附近(见表 7−8 左),因此模型 1 的自变量不存在共线性问题。考虑在模型 1 中加入另一个自变量计算机数量(computer),新模型下 computer 和 teachers 自变量的 VIF 大于 10(见表 7−8 右),表明这两个自变量存在严重的共线性问题,可能的原因是这两个自变量高度相关,在解释学校平均数学成绩时不应当同时加入模型。

表7-8　共线性诊断

| | 模型1 | | | 新模型 | |
| --- | --- | --- | --- | --- | --- |
| | 容差 | VIF | | 容差 | VIF |
| avginc | 0.880 | 1.136 | avginc | 0.871 | 1.148 |
| teachers | 0.947 | 1.056 | teachers | 0.093 | 10.701 |
| compstu | 0.870 | 1.149 | compstu | 0.709 | 1.411 |
| expnstu | 0.845 | 1.184 | expnstu | 0.836 | 1.197 |
| | | | computer | 0.097 | 10.354 |

### (五) 样本容量不足

样本容量不足会导致参数与模型检验的功效不足。比如从案例二数据集中随机抽取4%的样本得到一个容量为25的小样本数据集。进行同样的回归分析,原先的F值为115.024,显著性为0.000,小样本得到的F值为5.839,显著性为0.003,虽然模型都是显著的,但模型检验F值有很大的降低。此外,一些原先显著的回归系数不再显著(见表7-9)。这表明样本容量不足可能导致无法识别出实际上显著的效应。因此,建议在收集数据前,首先进行功效分析,确定样本容量是否充足。

表7-9　模型参数表(原有样本和小样本)

| | 原有样本 | | 小样本 | |
| --- | --- | --- | --- | --- |
| | t | 显著性 | t | 显著性 |
| (常量) | 117.436 | 0.000 | 27.458 | 0.000 |
| avginc | 19.930 | 0.000 | 4.226 | 0.000 |
| teachers | −3.459 | 0.001 | −0.902 | 0.378 |
| compstu | 3.236 | 0.001 | 0.831 | 0.416 |
| expnstu | −3.151 | 0.002 | −0.884 | 0.387 |

### (六) 变量选择

在案例二中考虑更多可能的自变量,选择学生平均数学分数的影响因素。待选择的自变量包括招生数量(enrltot)、教师数量(teachers)、学生平均计算机数量(compstu)、平均教育支出(expnstu)、生师比(str)、地区平均收入(avginc)等。下面给出案例二的变量选择流程,数据分析使用SPSS统计软件。

　　一些研究者可能会把所有自变量加入模型,根据回归系数 $t$ 检验是否显著来选择变量。如表 7 - 10 所示,enrltot、teachers 和 str 都是不显著的,在这种方法下都会被排除。但该方法只考虑了控制其他自变量时某个自变量的影响,而没有考虑自变量整体对因变量的影响。

表 7 - 10　模型参数检验表

|  | t | 显著性 |
|---|---|---|
| enrltot | 0.823 | 0.411 |
| teachers | −1.037 | 0.300 |
| compstu | 3.039 | 0.003 |
| expnstu | −3.404 | 0.001 |
| str | −1.525 | 0.128 |
| avginc | 19.806 | 0.000 |

　　在回归分析中,更常用的是逐步回归变量选择方法,逐个选择加入模型的自变量,每引入一个自变量后,对已选变量进行检验,若某个自变量不再显著,则将其去除。这里仅展示步进逐步回归方法的过程和结果,见表 7 - 11。依次加入了自变量地区平均收入、教师数量、学生平均计算机数量和学生平均教育支出进入模型后停

表 7 - 11　逐步回归法变量选择

| 模型 | 变量 | t | 显著性 | F | 显著性 |
|---|---|---|---|---|---|
| 1 | avginc | 20.006 | 0.000 | 400.257 | 0.000 |
| 2 | avginc | 20.482 | 0.000 | 214.175 | 0.000 |
|  | teachers | −3.852 | 0.000 |  |  |
| 3 | avginc | 19.632 | 0.000 | 146.902 | 0.000 |
|  | teachers | −3.225 | 0.001 |  |  |
|  | compstu | 2.569 | 0.011 |  |  |
| 4 | avginc | 19.930 | 0.000 | 115.024 | 0.000 |
|  | teachers | −3.459 | 0.001 |  |  |
|  | compstu | 3.236 | 0.001 |  |  |
|  | expnstu | −3.151 | 0.002 |  |  |

止加入,即模型 4 为最佳模型。这和只看所有自变量都在模型中时各回归系数的
显著性做选择的结果不同。

## 第四节　结语

　　回归分析是实证数据分析的传统方法,回归模型是最基本的统计模型。但是,
回归分析方法在不断地发展,并且经常作为统计新方法的发源地,即统计学家常在
回归模型中开发新方法,再拓展到其他模型。新方法、新应用主要集中在参数估计
与检验、模型选择与变量选择方向。本节将简要介绍贝叶斯回归分析和 Lasso 变
量选择等统计方法。

### 一、贝叶斯回归分析

　　贝叶斯统计是相较于频率统计的另一种推断方法。贝叶斯统计不假定总体参
数是固定的,而是服从特定的概率分布。参数的分布随着数据的收集、外部信息的
融入等更新变化。因此,在贝叶斯回归分析中,研究者可以融合现有的先验知识。
先验知识表达了研究者在数据收集、分析之前对研究问题、模型参数等的认知。贝
叶斯回归分析根据主观经验或历史数据给出回归系数或回归模型的先验分布
(prior distribution),并基于实验数据更新先验分布,得到系数或模型的后验分布
(posterior distribution),用于统计推断。

　　贝叶斯回归分析较传统回归分析有着诸多优势。

　　第一,贝叶斯方法允许研究者加入实质性的先验信息与合理的约束。先验信
息的引入使得回归分析的统计推断不完全依赖于某次实验,特别对小样本数据,先
验信息能够有效提高回归系数估计的精确度。同时,在先验分布中添加必要的约
束,能够避免得到荒谬的推断结论。如在先验中限制智力水平影响学业成绩的回
归系数为正值,则贝叶斯回归分析不会得到负向影响的结果。

　　第二,后验分布总结了回归系数的所有信息,包括其均值、标准差和分位数等。
研究者可根据后验分布密度,量化回归系数等于某个值的可能性;或基于后验分布
概率,量化回归系数落在某个区间的可能性。相反,传统置信区间方法只能提供系
数的百分比区间(如 95% 置信区间),却无法先指定区间界限,再计算百分比。

第三,贝叶斯回归分析是动态的。对于同一研究问题,一次实验所得到的回归系数后验分布可作为下次实验回归系数的先验分布。因此,先验分布将随着数据的收集而不断更新,加深研究者对于回归系数与模型的理解。这一动态过程使得贝叶斯方法在回归分析中应用广泛。此外,研究者可根据理论设定回归系数先验分布中的超参数,其中超参数又可服从相应的分布。先验分布天然的层次结构,使得贝叶斯方法可直接用于分析回归模型的拓展模型,如多层线性模型。

第四,贝叶斯检验衡量数据支持或拒绝零假设的程度,给出研究理论可信度高、低或数据不敏感三个可能的推断结论,获得的信息比显著性检验要丰富。并且,在频率统计框架下,假设检验无法接受零假设,即证实无差异的研究理论。但在心理学研究中并非只有差异性才具有学术价值,比如验证不同群体性别、文化等之间的认知功能不存在差异(又或性别、文化等对认知功能无影响)有助于加深对其一般机制的理解。

第五,传统回归分析推断方法需要预先确定样本容量、显著性水平等。实际操作中研究者可能会因为样本容量较小,无法得到任何结论,也可能会收集过多的数据造成浪费。样本容量确定的方法也需要研究者对该领域研究的效应量有较准确的预估。贝叶斯回归分析无需预先设定样本容量,不依赖于实验设计,对多次实验可以进行数据证据的积累。即使一次实验的样本较小,无法得到有用的结论,研究者也可以继续收集新的数据,在贝叶斯回归模型中积累数据支持研究假设的证据,直到得到有意义的教育研究结论。

## 二、*Lasso* 变量选择

变量选择是回归分析的一项重要应用。当研究者有特定的教育研究理论时,可根据理论研究的需要确定与研究问题有关的自变量,并验证研究理论。当研究者没有明确的理论,而是要探索发现与研究问题相关的自变量时,则需进行变量选择研究,以找出能够解释、预测因变量变化的自变量。比如,在研究学生学业成绩的影响因素时,教育学研究者常常能观测到学生的众多信息,包括智力水平、创造力、社会与情感能力等个人因素,也包括家庭收入、父母受教育水平、父母教养方式等家庭因素,还包括教学方式、课程作业、信息化水平等学校因素。

变量选择是教育学研究数据分析的重要步骤,目的是识别与因变量相关的自变量。在回归模型中,应剔除不相关或冗余的自变量,因为在估计或解释研究人员感兴趣的其他统计量时,它们会增加噪声。统计学家为回归分析提出了许多变量选择方法,包括传统回归分析的逐步回归法和 Lasso (Least absolute shrinkage and selection operator)变量选择方法等。传统逐步回归法每次加入或删除一个变量,判断模型拟合是否变好或变坏。但是该方法容易陷入局部最优解,尤其是在自变量高度相关的情况下,得到的可能不是全局最优变量集。

Lasso 回归译为最小绝对收缩和选择算法,是一种同时进行变量选择和正则化的回归分析方法。它能够增强统计推断解释和预测的准确性。Lasso 回归与岭回归类似,通过缩小较大的回归系数来减小过拟合的影响从而改善模型偏差。但是,岭回归不进行变量选择,而 Lasso 回归可以强制部分回归系数绝对值之和小于固定值甚至等于 0,有效地剔除这些回归系数所对应的自变量,以得到更简单的模型。

Lasso 回归已经发展了二十多年,是较为完善的回归分析方法,应用到包括教育学在内的多个社会科学领域。尽管 Lasso 方法的数学原理较为复杂,但是目前常用的统计分析软件如 SPSS, SAS, Stata, R, Python 等都已实现 Lasso 回归分析,方便教育学研究者使用。

## 参考文献

Pituch, K. A. , Stevens, J. P. (2016). *Applied Multivariate Statistics for the Social Sciences* (*six edition*). Routledge, Taylor & Francis Group, New York and London.

Stock, J. , Mark W. (2003) *Introduction to Econometrics*. Addison-Wesley Educational Publishers.

# 第八章 教育研究中因子分析方法的应用与误用

*张 静*

因子分析是进行问卷或量表开发,验证问卷或量表的结构效度时必须进行的数据分析方法,包括验证性因子分析、高阶因子分析模型、双因子分析模型等,但如何根据具体研究问题选择合适的因子分析模型?如何构建各种因子分析理论模型?收集完数据以后,又该如何在 Mplus 中实现这些模型?具体的 Mplus 代码如何写?若理论模型和数据拟合情况不好,又该如何修正模型,直至达到测量学上可接受的水平?科研工作者又该如何解读模型结果?如何在中英文文章中撰写相关的方法和结果部分?因子分析模型又有哪些误用和新用?本章通过列举已发表的相关研究,分别介绍几种常见因子分析模型构建的基本步骤包括模型设定、模型识别、模型评估和模型修正,并附上相应的 Mplus 代码,最后总结各个模型在教育学、心理学实证研究应用中可能存在的主要问题和建议。下面通过两个因子分析的案例来初步了解因子分析所能解决的问题。

**案例一**:在"'品德与公民'课程在多大程度上影响学生的国家认同?——基于澳门中小学生的实证调查"一文中,作者将"'品德与公民'课程"这一概念操作化为学生的"思政类课程感知",通过自编的"思政类课程感知量表"和"国家认同量表"来探究两个潜变量之间的结构关系,但是在探究两个潜变量的结构关系之前,研究者必须先判断"思政类课程感知量表"与"国家认同量表"各自的结构效度是否满足测量学的标准,只有两个量表均满足测量学标准时,我们才能说两个量表能够准确测量出学生的"思政类课程感知"与"国家认同",才能进一步探究两者之间的结构关系(李臣之,梁舒婷,郭晓明,2022)。

**案例二**:在"大学生正念主体性量表编制研究"一文中,作者想要根据已有的理论基础编制一份"大学生正念主体性量表",为国内大学生的正念主体性研究提供测量工具上的有效支持。一份标准的量表需要有良好的信效度作为支持,因此作者首先通过探索性因子分析揭示了正念主体性的五个维度：学习方法、情绪调节、计划意识、经验开放性以及学习投入。然后通过验证性因子分析结果证明五因素的结构模型能较好地拟合数据。从而为该自编问卷的信效度提供支持（王青，彭雅楠，2017）。

# 第一节 验证性因子分析

本节从验证性因子分析能够解决的问题、模型基本步骤、模型在软件上的具体操作、案例结果汇报及在教育领域应用中存在的主要问题五个层面展开。

## 一、验证性因子分析可以解决哪些问题？

在教育学与心理学的研究中，验证性因子分析（以下简称 CFA）是最为基础与常见的一种因子分析方法。CFA 的基本思想是将所有的测量项（即所有因子对应的测量量表题项）放在一个因子里面，然后进行分析，即处理观测指标与潜变量之间的关系。使用 CFA 的优点如下：

（一）**理论驱动型分析**。CFA 是对研究者已有构念的验证，即研究者通过文献梳理等理论分析建立了观测指标与潜在因子之间的关系，CFA 的使用是为验证这一理论的假设是否成立，因此 CFA 能够规避数据驱动型分析所带来的问题。

（二）**对不同的理论模型进行比较和选择**。由于 CFA 分析能够提供拟合指数、信息指数（AIC 和 BIC）等相关信息，因此通过差异比较能够帮助研究者选择更为适切的理论模型。此外，嵌套模型的分析也能够更好地服务于模型的比较与选择。

（三）**为测量等值性检验提供条件**。由于 CFA 能够对因子负荷、误差、因子方差协方差等多种参数进行设置，因此能够进行跨组比较或等值性检验等分析。

基于以上优点，CFA 普遍应用于两类问题的研究。

一类是开发或修订问卷和量表时，其结构效度的验证。例如，OECD 社会与情感能力测评项目提出了 15 项社会与情感能力观测指标，每项能力包含 8 道题目，在检验 15 项社会与情感能力测评工具的结构效度时，便需要使用验证性因子分析，以判断该量表是否达到心理测量学可接受标准，从而进行推广与使用（张静，唐一鹏，郭家俊，邵志芳，2021）。

另一类是分析两个或多个潜变量之间的结构关系之前，各个潜变量测量模型的检验。在测量模型的检验中,当作者想要对"思政类课程感知"与"国家认同"的关系进行研究时,首先要对"思政类课程感知"与"国家认同"两个测量模型进行检验,只有两个测量模型均能达到心理测量学可接受的标准时,说明测量模型结构良好,能够准确测量出被试的"思政类课程感知"与"国家认同",才能进行下一步的结构模型检验(李臣之,梁舒婷,郭晓明,2022)。

## 二、建构 CFA 模型的基本步骤

CFA 模型包含因子相关模型与高阶因子模型,其中,因子相关模型是当前使用最为广泛的模型。因此,在基本步骤介绍这一部分,是以因子相关模型为例进行讲解,高阶因子模型将在下一节进行介绍。

### (一) 模型设定

以 OECD 的社会与情感能力测量为例,CFA 模型的设定过程可以概括为以下三个步骤:(1)**研究问题**:2019 年,OECD 想要在世界范围内测评各个国家(或城市)青少年社会与情感能力的发展水平。(2)**研究假设**:OECD 社会与情感能力研究借鉴"大五人格"模型(Big Five Model),建构社会与情感能力的测评框架。此框架主要分为五大维度:任务表现能力(尽责性)、情绪调节(情绪稳定性)、协作能力(宜人性)、开放能力(开放性)和交往能力(外向性)。每个维度又确立了三项子能力,每个子能力由 8 道题目组成。(3)**建构测量模型**:以任务表现能力的测量模型为例,该模型含有三个因子(三个子能力):毅力、责任感、自控力,且三个因子之间彼此相关;同时每个因子包含 8 个观测指标,模型图见图 8 - 1。

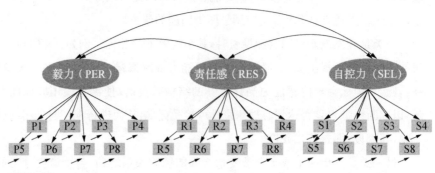

图 8 - 1

### （二）模型识别

　　模型设定好后，需要检验所设定的模型是否能够被识别，即理论模型是否有足够的数据信息可用于模型参数估计与拟合。自由度是判断模型是否能够识别的重要指标，当模型自由度 $df=s-t>0$ 或 $=0$ 时，模型能够被识别。其中，$s$ 是可用的数据信息量，即观测指标方差与协方差个数，$t$ 是所需的数据信息，即未知参数个数，包括所有潜变量的方差、因子载荷和各个观测指标的误差项。$s$ 的计算公式为 $s=\dfrac{n(n+1)}{2}$，$n$ 为观测指标个数。同时，需要注意的是，模型识别的必要条件之一是为潜变量指定单位，即设定测量尺度，否则任何模型都无法识别。实践中常用的设定测量尺度有两种：一种是将第一个观测指标的因子载荷固定为常数 1；另一种是将潜变量的方差固定为 1（标准化）。

　　下面将以"责任心"这一测量模型为例，说明 CFA 模型可识别的条件。

　　**例 1-1**："责任心"这一潜变量由 3 个观测变量（$x_1$，$x_2$，$x_3$，n=3）构成，采用第一种设定测量尺度的方法，将 x1 这一观测指标的因子载荷固定为常数 1（见图 8-2），其 $s=\dfrac{3(3+1)}{2}=6$，$t=6(\phi_{11},\lambda_{21}-\lambda_{31},\theta_{11}-\theta_{33})$，$df=s-t=0$，此时该模型刚好被识别，**因此当观测指标大于等于 3 时，CFA 模型满足 $df=s-t>0$ 或 $=0$，可被识别。**

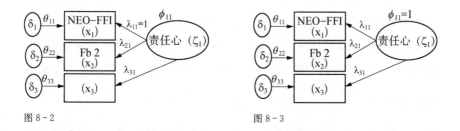

图 8-2　　　　　　　　　　　　　　　　图 8-3

　　**例 1-2**："责任心"这一潜变量由 3 个观测指标（$x_1$，$x_2$，$x_3$，$x_4$，$x_5$，n=5）构成，采用第二种设定测量尺度的方法，**将潜变量的方差 $\phi_{11}$ 固定为 1（标准化）**（见图 8-3），其 $s=\dfrac{3(3+1)}{2}=6$，$t=6(\lambda_{11}-\lambda_{31},\theta_{11}-\theta_{33})$，$df=s-t=6-6=0$，该模

型能够被识别。

然而，在实际研究中，研究者还会遇到只有 1 个或 2 个观测指标的情况，此时要使模型可识别，需要进行额外处理。以责任心的测量模型为例。

**例 2：**当"责任心"这一潜变量由两个观测变量（$x_1$，$x_2$，n＝2）构成时（见图 8 - 4），其 $s = \dfrac{2(2+1)}{2} = 3$，无论是采用第一种设定测量尺度的方法（$t = 4$，$\phi_{11}$，$\lambda_{21}$，$\theta_{11}$，$\theta_{22}$，见图 8 - 4）还是采用第二种设定测量尺度的方法（$t = 4$，$\lambda_{11}$，$\lambda_{21}$，$\theta_{11}$，$\theta_{22}$，见图 8 - 5），$df = s - t = 3 - 4 = -1 < 0$，模型都无法识别。

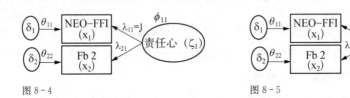

图 8 - 4                              图 8 - 5

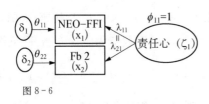

图 8 - 6

如果此时仍然想用这一模型进行研究，就要对这一模型进行其他设定。即**将 $x_1$、$x_2$ 两个观测指标的因子载荷设定相等（$\lambda_{11} = \lambda_{21}$），同时将潜变量的方差 $\phi_{11}$ 固定为 1（标准化）**，具体见图 8 - 6。此时，其 $s = \dfrac{2(2+1)}{2} = 3$，$t = 2$（$\lambda_{11} = \lambda_{21}$，$\theta_{11}$，$\theta_{22}$），$df = s - t = 3 - 3 = 0$，模型便能够被识别。

**例 3：**除两个观测指标的测量模型需要进行其他设定以识别模型外，还有一种特殊形式的模型需要进行额外设定，即只有一个观测指标的测量模型，如图 8 - 7 所示，职业声誉这一潜变量由同事评价这一观测指标进行测量。当不对其进行任何设置时，$s = \dfrac{1(1+1)}{2} = 1$，$t = 3$（$\phi_{11}$，$\lambda_{11}$，$\theta_{11}$），$df = s - t = 1 - 3 = -2 < 0$，模型无法被识别。若要模型能够被识别，便需要**将同事评价这一观测指标的因子载荷设定为 1（$\lambda_{11} = 1$），同时将其误差方差设定为 0（$\theta_{11} = 1$）**，此时 $s = \dfrac{1(1+1)}{2} = 1$，$t = 1$（$\phi_{11}$），$df = s - t = 1 - 1 = 0$，见图 8 - 8。

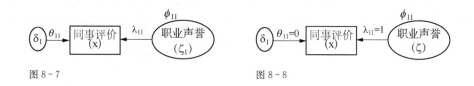

图 8 - 7　　　　　　　　　　　　　　　　　　　　　图 8 - 8

### （三）模型评估

**在模型评估中,常用的模型拟合指数有以下几种**（Beauducel & Wittmann,2005；Heene et al. , 2011）,具体见表 8 - 1：

（1）绝对拟合指数：Standardized root mean square residual（SRMR）、Root mean square error of approximation（RMSEA）；

（2）增值拟合指数：Comparative fit index（CFI）；

（3）离中指数（$\chi^2$ with $df$,$\chi^2-df$,$\chi^2/df$）；

（4）信息标准指数（多模型比较）：Akaike information criterion（AIC）、Bayesian information criterion（BIC）。

表 8 - 1　模型拟合指数标准

| 指数 | 拟合 | 标准 |
| --- | --- | --- |
| SRMR | 越小越好 | SRMR＜0. 06 良好 |
| RMSEA | 越小越好 | RMSEA＜0. 08 合理 |
| CFI | 越大越好 | CFI ＞0. 95 良好 |
|  |  | CFI ＞0. 90 拟合 |
| $\chi^2$ | 越小越好 | 无 |
| $df$ | 越大越好 | 无 |
| $\chi^2-df$ | 越小越好 | 无 |
| $\chi^2/df$ | 越小越好 | 无 |
| AIC | 越小越好 | 模型比较 |
| BIC | 越小越好 | 模型比较 |

在使用以上模型拟合指标进行模型评估时,需要注意以下几点：

第一,当相对拟合指数 CFI 稍差时,绝对拟合指数小于临界值时,模型也可接受;第二,不能单纯依赖一种拟合指标来检验模型,为提高模型拟合结论的准确性,建议应用多种拟合指标来评估模型;第三,模型拟合指标表示的是模型拟合整体情况,拟合指数好并不一定意味着该模型是正确模型;第四,不应仅检验单一模型,而应考虑不同的备选模型,通过模型比较来选出最好的模型。

### (四) 模型修正

在多数情况下,虽然研究者通过理论建立了测量模型,但发现理论模型与数据的拟合情况不理想,即模型拟合指数没有达到测量学标准。此时,便需要根据修正指数(Modification Indices,MI)对原模型进行修正,以求达到心理测量学标准。修正指数的标准为 3.84,因为当 MI 大于 3.84 时,表明参数自由估计的模型拟合度,显著优于固定或限定参数模型拟合度。值得注意的是,并非所有大于 3.84 的路径都要添加,根据 MI 进行的路径添加需要有理论依据或是在逻辑上可以接受。同时,模型修正通常是从修正指数最大的参数开始,每次只修正一个参数,且每次修正都要以第一次运行所得的修正指数结果为基准,修正到模型拟合结果达到可接受水平即可。

模型修正指数的 Mplus 命令是在"OUTPUT"中添加"MODINDICES"(可以简写为"MOD"),此时 Mplus 默认对 MI 值大于 10 的路径进行报告。当在"MOD"命令后加上"(ALL)"时,Mplus 就会报告所有 MI 值;如果只想报告大于某一特定值的 MI,则可以在"MOD"命令后加上特定数值,如"(20)"。

## 三、CFA 模型的软件操作

### (一) 如何在 Mplus 里定义 CFA 模型?

在使用 Mplus 定义 CFA 模型时,要使用 by 命令连接因子与观测指标,Mplus 可以读取像平均数、标准差、协方差等总结性数据,也可以读取原始数据,且数据格式可以为 .dat, .txt, .csv 三种形式。除此之外,还应特别注意以下几点:

(1) 数据 .dat 或 .txt 或 .csv 需和输入文件 .inp 在同一文件夹下;

(2) 每条(行)语句后需用";"结束;

(3) Variable:NAMES ARE 需包括数据文件中的所有变量,按次序写出;

(4) Usevariables:当前使用了几个变量就写几个变量名。

下面,以社会与情感能力调查中的任务表现能力测量模型为例进行操作演示。

　　一份完整的 CFA 模型 Mplus 命令包含"DATA ""VARIABLE""USEVARIABLES"
"MODEL""OUTPUT"等命令,在"MODEL"命令中,"PER BY P1 P2 FP3 P4 FP5
FP6 P7 P8;"表示"毅力(PER)"这一因子由"P1 P2 P3 P4 P5 P6 P7 P8"八个观测指
标进行测量,且 Mplus 程序默认设置因子的第一个指标的负荷为 1,即 P1 的负荷
为 1,其中 FP3,FP5,FP6 为 P3,P5,P6 的反向计分题目。

　　"OUTPUT"命令中,STANDARDIZED 表示输出标准化结果,MOD 表示输出
模型修正指数,具体信息见图 8-9。由于测量尺度的设定方法有两种,一种是设置
因子的第一个指标的负荷为 1,另一种是将潜变量的方差固定为 1(标准化),因此
图 8-10 为采用第二种设定测量尺度的 CFA 命令:在"MODEL"命令中,"PER BY
P1 * P2 FP3 P4 FP5 FP6 P7 P8;"表示 P1 这一观测指标自由估计,"OUTPUT"命
令中,PER@1 表示固定因子 PER 的方差设定为 1。

```
DATA:
  FILE IS C:\Users\Desktop\任务能力CFA\任务能力.dat;
VARIABLE:
  NAMES ARE P1 P2 P3 P4 FP5 P6 P7 P8 R1 R2 R3 R4 R5 R6 R7 R8 S1
  S2 S3 S4 S5 S6 S7 S8 FP3 FP5 FP6 FR1 FR3 FR4 FR7 FR8 FS5
  FS8;
USEVARIABLES=P1 P2 FP3 P4 FP5 FP6 P7 P8 FR1 R2 FR3 FR4 R5 R6 FR7 FR8
S1 S2 S3 S4 FS5 S6 S7 FS8;
MODEL:
  PER BY P1 P2 FP3 P4 FP5 FP6 P7 P8;
  RES BY FR1 R2 FR3 FR4 R5 R6 FR7 FR8;
  SEL BY S1 S2 S3 S4 FS5 S6 S7 FS8;

OUTPUT: STANDARDIZED MOD;
```

图 8-9

```
DATA:
  FILE IS C:\Users\Desktop\任务能力CFA\任务能力.dat;
VARIABLE:
  NAMES ARE P1 P2 P3 P4 FP5 P6 P7 P8 R1 R2 R3 R4 R5 R6 R7 R8 S1
  S2 S3 S4 S5 S6 S7 S8 FP3 FP5 FP6 FR1 FR3 FR4 FR7 FR8 FS5
  FS8;
USEVARIABLES=P1 P2 FP3 P4 FP5 FP6 P7 P8 FR1 R2 FR3 FR4 R5 R6 FR7 FR8
S1 S2 S3 S4 FS5 S6 S7 FS8;
  MODEL:
  PER BY P1* P2 FP3 P4 FP5 FP6 P7 P8;
  RES BY FR1* R2 FR3 FR4 R5 R6 FR7 FR8;
  SEL BY S1* S2 S3 S4 FS5 S6 S7 FS8;

  PER@1;
  RES@1;
  SEL@1;

OUTPUT: STANDARDIZED MOD;
```

图 8-10

### (二) 如何解读测量模型的结果?

　　测量模型的结果解读大致可以分为以下几步。

　　(1) 看模型有没有报错

　　当结果出现 warning 时,要根据报错信息对 Mplus 命令进行检查修正;常见的
报错有相关系数大于 1 或是方差、误差方差为负数等。

　　(2) 模型拟合指数是否达标

　　图 8-11 中的结果为输出的模型拟合指数,其中绝对拟合指数结果较好,
RMSEA<0.08, SRMR 接近 0.06,而增值拟合指数 CFI 未达到良好指标,小于
0.90,因此需要对模型进行修正。

　　模型修正需要根据修正指数进行路径的添加,见图 8-12。修正指数通常包含

```
THE MODEL ESTIMATION TERMINATED NORMALLY          RMSEA (Root Mean Square Error Of Approximation)

MODEL FIT INFORMATION                                 Estimate                        0.076
                                                      90 Percent C.I.           0.074  0.077
Number of Free Parameters              75             Probability RMSEA <= .05        0.000

Loglikelihood                                      CFI/TLI

        H0 Value                 -97818.714            CFI                            0.838
        H1 Value                 -95130.955            TLI                            0.820

Information Criteria                               Chi-Square Test of Model Fit for the Baseline Model

        Akaike (AIC)             195787.427            Value                       31827.427
        Bayesian (BIC)           196251.642            Degrees of Freedom                276
        Sample-Size Adjusted BIC 196013.329            P-Value                        0.0000
          (n* = (n + 2) / 24)
                                                   SRMR (Standardized Root Mean Square Residual)
Chi-Square Test of Model Fit
                                                          Value                      0.061
        Value                     5375.518
        Degrees of Freedom             249
        P-Value                     0.0000
```

图 8-11

两类,一类是 BY Statements,一类是 With Statements。由于 CFA 模型为理论驱动模型,BY 命令体现了模型的理论假设,通常不对此进行修正,**因此 CFA 模型修正多通过增加 WITH 命令进行**。需要特别注意的是,模型修正时,每次只能添加一个修正命令,模型修正指数从大到小,可以多次修正,但每次修正都要以第一次运行所得的修正指数结果为基准,在理论假设允许的情况下,一直修正到拟合指数符合要求。

```
MODEL MODIFICATION INDICES

NOTE:  Modification indices for direct effects of observed dependent variable    WITH Statements
regressed on covariates may not be included.  To include these, request
MODINDICES (ALL).                                                                P2   WITH P1    54.396   0.053   0.053   0.138
                                                                                 FP3  WITH P2    58.654  -0.063  -0.063  -0.144
Minimum M.I. value for printing the modification index   10.000                  P4   WITH P1    31.157   0.038   0.038   0.109
                                                                                 P4   WITH FP3   60.212  -0.060  -0.060  -0.151
                                   M.I.    E.P.C.  Std E.P.C.  StdYX E.P.C.       FP5  WITH P1    31.023  -0.039  -0.039  -0.110
                                                                                 FP5  WITH P2    47.361  -0.051  -0.051  -0.131
BY Statements                                                                    FP5  WITH FP3  257.096   0.130   0.130   0.317
                                                                                 FP6  WITH P1    12.550  -0.030  -0.030  -0.065
PER   BY R2      79.027   0.618   0.363   0.420                                   FP6  WITH P2    30.553  -0.050  -0.050  -0.098
PER   BY FR3     47.573  -0.491  -0.288  -0.310                                   FP6  WITH FP3   79.773   0.087   0.087   0.163
PER   BY FR4     91.321   0.684   0.402   0.416                                   FP6  WITH P4    56.164  -0.062  -0.062  -0.137
PER   BY R6      17.314   0.234   0.138   0.181                                   FP6  WITH FP5   46.456   0.059   0.059   0.126
PER   BY FR7     87.112  -0.664  -0.390  -0.421                                   P7   WITH FP3   11.430  -0.031  -0.031  -0.061
PER   BY FR8     47.390  -0.452  -0.266  -0.305                                   P7   WITH FP5   11.907  -0.028  -0.028  -0.063
PER   BY S1     202.580  -0.718  -0.422  -0.422                                   P8   WITH P1    20.951   0.029   0.029   0.088
PER   BY S2     216.694   0.547   0.322   0.396                                   P8   WITH P2    47.820   0.045   0.045   0.129
PER   BY S3      10.556  -0.119  -0.070  -0.084                                   P8   WITH FP3   46.866  -0.049  -0.049  -0.132
PER   BY S4      14.180  -0.146  -0.086  -0.100                                   P8   WITH FP5   73.038  -0.055  -0.055  -0.167
PER   BY FS5     36.495  -0.308  -0.181  -0.176                                   P8   WITH P7    83.781   0.067   0.067   0.165
PER   BY S7      57.697  -0.274  -0.161  -0.197                                   FR1  WITH FP5   11.380   0.031   0.031   0.062
PER   BY FS8     78.978   0.388   0.228   0.236                                   FR1  WITH P7    15.490  -0.042  -0.042  -0.069
                                                                                 FR1  WITH P8    13.568  -0.030  -0.030  -0.067
```

图 8-12

(限于篇幅,未将结果全部列出)

**第一次修正**:根据修正指数结果,添加"FR8 WITH FR7"能够释放 582.477 卡方值,因此在"MODEL"命令中加入"FR8 WITH FR7;",见图 8-13。在第一次修正后,RMSEA<0.08,SRMR<0.06,但 CFI 值依旧小于 0.90。因此需要继续修正。

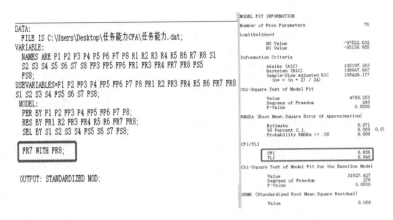

图 8 - 13

经过多次修正,最终获得具有良好拟合指标的 CFA 测量模型。Mplus 命令见图 8 - 14,此时 RMSEA<0.08,SRMR<0.06,CFI>0.90。

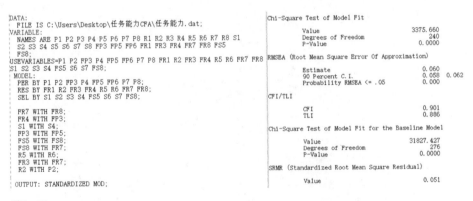

图 8 - 14

图 8 - 15 中,左侧结果为非标准化结果(MODEL RESULTS),右侧为标准化结果(STDYX)。需要注意的是,在 Mplus 中的标准化结果有 STDY,STD,STDYX 三种,而在读取结果时,以 STDYX 为准。BY 命令下的 Estimate 为各观测指标的因子负荷,WITH 命令下的 Estimate 为各因子之间的相关关系。图 8 - 16 为非标准化(左)和标准化(右)结果所对应的 CFA 测量模型图。

MODEL RESULTS 非标准化结果

| PER | BY | Estimate | S.E. | Est./S.E. | Two-Tailed P-Value |
|---|---|---|---|---|---|
| P1 | | 1.000 | 0.000 | 999.000 | 999.000 |
| P2 | | 0.869 | 0.024 | 35.570 | 0.000 |
| FP3 | | 1.069 | 0.029 | 37.198 | 0.000 |
| P4 | | 1.005 | 0.025 | 40.702 | 0.000 |
| FP5 | | 1.035 | 0.027 | 38.695 | 0.000 |
| FP6 | | 0.751 | 0.027 | 27.550 | 0.000 |
| P7 | | 0.665 | 0.025 | 26.419 | 0.000 |
| P8 | | 0.879 | 0.022 | 39.246 | 0.000 |
| RES | BY | | | | |
| FR1 | | 1.000 | 0.000 | 999.000 | 999.000 |
| R2 | | 0.687 | 0.028 | 24.388 | 0.000 |
| FR3 | | 0.896 | 0.031 | 28.601 | 0.000 |
| FR4 | | 1.093 | 0.034 | 32.185 | 0.000 |
| R5 | | 0.600 | 0.022 | 27.414 | 0.000 |
| R6 | | 0.876 | 0.027 | 32.167 | 0.000 |
| FR7 | | 0.791 | 0.030 | 26.186 | 0.000 |
| FR8 | | 0.868 | 0.030 | 29.152 | 0.000 |
| SEL | BY | | | | |
| S1 | | 1.000 | 0.000 | 999.000 | 999.000 |
| S2 | | 3.767 | 0.574 | 6.567 | 0.000 |
| S3 | | 4.858 | 0.727 | 6.685 | 0.000 |
| S4 | | 4.062 | 0.585 | 6.947 | 0.000 |
| FS5 | | 2.064 | 0.337 | 6.128 | 0.000 |
| S6 | | 3.197 | 0.492 | 6.491 | 0.000 |
| S7 | | 4.901 | 0.731 | 6.708 | 0.000 |
| FS8 | | 4.625 | 0.702 | 6.590 | 0.000 |
| RES | WITH | | | | |
| PER | | 0.322 | 0.013 | 25.332 | 0.000 |
| SEL | WITH | | | | |
| PER | | 0.056 | 0.008 | 6.590 | 0.000 |
| RES | | 0.054 | 0.008 | 6.547 | 0.000 |

STANDARDIZED MODEL RESULTS 标准化结果

STDYX Standardization

| PER | BY | Estimate | S.E. | Est./S.E. | Two-Tailed P-Value |
|---|---|---|---|---|---|
| P1 | | 0.712 | 0.009 | 75.086 | 0.000 |
| P2 | | 0.630 | 0.011 | 56.084 | 0.000 |
| FP3 | | 0.667 | 0.010 | 64.112 | 0.000 |
| P4 | | 0.725 | 0.009 | 79.295 | 0.000 |
| FP5 | | 0.701 | 0.010 | 71.415 | 0.000 |
| FP6 | | 0.493 | 0.014 | 35.886 | 0.000 |
| P7 | | 0.470 | 0.014 | 33.464 | 0.000 |
| P8 | | 0.700 | 0.010 | 71.679 | 0.000 |
| RES | BY | | | | |
| FR1 | | 0.595 | 0.012 | 48.638 | 0.000 |
| R2 | | 0.485 | 0.014 | 34.199 | 0.000 |
| FR3 | | 0.586 | 0.013 | 46.780 | 0.000 |
| FR4 | | 0.689 | 0.010 | 66.519 | 0.000 |
| R5 | | 0.569 | 0.013 | 44.071 | 0.000 |
| R6 | | 0.703 | 0.010 | 69.290 | 0.000 |
| FR7 | | 0.531 | 0.013 | 39.624 | 0.000 |
| FR8 | | 0.606 | 0.012 | 50.054 | 0.000 |
| SEL | BY | | | | |
| S1 | | 0.124 | 0.018 | 6.749 | 0.000 |
| S2 | | 0.574 | 0.013 | 43.813 | 0.000 |
| S3 | | 0.721 | 0.010 | 70.498 | 0.000 |
| S4 | | 0.587 | 0.013 | 46.044 | 0.000 |
| FS5 | | 0.247 | 0.017 | 14.167 | 0.000 |
| S6 | | 0.413 | 0.015 | 26.639 | 0.000 |
| S7 | | 0.741 | 0.010 | 74.372 | 0.000 |
| FS8 | | 0.593 | 0.013 | 46.933 | 0.000 |
| RES | WITH | | | | |
| PER | | 0.886 | 0.008 | 117.198 | 0.000 |
| SEL | WITH | | | | |
| PER | | 0.754 | 0.011 | 66.115 | 0.000 |
| RES | | 0.712 | 0.013 | 54.798 | 0.000 |

图 8 - 15

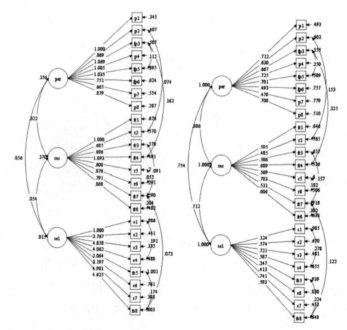

图 8 - 16

## 四、CFA 结果汇报

　　虽然 CFA 模型的应用可以概括为：验证问卷的结构效度与测量模型检验两大类，但其核心都是对 CFA 测量模型拟合度的检验，因此在对 CFA 模型进行结果汇报时，主要是对其模型拟合指数的呈现，在此基础上结合模型拟合指标的评价标准进行拟合度判断。以下是文章中 CFA 模型的结果汇报示例。

### (一) 验证问卷的结构效度

　　张静等人 (2021) 通过建构 CFA 模型对 10 岁、15 岁以及总样本学生进行社会与情感能力量表的结构验证，评估 15 项社会与情感能力测评工具的结构效度。

　　CFA 结果汇报如下：

#### (1)学生直接评估量表

　　对于学生直接评估数据，表 8、表 9 和表 10 分别呈现基于总体学生样本、10 岁和 15 岁组学生子样本所有 15 项社会与情感能力的 CFA 模型各拟合指标信息。结果显示，最终量表的测量模型几乎所有指标都达到了测量学可接受水平，表明模型拟合良好，而且标准化因子载荷系数（各因子与测量项之间的系数）均大于 0.40，说明每项社会与情感能力与其相对应的所有测量项之间有着良好的对应关系，结构效度好。对于 10 岁组的学生数据，活力这一能力的测量模型指标 CFI = 0.890，略小于 0.90，模型拟合度一般。而对于 15 岁组的学生数据，好奇心和情绪控制两个能力的测量模型拟合度一般。根据模型修正指数显示，自由估计好奇心的第 2 题和第 6 题的误差方差相关系数，以及情绪控制的第 3 题和第 8 题的误差方差相关系数之后，这两种能力的测量模型拟合度良好。

表 8　15 项社会与情感能力测量模型拟合指标信息（总样本）

| 测量模型 | $\chi^2$ ($df$) | RMSEA [90% CI] | CFI | BIC | SRMR |
|---|---|---|---|---|---|
| 果敢 | 528.277 (14) | 0.071 [0.066, 0.076] | 0.939 | 142177.448 | 0.034 |
| 合作 | 640.098 (14) | 0.079 [0.073, 0.084] | 0.928 | 110079.783 | 0.037 |
| 创造性 | 227.168 (9) | 0.058 [0.051, 0.064] | 0.971 | 106223.130 | 0.025 |
| 好奇心 | 705.264 (9) | 0.103 [0.097, 0.110] | 0.906 | 104600.913 | 0.046 |
| 情绪控制 | 871.614 (14) | 0.092 [0.087, 0.097] | 0.910 | 138205.822 | 0.042 |
| 共情 | 146.424 (9) | 0.046 [0.040, 0.053] | 0.977 | 101235.364 | 0.020 |
| 活力 | 719.422 (14) | 0.083 [0.078, 0.089] | 0.918 | 140259.194 | 0.040 |
| 乐观 | 537.650 (14) | 0.072 [0.067, 0.077] | 0.950 | 134472.908 | 0.034 |
| 毅力 | 634.254 (14) | 0.078 [0.073, 0.083] | 0.941 | 119039.550 | 0.033 |
| 责任感 | 414.971 (9) | 0.079 [0.072, 0.085] | 0.936 | 106880.247 | 0.034 |
| 自控力 | 254.878 (9) | 0.061 [0.055, 0.068] | 0.961 | 109679.055 | 0.032 |
| 乐群 | 304.809 (9) | 0.067 [0.061, 0.074] | 0.955 | 116169.452 | 0.032 |
| 抗压力 | 561.520 (9) | 0.092 [0.086, 0.099] | 0.947 | 121556.099 | 0.032 |
| 包容度 | 313.786 (14) | 0.054 [0.049, 0.060] | 0.943 | 131370.499 | 0.030 |
| 信任 | 131.339 (9) | 0.043 [0.037, 0.050] | 0.986 | 108560.586 | 0.016 |

注：数据来源于苏州市 10 岁和 15 岁年龄组学生直接评估社会与情感能力数据。

### (二) 测量模型检验

　　李臣之、梁舒婷、郭晓明 (2022) 在 "'品德与公民'课程在多大程度上影响学生的国家认同？——基于澳门中小学生的实证调查"一文中通过建构 CFA 测量模型分别检验"思政类课程感知量表"与"国家认同量表"各自的结构效度是否满足测量学的标准,进而探究两个潜变量("思政类课程感知"与"国家认同")之间的结构关系。

CFA 结果汇报如下:

#### 4. 正式问卷验证性因素分析

从 919 份有效样本中抽取 500 份用于验证性因素分析,根据温忠麟等人建议的模型拟合指标和适配临界值,抽取 AMOS 部分指标(温忠麟,侯杰泰,马什赫伯特,2004)结果进行整理(如表 3)。结果显示,国家认同量表各适配度评价指标均达到模型适配标准,说明量表具有较好的结构效度。课程感知量表的 TLI 值=0.891<0.9,但与临界值相差不大,可考虑结合 CFI 值来判断(温涵,梁韵斯,2015)。CFI 值=0.913>0.9,故模型适配度良好,说明量表结构合理。

表 3 调查问卷验证性因素分析的拟合指标

| | $\chi^2$ | df | $\chi^2$/df | RMSEA | TLI | CFI | SRMR |
|---|---|---|---|---|---|---|---|
| 适配的临界值 | —— | —— | <5(合理) | <0.08(良好) | >0.9 | >0.9 | <0.5 |
| 国家认同量表 | 1118.20 | 441 | 2.536 | 0.055 | 0.917 | 0.926 | 0.048 |
| 课程感知量表 | 406.42 | 96 | 4.234 | 0.080 | 0.891 | 0.913 | 0.059 |

## 五、CFA 在教育、心理领域的应用中存在的主要问题及建议

### (一) 项目的保留与删除

在使用 CFA 进行问卷修订与编制时,需要根据因子载荷、共同度等指标进行相关题目的删减与保留,然而对于相关标准的选择学界尚存在一些争议,例如,对于因子载荷的删除标准,多数研究者将其门槛值设定为 0.3 或 0.4,少数研究者将门槛值设定为 0.35、0.32 或 0.5(赵必华,顾海根,2010),下面呈现当前学者较为认可的项目保留与删除的标准,作为研究参考(王华,缴润凯,2017)。

出现下列情况的题项需要剔除:

(1)项目在所有因子上负荷都很低,项目的负荷值小于 0.40 的题项;(2)共同度小于 0.30;(3)同一个题项不能在 2 个或 2 个以上的因子上有较高的负荷值(如均高于 0.30 且负荷值之差小于 0.3);(4)某个或某几个只有 1 到 2 个题项的因子。

题项删除的基本原则是:先删除的是在所有因子上的载荷都很低的题项,然后是跨因子载荷量最大的题项,最后是少于 2 个题项的因子;从最不重要到最重要,每次只删一个题项或一个因子。

### (二) 样本量的确定

因子分析中样本数一般视观测变量的多少来确定,一般认为每个观测变量至

少需要 10 名被试。麦卡勒姆等人（MacCallum et al. ，1999）提出如果观测变量的公共方差大于或等于 0.60 时，则即使被试人数仅有 60 名，也能获得较为一致的因子载荷；当公共方差在 0.50 左右时，需要选择 100—200 名被试的样本（孙晓军等，2005）。也有研究指出，在进行因子分析时，样本容量达到 500 及以上最为推荐（Comrey & Lee，1994）。

### （三）反射模型与形成性模型的误用

反射模型（reflective measurement）是潜变量的含义表现在多个观测指标上的测量模型，其表达式为 $x_i = \lambda_i \eta + \varepsilon_i$，即每一个观测变量 X 都在一定程度上反映出潜变量 $\eta$。如图 8-17，潜变量生活满意度反映在自我生活满意度、朋友生活满意度等方面。当总体生活满意度高时，其观测的三个方面的满意度也相对较高。而形成性模型（formative measurement）表示由多个观测指标共同形成潜变量的测量模型，其表达式为：$\eta = \gamma_1 x_1 + \gamma_2 x_2 + \cdots + \gamma_n x_n$，即 $X_1$，$X_2$，$X_3$……等共同形成 $\eta$。如图 8-18，潜变量家庭社会经济地位由家庭收入、母亲学历、父亲职业构成。

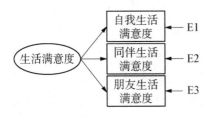

图 8-17　反射模型

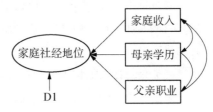

图 8-18　形成性模型

但是，在实际应用中，**经常出现将形成性模型误用作反射模型的例子，**例如，将家庭社会经济地位与家庭收入、母亲学历、父亲职业之间的关系用作反射模型，如图 8-19。在验证性因素分析中，潜变量与因子之间的关系为反射性测量模型，因此研究者在设定模型时，要根据变量之间的关系，合理选择测量模型。

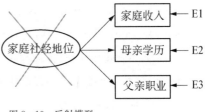

图 8-19　反射模型

## 第二节　高阶因子模型与双因子模型

　　本节主要从高阶因子分析可以解决的问题、建构二阶因子模型的基本步骤、二阶因子模型的软件操作、二阶因子模型结果汇报四个层面进行展开。

### 一、高阶因子分析可以解决哪些问题？

　　使用高阶因子的前提一般要满足：(1)低阶因子彼此相关，例如相关系数达到0.5 以上(郑锋，侯志阳，2011)，但标准不唯一。(2)理论上假设存在一个高阶因子来解释低阶因子之间的关系，此时二阶模型可能适用。相比一阶因子模型，二阶因子模型具有以下优点(Chen et al. , 2005)：(a)二阶模型可以检验假设的高阶因子是否真正解释了一阶因子之间的关系模式；(b)二阶模型为一阶因素之间的协方差模式提供了一个结构，用更少的参数以更相似的方式解释协方差。(3)二阶模型将特定因子引起的方差与测量误差分开，对特定因子进行理论上的无误差估计。

　　通常认为，二阶模型比一阶模型更简约，但是由于高阶因子模型较难拟合，因此在当前的社会科学研究中，使用最广泛的为二阶因子。主要应用于以下两类问题的研究中。

　　一类是对抽象的构念进行估计与鉴定。例如，郑锋与侯志阳(2011)通过对居家养老服务内涵的分析，认为居家养老服务应包括生活照料、志愿者服务、信息咨询、家政服务、社区医疗、文体娱乐、老年教育 7 个测量维度，每个维度又包含具体的测量题目，因此作者通过建立二阶因子分析模型来验证其理论构想，并进一步确定各维度在居家养老服务整体中的相对影响力(重要性)。

　　另一类是量表的结构效度检验，例如，简明健康调查量表(short-form 36 health survey scale, SF－36)包含生理机能、生理职能、躯体疼痛、一般健康状况、精力、社会功能、情感职能以及精神健康 8 个维度，其中，前 4 个维度是对生理健康的综合测量，后 4 个维度是对心理健康的综合测量，那么"生理健康"与"心理健康"就是两个二阶因子，该量表为二阶因子模型，此时用一阶 CFA 因子分析进行效度检验便不够准确，需要采用二阶 CFA 因子分析的方法进行效度检验(徐秀娟等人，2013)。

## 二、建构二阶因子模型的基本步骤

### (一) 模型设定

二阶因子模型的设定过程可以概括为以下三个步骤:1.研究问题;2.研究假设;3.建构测量模型。以 OECD 的社会情感能力测量中的任务表现能力测量为例。

**研究问题:**2019 年,OECD 想要在世界范围内测评各个国家(或城市)青少年社会与情感能力的发展水平,其中任务表现能力是社会与情感能力的测量指标之一。

**研究假设:**任务表现能力由三种子能力构成:毅力、责任感和自控力,且每个子能力包含 8 个观测指标。三个子能力之间含有共同变异,即任务表现能力,同时又各自具有子能力的特殊变异。

**建构测量模型:**根据研究假设建立任务表现能力的二阶因子模型,该模型含有三个一阶因子(毅力、责任感、自控力)和一个二阶因子(任务表现能力)。任务表现能力用来解释毅力、责任感、自控力三个子能力中的共同变异,而毅力、责任感、自控力的残差项用来解释各个维度的特殊变异。三个一阶因子各包含 8 个观测指标。模型图见图 8 - 20。

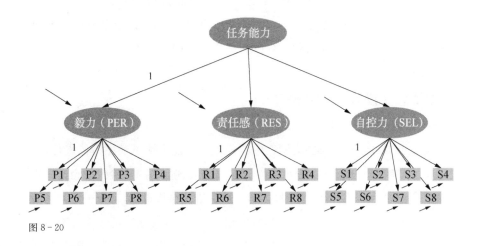

图 8 - 20

### (二) 模型识别

进行二阶因子的模型识别时,需要先保证各个一阶因子均达到可识别水平,如果一阶因子无法达到可识别水平,则没有必要建立二阶因子模型。在各一阶因子达到可识别水平后,二阶因子和一阶因子之间的模型识别关系与一阶因子和观测指标之间的模型识别关系相同(原理可见第一节 CFA 部分),二阶因子模型识别具体设定情况见表 8-2。

表 8-2　模型识别设定表

| 一阶因子个数 | 模型识别设定 |
| --- | --- |
| >3 | 将其中一个一阶因子载荷固定为 1 或将二阶因子的方差固定为 1。 |
| =3 | 一阶模型与二阶模型等价,拟合指数相同。 |
| =2 | 将其中两个一阶因子载荷固定为 1 并将二阶因子的方差固定为 1。 |

### (三) 模型评估与修正

二阶因子模型的拟合评价指标与一阶因子模型相同,需要参考:(1)绝对拟合指数(SRMR 与 RMSEA);(2)增值拟合指数(CFI);(3)离中指数($\chi^2$ with $df$,$\chi^2 - df$,$\chi^2/df$);(4)信息标准指数(多模型比较,AIC,BIC)等指标。具体信息见第一节 CFA 部分。不过需要注意的是,二阶因子模型的使用前提是一阶因子的模型拟合度达到可接受水平,且一阶因子之间存在较强的相关性。

二阶因子模型的修正与一阶因子模型相同,根据理论依据和修正指数(MI)释放误差变量之间的固定参数。具体信息见一节 CFA 部分。

## 三、二阶因子模型的软件操作

### (一) 如何在 Mplus 里定义二阶因子模型?

下面以社会与情感能力调查中的任务表现能力测量模型为例进行操作演示。根据第一节 CFA 模型的操作演示可知,任务表现能力的一阶因子经过修正后达到可识别水平。Mplus 命令见图 8-21。由标准化结果可知,三个子能力之间的相关系数分别为 0.886,0.754 与 0.712,均在 0.5 以上,因此满足建立二阶因子模型的条件。如图 8-22,在一阶因子模型的 Mplus 命令中添加"G BY PER RES SEL;"其中"G"表示二阶因子"任务表现能力","PER RES SEL"分别表示"毅力、责任感和自控力"三个子能力,该命令表示"任务表现能力"由三个子能力"毅力、责任感和自控力"进行测量。

```
DATA:
  FILE IS C:\Users\Desktop\任务能力CFA\任务能力.dat;
VARIABLE:
  NAMES ARE P1 P2 P3 P4 P5 P6 P7 P8 R1 R2 R3 R4 R5 R6 R7 R8 S1
S2 S3 S4 S5 S6 S7 S8 FP3 FP5 FP6 FR1 FR3 FR4 FR7 FS5
FS8;
USEVARIABLES=P1 P2 FP3 P4 FP5 FP6 P7 P8 FR1 R2 FR3 FR4 R5 R6 FR7 FR8
S1 S2 S3 S4 FS5 S6 S7 FS8;
 MODEL:
  PER BY P1 P2 FP3 P4 FP5 FP6 P7 P8;
  RES BY FR1 R2 FR3 FR4 R5 R6 FR7 FR8;
  SEL BY S1 S2 S3 S4 FS5 S6 S7 FS8;

  FR7 WITH FR8;
  FR4 WITH FP3;
  S1 WITH S4;
  FP3 WITH FP5;
  FS5 WITH FS8;
  FS8 WITH FR7;
  R5 WITH R6;
  FR3 WITH FR7;
  R2 WITH P2;

 OUTPUT: STANDARDIZED MOD;
```

图 8 - 21

```
DATA:
  FILE IS C:\Users\Desktop\任务能力CFA\任务能力.dat;
VARIABLE:
  NAMES ARE P1 P2 P3 P4 P5 P6 P7 P8 R1 R2 R3 R4 R5 R6 R7 R8 S1
S2 S3 S4 S5 S6 S7 S8 FP3 FP5 FP6 FR1 FR3 FR4 FR7 FR8 FS5
FS8;
USEVARIABLES=P1 P2 FP3 P4 FP5 FP6 P7 P8 FR1 R2 FR3 FR4 R5 R6 FR7 FR8
S1 S2 S3 S4 FS5 S6 S7 FS8;
MODEL:
  PER BY P1 P2 FP3 P4 FP5 FP6 P7 P8;
  RES BY FR1 R2 FR3 FR4 R5 R6 FR7 FR8;
  SEL BY S1 S2 S3 S4 FS5 S6 S7 FS8;

  FR7 WITH FR8;
  FR4 WITH FP3;
  S1 WITH S4;
  FP3 WITH FP5;
  FS5 WITH FS8;
  FS8 WITH FR7;
  R5 WITH R6;
  FR3 WITH FR7;
  R2 WITH P2;

  G BY PER RES SEL;

 OUTPUT: STANDARDIZED MOD;
```

图 8 - 22

## （二）如何解读二阶因子模型的结果？

运行图 8 - 22 的 Mplus 命令，没有出现报错情况，模型拟合指数见图 8 - 23，且各项指标达到可接受水平，RMSEA＝0.06（＜0.08），SRMR＝0.051（＜0.06），CFI＝0.901（＞0.90）。

```
MODEL FIT INFORMATION

Number of Free Parameters          84

Loglikelihood

        H0 Value              -96818.785
        H1 Value              -95130.955

Information Criteria

        Akaike (AIC)          193805.570
        Bayesian (BIC)        194325.489
        Sample-Size Adjusted BIC  194058.579
          (n* = (n + 2) / 24)

Chi-Square Test of Model Fit

        Value                  3375.660
        Degrees of Freedom          240
        P-Value                 0.0000
```

```
RMSEA (Root Mean Square Error Of Approximation)

        Estimate                0.060
        90 Percent C.I.         0.058  0.062
        Probability RMSEA <= .05    0.000

CFI/TLI

        CFI                     0.901
        TLI                     0.886

Chi-Square Test of Model Fit for the Baseline Model

        Value                 31827.427
        Degrees of Freedom          276
        P-Value                 0.0000

SRMR (Standardized Root Mean Square Residual)

        Value                   0.051
```

图 8 - 23

二阶因子模型的非标准化结果(图8-24)与标准化结果(图8-25),以及非标准化模型图(图8-26)和标准化模型图(图8-27)如下。

MODEL RESULTS

| | | Estimate | S.E. | Est./S.E. | Two-Tailed P-Value |
|---|---|---|---|---|---|
| PER | BY | | | | |
| P1 | | 1.000 | 0.000 | 999.000 | 999.000 |
| P2 | | 0.869 | 0.024 | 35.570 | 0.000 |
| FP3 | | 1.069 | 0.029 | 37.198 | 0.000 |
| P4 | | 1.005 | 0.025 | 40.702 | 0.000 |
| FP5 | | 1.035 | 0.027 | 38.695 | 0.000 |
| FP6 | | 0.751 | 0.027 | 27.550 | 0.000 |
| P7 | | 0.665 | 0.025 | 26.419 | 0.000 |
| P8 | | 0.879 | 0.022 | 39.246 | 0.000 |
| RES | BY | | | | |
| FR1 | | 1.000 | 0.000 | 999.000 | 999.000 |
| R2 | | 0.687 | 0.028 | 24.388 | 0.000 |
| FR3 | | 0.896 | 0.031 | 28.601 | 0.000 |
| FR4 | | 1.093 | 0.034 | 32.185 | 0.000 |
| R5 | | 0.600 | 0.022 | 27.414 | 0.000 |
| R6 | | 0.876 | 0.027 | 32.167 | 0.000 |
| FR7 | | 0.791 | 0.030 | 26.186 | 0.000 |
| FR8 | | 0.868 | 0.030 | 29.152 | 0.000 |
| SEL | BY | | | | |
| S1 | | 1.000 | 0.000 | 999.000 | 999.000 |
| S2 | | 3.767 | 0.574 | 6.567 | 0.000 |
| S3 | | 4.858 | 0.727 | 6.686 | 0.000 |
| S4 | | 4.062 | 0.585 | 6.947 | 0.000 |
| FS5 | | 2.064 | 0.337 | 6.129 | 0.000 |
| S6 | | 3.197 | 0.492 | 6.491 | 0.000 |
| S7 | | 4.901 | 0.731 | 6.708 | 0.000 |
| FS8 | | 4.625 | 0.702 | 6.591 | 0.000 |
| G | BY | | | | |
| PER | | 1.000 | 0.000 | 999.000 | 999.000 |
| RES | | 0.963 | 0.033 | 29.012 | 0.000 |
| SEL | | 0.167 | 0.025 | 6.671 | 0.000 |

图 8-24

STANDARDIZED MODEL RESULTS

STDYX Standardization

| | | Estimate | S.E. | Est./S.E. | Two-Tailed P-Value |
|---|---|---|---|---|---|
| PER | BY | | | | |
| P1 | | 0.712 | 0.009 | 75.086 | 0.000 |
| P2 | | 0.630 | 0.011 | 56.084 | 0.000 |
| FP3 | | 0.667 | 0.010 | 64.112 | 0.000 |
| P4 | | 0.725 | 0.009 | 79.295 | 0.000 |
| FP5 | | 0.701 | 0.010 | 71.415 | 0.000 |
| FP6 | | 0.493 | 0.014 | 35.886 | 0.000 |
| P7 | | 0.470 | 0.014 | 33.464 | 0.000 |
| P8 | | 0.700 | 0.010 | 71.678 | 0.000 |
| RES | BY | | | | |
| FR1 | | 0.595 | 0.012 | 48.638 | 0.000 |
| R2 | | 0.485 | 0.014 | 34.199 | 0.000 |
| FR3 | | 0.586 | 0.013 | 46.780 | 0.000 |
| FR4 | | 0.689 | 0.010 | 66.519 | 0.000 |
| R5 | | 0.569 | 0.013 | 44.071 | 0.000 |
| R6 | | 0.703 | 0.010 | 69.290 | 0.000 |
| FR7 | | 0.531 | 0.013 | 39.624 | 0.000 |
| FR8 | | 0.606 | 0.012 | 50.054 | 0.000 |
| SEL | BY | | | | |
| S1 | | 0.124 | 0.018 | 6.750 | 0.000 |
| S2 | | 0.574 | 0.013 | 43.813 | 0.000 |
| S3 | | 0.721 | 0.010 | 70.498 | 0.000 |
| S4 | | 0.587 | 0.013 | 46.045 | 0.000 |
| FS5 | | 0.247 | 0.017 | 14.167 | 0.000 |
| S6 | | 0.413 | 0.015 | 26.639 | 0.000 |
| S7 | | 0.741 | 0.010 | 74.372 | 0.000 |
| FS8 | | 0.593 | 0.013 | 46.932 | 0.000 |
| G | BY | | | | |
| PER | | 0.969 | 0.008 | 120.810 | 0.000 |
| RES | | 0.914 | 0.009 | 104.886 | 0.000 |
| SEL | | 0.778 | 0.011 | 69.871 | 0.000 |

图 8-25

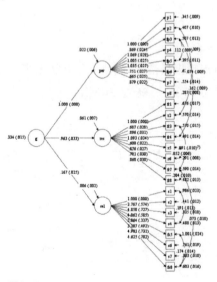

图 8-26

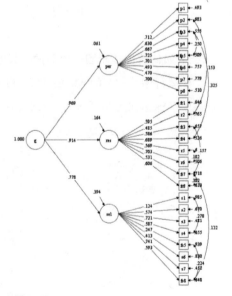

图 8-27

## 四、二阶因子模型结果汇报

无论是用二阶因子模型进行抽象模型的估计与鉴定，还是对量表进行结构效度检验，其本质都是对二阶因子模型拟合度的检验，因此在对二阶因子模型进行结果汇报时，主要是对其模型拟合指数的呈现与判断。以下是文章中二阶因子模型的结果汇报示例。

### (一) 对抽象构念的因子结构模型进行估计与鉴定

郑锋和侯志阳(2011)根据对居家养老服务内涵的归纳与分析，将居家养老服务划分为老年人的生活照料、志愿者服务、信息咨询、家政服务、社区医疗、文体娱乐、老年教育 7 个测量维度(因子)，同时还引入一个二阶因子 M 来反映整体居家养老服务。基于对概念模型的设定，作者建立二阶因子模型对其提出的抽象模型进行估计与鉴定。

二阶因子模型结果汇报如下：

**(2) 模型输出及评价**

按照结构方程模型路径图的画图规则，运用 AMOS7.0 画出验证模型图，并实现模型的运算，图 1 为执行完毕之后的标准化系数模型图。图中，椭圆形表示潜在变量(包括 7 个一阶因子和一个二阶因子)，方框表现测量项目，$e_1$，$e_2$，…表示测量误差。图 1 还给出了 7 个测量维度(一阶因子)与居家养老服务(二阶因子)的因子负荷关系。总体而言，二阶因子与一阶因子存在着较强的相关关系(除生活照料之外，负荷系数皆大于 0.5)，故认为居家养老服务的二阶因子模型存在着合理性。

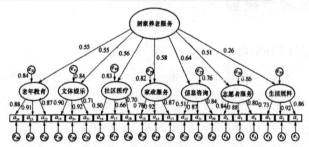

**图 1　老年人居家养老服务标准化系数模型**

从模型的整体拟合效果来看，可以通过几个常用的指标值来考察模型的拟合程度：卡方统计量与自由度的比值(CMIN/DF)，在 2:1 到 3:1 之间是可以接受的；$P$ 值要求小于 0.1；近似误差均方根(RMSEA)小于 0.05；标准化残差均方根(SRMR)小于 0.05，拟合优度指数(GFI)、相对拟合指数(CFI)要求均大于 0.9，信息指数(AIC)越小越好。从表 4 中结构方程模型拟合指数可知各个指标值均达到模型拟合度要求，表明结构方程模型与数据的拟合程度很好，高阶因子模型是成立的。

**表 4　模型拟合指数检验表**

| 指标 | CMIN/DF | $P$ | RMSEA | SRMR | GFI | CFI | AIC |
|---|---|---|---|---|---|---|---|
| 指标值 | 2.334 | 0 | 0.044 | 0.042 | 0.946 | 0.970 | 522.708 |

### (二) 结构效度检验

Chu(2008)通过调查台湾的 511 名大学生对 Super 开发的工作价值量表(Work Value Inventory)进行测量与验证。探索性因子发现,该量表包含无形回报、自我实现和自由精神三个因子,且三个因子可以用更高阶的潜在因素——工作价值来解释,因此采用验证性因子分析对二阶因子模型进行验证,发现该二阶因子模型具有较好的拟合度。

二阶因子模型结果汇报如下:

*4.5. Second-order factor model*

The last step in the second-order CFA involved the evaluation of the relationship between the three first-order factors (TR, SF, and LS) and a second-order factor (work value). In other words, the structure model examined how the three work value factors contributed to an overall work value construct. The results of the structural model generated a non-significant $\chi^2$ value of 51.53 ($p = 0.09$), which indicated that the data fit the model very well. Other fit indices revealed similar results (RMSEA = .035; Std. RMR = .040; CFI = .97; GFI = .96; AGFI = .93). The gamma coefficients represent the regression of exogenous factors (work values) on endogenous factors (TR, SF, and LS) (Fig. 2). As is shown in Fig. 2, "SF" has the highest gamma coefficient (gamma = .42). This indicates that, for hospitality students, SF can explain more variance in work values than the other two factors. Thus, it was concluded

Fig. 2. Final second-order work value model.

# 第三节　双因子模型

双因子模型作为高阶因子模型的竞争模型被提出,其与高阶因子模型均既有全局因子(高阶因子)又有局部因子(低阶因子),但是两者也存在不同。研究中,研究者多将高阶因子模型与双因子模型进行比较分析,双因子模型与高阶因子模型最本质的区别在于:双因子模型为一阶因子模型,全局因子与局部因子在同一水平上;而高阶因子模型的高阶因子与低阶因子不在同一水平上,其隐含了完全中介的假设,即高阶因子完全通过低阶因子对观测指标发挥作用。下面将对双因子模型进行具体介绍。

## 一、双因子分析可以解决哪些问题?

双因子模型同时包含全局因子(一般因子)和局部因子(特殊因子),且两种因子处于同一测量水平上,因此该模型既可以通过全局因子测量题目之间的共同性,又可以在控制全局因子后,通过局部因子的负荷反映局部因子与题目的相关性,探究局部因子对效标的独立预测作用。不过需要注意的是,双因子模型需要估计的参数较多,模型更为复杂,因此在小样本条件下,有时需要提供初始值才能收敛(Chen et al.,2006;Reise et al.,2010;徐霜雪等人,2017)。

在当前的研究中,双因子模型主要用于解决以下两类问题。

一类是问卷修订。《大学生心理素质问卷》由今西南大学(含原西南师范大学)心理健康与心理素质研究团队研发,该问卷包含认知品质、个性品质和适应性三个分量表,共计118道题目,虽然经过两轮修订,问卷的信效度有所提高,但是仍然存在个别题项效度不高、描述不够精确、题项与维度的符合度不够,并且题项仍然偏多等问题。此外,将三个分量表单独作为研究对象的方式忽略了三个维度之间的共同性,而将分量表总分相加获得心理素质总分的形式又忽略了各维度之间的差异性。因此,想要既兼顾各维度之间的共同性,又能对各维度之间的特殊性进行研究,就需要采用双因子模型对量表进行修正与检验(张大均,张娟,2018)。

一类是结构探索。《课堂评估得分系统》(CLASS)量表被广泛应用于师幼互动评估中。该量表包含三个子量表:情感支持、班级管理、教学支持。2014年,Hamre等人提出了CLASS的双因子模型,在保留三个特殊因子的同时,将CLASS的一般因子命名为"反应性教学",并且双因子模型的拟合度优于三因子模型(Hamre et al.,2014)。由于我国尚未有研究基于CLASS量表对师幼互动的双因子模型进行探讨,王双等人(2019)以中国幼儿园班级的CLASS测量数据为基础,探索了在我国社会文化背景中师幼互动的双因子模型结构。

## 二、建构双因子模型的基本步骤

以OECD的社会与情感能力测量中的任务表现能力为例,双因子模型的设定过程可以概括为以下三个步骤。

**研究问题:**在社会与情感能力调查中,要对"任务表现能力"进行测量,首先需要确定"任务表现能力"的测量因子与各因子具体包含的观测指标。

**研究假设:**理论上"任务表现能力"划分为三个维度(因子)毅力、责任感和自控力,三个因子共由24道题目构成,每个因子分别包含8个观测指标。

**建构模型:**将"任务表现能力"设定为全局因子,该因子可以解释所有测量题目

（P1 - S8）的共同变异，局部因子三个，分别是毅力、责任感和自控力，局部因子解释控制了全局因子（"任务表现能力"）后部分题目（测量了一个维度）的共同变异（顾红磊，温忠麟，方杰，2014）。模型见图 8 - 28。

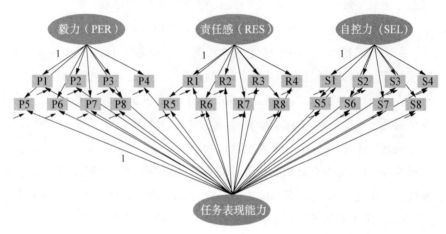

图 8 - 28

在双因子模型中，全局因子和局部因子均可看作 CFA 的测量模型，因此双因子模型的识别规则、拟合评价指标和修正过程均与第一节 CFA 模型的相关内容一致，此处不再赘述。

## 三、双因子模型的软件操作

### （一）如何在 Mplus 里定义双因子模型？

下面以社会与情感能力调查中的"任务表现能力"测量模型为例进行操作演示。方框中的 Mplus 命令"G BY P1 * P2 FP3 P4 FP5 FP6 P7 P8 FR1 R2 FR3 FR4 R5 R6 FR7 FR8 S1 S2 S3 S4 FS5 S6 S7 FS8;"表示"任务表现能力"这一全局因子由所有观测指标进行测量；方框中的"PER WITH RES@0；PER WITH SEL@0；RES WITH SEL@0；G WITH PER@0；G WITH RES@0；G WITH SEL@0;"表示三个局部因子之间不相关，全局因子与局部因子之间不相关。具体命令见图 8 - 29。

### （二）如何解读测量模型的结果？

运行图 8 - 29 的命令所得的模型拟合指标结果显示（图 8 - 30），RMSEA

```
DATA:
  FILE IS C:\Users\Desktop\任务能力CFA\任务能力.dat;
VARIABLE:
  NAMES ARE P1 P2 P3 P4 P5 P6 P7 P8 R1 R2 R3 R4 R5 R6 R7 R8 S1
  S2 S3 S4 S5 S6 S7 S8 FP3 FP5 FP6 FR1 FR4 FR7 FR8 FS5
  FS8;
USEVARIABLES=P1 P2 FP3 P4 FP5 FP6 P7 P8 FR1 R2 FR3 FR4 R5 R6 FR7 FR8
S1 S2 S3 S4 FS5 S6 S7 FS8;

MODEL:
  PER BY P1* P2 FP3 P4 FP5 FP6 P7 P8;
  RES BY FR1* R2 FR3 FR4 R5 R6 FR7 FR8;
  SEL BY S1* S2 S3 S4 FS5 S6 S7 FS8;

  G BY P1* P2 FP3 P4 FP5 FP6 P7 P8 FR1 R2 FR3 FR4 R5 R6 FR7 FR8
S1 S2 S3 S4 FS5 S6 S7 FS8;

  PER@1;
  RES@1;
  SEL@1;
  G@1;

  PER WITH RES@0;
  PER WITH SEL@0;
  RES WITH SEL@0;
  G WITH PER@0;
  G WITH RES@0;
  G WITH SEL@0;

OUTPUT: STANDARDIZED MOD;
```

图 8 - 29

```
MODEL FIT INFORMATION

Number of Free Parameters                    96

Loglikelihood

        H0 Value                        -96855.919
        H1 Value                        -95130.955

Information Criteria

        Akaike (AIC)                    193903.839
        Bayesian (BIC)                  194498.033
        Sample-Size Adjusted BIC        194192.993
           (n* = (n + 2) / 24)

Chi-Square Test of Model Fit

        Value                             3449.929
        Degrees of Freedom                     228
        P-Value                             0.0000

RMSEA (Root Mean Square Error Of Approximation)

        Estimate                             0.063
        90 Percent C.I.                      0.061    0.0
        Probability RMSEA <= .05             0.000

CFI/TLI

        CFI                                  0.898
        TLI                                  0.876

Chi-Square Test of Model Fit for the Baseline Model

        Value                            31827.427
        Degrees of Freedom                     276
        P-Value                             0.0000

SRMR (Standardized Root Mean Square Residual)

        Value                                0.045
```

图 8 - 30

（0.063＜0.08）与 SRMR（0.045＜0.06）均达到可接受水平，但 CFI＝0.898＜0.90，未达到可接受水平，因此，需要根据模型修正指数对该模型进行修正。模型修正指数结果显示，添加"FR4 WITH FP3;"能够释放 254.189 卡方值，因此在"MODEL"命令中加入"FR4 WITH FP3;"，见图 8 - 31。

```
DATA:
  FILE IS C:\Users\Desktop\任务能力CFA\任务能力.dat;
VARIABLE:
  NAMES ARE P1 P2 P3 P4 P5 P6 P7 P8 R1 R2 R3 R4 R5 R6 R7 R8 S1
  S2 S3 S4 S5 S6 S7 S8 FP3 FP5 FP6 FR1 R2 FR3 FR4 FR7 FR8 FS5
  FS8;
USEVARIABLES=P1 P2 FP3 P4 FP5 FP6 P7 P8 FR1 R2 FR3 FR4 R5 R6 FR7 FR8
S1 S2 S3 S4 FS5 S6 S7 FS8;

MODEL:
  PER BY P1* P2 FP3 P4 FP5 FP6 P7 P8;
  RES BY FR1* R2 FR3 FR4 R5 R6 FR7 FR8;
  SEL BY S1* S2 S3 S4 FS5 S6 S7 FS8;

  G BY P1* P2 FP3 P4 FP5 FP6 P7 P8 FR1 R2 FR3 FR4 R5 R6 FR7 FR8
S1 S2 S3 S4 FS5 S6 S7 FS8;

  PER@1;
  RES@1;
  SEL@1;
  G@1;

  PER WITH RES@0;
  PER WITH SEL@0;
  RES WITH SEL@0;
  G WITH PER@0;
  G WITH RES@0;
  G WITH SEL@0;

  FR4 WITH FP3;

OUTPUT: STANDARDIZED MOD;
```

图 8 - 31

```
MODEL FIT INFORMATION

Number of Free Parameters                    97

Loglikelihood

        H0 Value                        -96718.762
        H1 Value                        -95130.955

Information Criteria

        Akaike (AIC)                    193631.525
        Bayesian (BIC)                  194231.908
        Sample-Size Adjusted BIC        193923.691
           (n* = (n + 2) / 24)

Chi-Square Test of Model Fit

        Value                             3175.615
        Degrees of Freedom                     227
        P-Value                             0.0000

RMSEA (Root Mean Square Error Of Approximation)

        Estimate                             0.060
        90 Percent C.I.                      0.058    0.062
        Probability RMSEA <= .05             0.000

CFI/TLI

        CFI                                  0.907
        TLI                                  0.886

Chi-Square Test of Model Fit for the Baseline Model

        Value                            31827.427
        Degrees of Freedom                     276
        P-Value                             0.0000

SRMR (Standardized Root Mean Square Residual)

        Value                                0.044
```

图 8 - 32

　　图 8-32 为添加修正命令后的双因子模型拟合结果。结果显示,修正后的模型获得了良好的模型拟合度,此时 RMSEA<0.08, SRMR<0.06, CFI>0.90。图 8-33 为非标准化的模型结果,图 8-34 为标准化的模型结果。图 8-35 左侧为非标准化的模型结果图,右侧为标准化的模型结果图。

MODEL RESULTS

| | | Estimate | S.E. | Est./S.E. | Two-Tailed P-Value |
|---|---|---|---|---|---|
| PER | BY | | | | |
| P1 | | 0.046 | 0.021 | 2.200 | 0.028 |
| P2 | | -0.073 | 0.020 | -3.622 | 0.000 |
| FP3 | | 0.415 | 0.027 | 15.227 | 0.000 |
| P4 | | 0.009 | 0.018 | 0.488 | 0.626 |
| FP5 | | 0.350 | 0.021 | 16.319 | 0.000 |
| FP6 | | 0.276 | 0.021 | 12.890 | 0.000 |
| P7 | | 0.027 | 0.021 | 1.314 | 0.189 |
| P8 | | -0.001 | 0.018 | -0.043 | 0.965 |
| RES | BY | | | | |
| FR1 | | 0.178 | 0.019 | 9.298 | 0.000 |
| R2 | | -0.052 | 0.016 | -3.208 | 0.001 |
| FR3 | | 0.389 | 0.017 | 23.111 | 0.000 |
| FR4 | | 0.190 | 0.016 | 12.036 | 0.000 |
| R5 | | 0.065 | 0.012 | 5.498 | 0.000 |
| R6 | | 0.072 | 0.013 | 5.426 | 0.000 |
| FR7 | | 0.580 | 0.017 | 33.410 | 0.000 |
| FR8 | | 0.508 | 0.016 | 32.554 | 0.000 |
| SEL | BY | | | | |
| S1 | | 0.382 | 0.021 | 17.904 | 0.000 |
| S2 | | 0.126 | 0.014 | 8.701 | 0.000 |
| S3 | | 0.397 | 0.014 | 27.587 | 0.000 |
| S4 | | 0.401 | 0.016 | 24.662 | 0.000 |
| FS5 | | 0.328 | 0.022 | 15.211 | 0.000 |
| S6 | | 0.225 | 0.019 | 11.835 | 0.000 |
| S7 | | 0.457 | 0.014 | 32.585 | 0.000 |
| FS8 | | 0.300 | 0.018 | 16.916 | 0.000 |
| G | BY | | | | |
| P1 | | 0.588 | 0.013 | 45.716 | 0.000 |
| P2 | | 0.539 | 0.013 | 41.855 | 0.000 |
| FP3 | | 0.613 | 0.016 | 37.997 | 0.000 |
| P4 | | 0.597 | 0.012 | 47.968 | 0.000 |
| FP5 | | 0.594 | 0.014 | 41.505 | 0.000 |
| FP6 | | 0.415 | 0.016 | 26.573 | 0.000 |
| P7 | | 0.384 | 0.014 | 27.194 | 0.000 |
| P8 | | 0.519 | 0.012 | 45.059 | 0.000 |
| FR1 | | 0.546 | 0.017 | 32.699 | 0.000 |
| R2 | | 0.444 | 0.014 | 31.137 | 0.000 |
| FR3 | | 0.462 | 0.015 | 29.851 | 0.000 |
| FR4 | | 0.607 | 0.015 | 39.885 | 0.000 |

图 8-33

STANDARDIZED MODEL RESULTS

STDYX Standardization

| | | Estimate | S.E. | Est./S.E. | Two-Tailed P-Value |
|---|---|---|---|---|---|
| PER | BY | | | | |
| P1 | | 0.055 | 0.025 | 2.200 | 0.028 |
| P2 | | -0.088 | 0.024 | -3.627 | 0.000 |
| FP3 | | 0.435 | 0.028 | 15.311 | 0.000 |
| P4 | | 0.011 | 0.022 | 0.488 | 0.626 |
| FP5 | | 0.398 | 0.024 | 16.586 | 0.000 |
| FP6 | | 0.303 | 0.023 | 13.195 | 0.000 |
| P7 | | 0.032 | 0.024 | 1.315 | 0.189 |
| P8 | | -0.001 | 0.025 | -0.043 | 0.965 |
| RES | BY | | | | |
| FR1 | | 0.174 | 0.018 | 9.400 | 0.000 |
| R2 | | -0.061 | 0.019 | -3.213 | 0.001 |
| FR3 | | 0.417 | 0.017 | 24.688 | 0.000 |
| FR4 | | 0.197 | 0.016 | 12.141 | 0.000 |
| R5 | | 0.102 | 0.018 | 5.518 | 0.000 |
| R6 | | 0.094 | 0.017 | 5.439 | 0.000 |
| FR7 | | 0.626 | 0.017 | 37.800 | 0.000 |
| FR8 | | 0.582 | 0.016 | 36.102 | 0.000 |
| SEL | BY | | | | |
| S1 | | 0.382 | 0.020 | 19.091 | 0.000 |
| S2 | | 0.155 | 0.018 | 8.780 | 0.000 |
| S3 | | 0.476 | 0.016 | 29.897 | 0.000 |
| S4 | | 0.469 | 0.017 | 26.864 | 0.000 |
| FS5 | | 0.317 | 0.020 | 15.925 | 0.000 |
| S6 | | 0.235 | 0.019 | 12.125 | 0.000 |
| S7 | | 0.571 | 0.016 | 36.049 | 0.000 |
| FS8 | | 0.310 | 0.018 | 17.569 | 0.000 |
| G | BY | | | | |
| P1 | | 0.702 | 0.010 | 70.873 | 0.000 |
| P2 | | 0.654 | 0.011 | 60.488 | 0.000 |
| FP3 | | 0.643 | 0.012 | 51.836 | 0.000 |
| P4 | | 0.723 | 0.009 | 78.276 | 0.000 |
| FP5 | | 0.674 | 0.011 | 58.682 | 0.000 |
| FP6 | | 0.457 | 0.015 | 30.747 | 0.000 |
| P7 | | 0.455 | 0.014 | 31.730 | 0.000 |
| P8 | | 0.692 | 0.010 | 69.147 | 0.000 |
| FR1 | | 0.534 | 0.013 | 40.895 | 0.000 |
| R2 | | 0.514 | 0.013 | 38.112 | 0.000 |
| FR3 | | 0.496 | 0.014 | 35.942 | 0.000 |

图 8-34

图 8-35

### 四、双因子模型的结果汇报

无论是结构探索还是问卷修订,因子载荷和模型拟合指数都是双因子模型汇报的关键。以下是文章中双因子模型的结果汇报示例。

#### (一) 结构探索

因为对"生活质量量表"的特殊因子和一般因素感兴趣,陈等人(Chen et al,2006)通过建立双因子模型和二阶因子模型来探索"生活质量量表"结构模型。通过比较分析双因子模型和二阶因子模型的结果,得出该量表中所包含的特殊因子和一般因素,以及两者之间的关系。双因子模型图见图 8-36,双因子模型结果汇报如下:

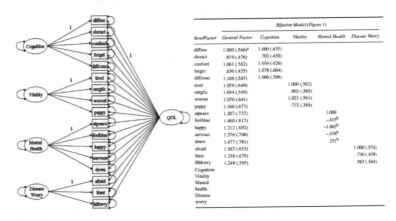

图 8-36

| Item/Factor | Bifactor Model (Figure 1) | | | | |
|---|---|---|---|---|---|
| | General Factor | Cognition | Vitality | Mental Health | Disease Worry |
| diffeas | 1.000 (.566)[a] | 1.000 (.635) | | | |
| sloract | .819 (.476) | .702 (.458) | | | |
| confsed | 1.061 (.562) | 1.054 (.626) | | | |
| forget | .830 (.455) | 1.078 (.664) | | | |
| diffconc | 1.108 (.587) | 1.006 (.598) | | | |
| tired | 1.059 (.649) | | 1.000 (.562) | | |
| enrgtic | 1.044 (.549) | | .803 (.388) | | |
| worout | 1.070 (.641) | | 1.021 (.561) | | |
| peppy | 1.166 (.673) | | .733 (.388) | | |
| atpeace | 1.207 (.727) | | | 1.000 | |
| feelblue | 1.460 (.817) | | | −.415[b] | |
| happy | 1.212 (.692) | | | −1.005[b] | |
| nervous | 1.376 (.706) | | | −.476[b] | |
| down | 1.477 (.781) | | | .251[b] | |
| afraid | 1.367 (.653) | | | | 1.000 (.574) |
| frust | 1.358 (.679) | | | | .730 (.439) |
| hlthwry | 1.248 (.595) | | | | .983 (.564) |
| Cognition | | | | | |
| Vitality | | | | | |
| Mental health | | | | | |
| Disease worry | | | | | |

The fit statistics are presented in Table 2 and the unstandardized and standardized factor loadings are presented in Table 3. As can be seen from Table 2, $\chi^2(102)$ = 206.79, $p < .001$; RMSEA was .050 (ns); SRMR was .033; and CFI was .975, indicating an adequate fit of the data.

TABLE 2
Summary of Fit Statistics for Bifactor and Second-Order Models
of Quality of Life (Study 1)

| | $\chi^2$ | df | RMSEA | SRMR | CFI | Bifactor vs. Second | | |
|---|---|---|---|---|---|---|---|---|
| | | | | | | $\Delta\chi^2$ | $\Delta df$ | Power |
| Unrestricted four-factor model | 165.99* | 74 | .056 (ns) | .018 | .978 | | | |
| Bifactor model (Figure 1) | 206.79* | 102 | .050 (ns) | .033 | .975 | | | |
| Second-order model with direct effects (Figure 3) | 206.79* | 102 | .050 (ns) | .033 | .975 | | | |
| Second-order model (Figure 2) | 279.35* | 115 | .060 | .040 | .961 | 72.56* | 13 | >.99 |
| Incomplete bifactor model (Figure 4) | 252.10* | 107 | .058 (ns) | .036 | .966 | | | |
| Incomplete second-order model (Figure 5) | 292.62* | 117 | .061 | .053 | .959 | 40.52* | 10 | >.99 |

## （二）问卷修订

潘彦谷等人（2017）通过对重庆地区 10 所小学的两次施测，根据双因子模型对已有小学生心理素质问卷进行修订。双因子模型结果汇报如下：

### （一）双因子验证因素分析结果

初次双因子验证因素分析：删除 24 个质量较差的题项以后，剩余 27 个题项，双因子模型拟合结果较好：$\chi^2 = 757.72$，$df = 297$，CFI $= 0.944$，TLI $= 0.934$，RMSEA $= 0.034$（$90\%$ CI $= 0.031$，$0.037$），SRMR $= 0.033$。

再次双因子验证因素分析：如表 1 所示，27 个题项的双因子模型拟合结果良好：$\chi^2 = 1149.13$，$df = 297$，CFI $= 0.943$，TLI $= 0.932$，RMSEA $= 0.039$（$90\%$ CI $= 0.037$，$0.041$），SRMR $= 0.032$。各题项的标准化负载系数见表 2 和附图。传统单维模型、三维模型以及双因子模型的数据拟合结果的对比见表 1，结果表明双因子模型的数据拟合结果最好，且优于传统单维模型和传统三维模型。

表 1　各种假设模型再次验证的数据拟合结果

| | $\chi^2$ | $df$ | CFI | TLI | RMSEA | SRMR |
|---|---|---|---|---|---|---|
| 传统单维模型 | 2 234.65 | 324 | 0.872 | 0.861 | 0.056 | 0.047 |
| 传统三维模型 | 1 428.70 | 321 | 0.926 | 0.919 | 0.043 | 0.039 |
| 双因子模型 | 1 149.13 | 297 | 0.943 | 0.932 | 0.039 | 0.032 |

表 2　各题项在双因子验证因素分析的标准负载系数

| 题项 | 认知品质 初次 | 认知品质 再次 | 个性品质 初次 | 个性品质 再次 | 适应能力 初次 | 适应能力 再次 | 心理素质一般因子 初次 | 心理素质一般因子 再次 |
|---|---|---|---|---|---|---|---|---|
| 1 | 0.308** | 0.290** | | | | | 0.501** | 0.626** |
| 2 | 0.303** | 0.246** | | | | | 0.508** | 0.640** |
| 3 | 0.282** | 0.322** | | | | | 0.542** | 0.633** |
| 4 | 0.381** | 0.310** | | | | | 0.548** | 0.635** |
| 5 | 0.341** | 0.268** | | | | | 0.612** | 0.673** |
| 6 | 0.418** | 0.390** | | | | | 0.583** | 0.651** |
| 7 | 0.327** | 0.241** | | | | | 0.597** | 0.686** |
| 8 | 0.265** | 0.225** | | | | | 0.608** | 0.653** |
| 9 | 0.332** | 0.284** | | | | | 0.552** | 0.610** |
| 10 | | | 0.143** | 0.037 | | | 0.489** | 0.577** |
| 11 | | | 0.109** | 0.064† | | | 0.507** | 0.484** |
| 12 | | | 0.183** | 0.156†† | | | 0.421** | 0.486** |
| 13 | | | 0.167** | 0.103** | | | 0.577** | 0.666** |
| 14 | | | 0.639** | 0.597** | | | 0.400** | 0.535** |
| 15 | | | 0.253** | 0.274** | | | 0.498** | 0.525** |
| 16 | | | 0.617** | 0.594** | | | 0.442** | 0.537** |
| 17 | | | 0.177** | 0.175** | | | 0.506** | 0.612** |
| 18 | | | 0.295** | 0.314** | | | 0.509** | 0.620** |
| 19 | | | | | 0.072† | 0.139† | 0.440** | 0.599** |
| 20 | | | | | 0.179** | 0.332** | 0.406** | 0.510** |
| 21 | | | | | 0.121* | 0.145** | 0.312** | 0.458** |
| 22 | | | | | 0.082 | 0.221** | 0.256** | 0.387** |
| 23 | | | | | 0.036 | 0.198* | 0.507** | 0.563** |
| 24 | | | | | 0.126** | 0.298** | 0.519** | 0.574** |
| 25 | | | | | 0.116** | 0.196** | 0.562** | 0.602** |
| 26 | | | | | 0.584** | 0.226 | 0.400** | 0.506** |
| 27 | | | | | 0.404** | 0.209 | 0.498** | 0.604** |

注：†$p < 0.10$，*$p < 0.05$，**$p < 0.01$，后面相同，初次，初次验证；再次，再次验证。

# 五、高阶因子模型和双因子模型在教育、心理领域应用中存在的主要问题及建议

## （一）理论假设

对于高阶因子模型和双因子模型的选择，需要根据理论假设进行：如果高阶因

子模型的拟合情况跟双因子模型一样好,且研究的理论假设重在全局构念时,建议选择高阶因子模型,因为高阶因子模型更为简约;如果研究的理论假设重在全局构念与局部构念效标之间的关系,建议选择双因子模型(顾红磊等人,2014)。

如果研究者对理论假设尚不明确,根据常用的模型拟合指数又无法判断使用高阶因子模型还是双因子模型更好,此时如果高阶因子模型的 AIC 和 BIC 更小,则选择高阶因子模型,反之选择双因子模型。

### (二) 校标变量的类型

徐霜雪等人(2017)的研究指出,当效标为显变量时,双因子模型与高阶因子模型都属于无偏估计,没有明显的优劣之分;而当效标为潜变量时,高阶因子模型的结构系数偏差全都小于 10%,而双因子模型中有 50%左右的结构系数偏差,因此效标为潜变量时选择高阶因子模型更有优势。

### (三) 样本量

温忠麟等人(2019)的研究指出,高阶因子模型较难收敛,因此在研究中需要较大的样本量来提高模型收敛性,当样本超过 500 时,高阶因子模型得到的预测偏差基本上在可接受范围,同时也会有较高的检验力。而对于双因子模型,在不满足比例约束条件下,当样本容量为 1 000 时,双因子模型犯第 I 类错误的概率在可接受范围内,而当样本容量为 500 时,有近六成的处理中双因子模型犯第 I 类错误的概率在可接受的范围内。所以使用双因子模型时样本量最好不要低于 500。

## 第四节　因子模型的新进展:ESEM

本节主要从 ESEM 可以解决的问题、建构 ESEM 的基本步骤、ESEM 软件操作、ESEM 结果汇报及 ESEM 在教育、心理领域的应用中存在的主要问题及建议五个层面展现。

### 一、探索性结构方程模型可以解决哪些问题?

ESEM(探索性结构方程模型)是集 EFA 与 CFA 的功能于一体的结构方程模

型,该模型具备了传统 EFA 和 CFA 所具有的功能和优点,还克服了传统 EFA 和 CFA 的缺点,主要特点如下(麦玉娇,温忠麟,2013):ESEM 在探索因子结构时能够提供参数的标准误与因子模型的拟合情况,而这些信息在传统 EFA 中无法提供;传统 CFA 分析将交叉负荷设定为 0,导致因子之间的相关度被高估,且区分度降低,ESEM 能够提供跨因子负荷情况,并且拟合效果更好,获得的结果更接近真实情况。

ESEM 同时包含测量模型和结构模型两部分,在测量模型部分能够进行 CFA 和 EFA 的分析,而在结构模型部分与 SEM 的相同,可以分析各种潜变量关系。

ESEM 在教育学、心理学等研究中的应用大致可以分为三类:探索因子结构、对量表的结构效度进行检验以及分析潜变量间的关系。

**探索因子结构**。《青年团队教练效用量表》(Coaching Efficacy Scale for Youth Sport Teams, CES II - YST)是一个含有 18 道题目的量表,按理论假设可以划分为五个维度。但是在数据分析中,研究者发现过去使用传统因子分析方法未能得到满意的结果,该问卷可能包含六个维度,因此他们使用 ESEM,设定因子数目从 1 到 6 的系列因子模型(M1—M6),分别运行 6 个模型的相应程序进行拟合,查看输出结果,最后,沿用 SEM 嵌套模型的比较方法,同时结合理论假设,找出最优的模型。

**验证结构效度**。由于 CFA 将跨因子负荷固定为 0 的设置会导致对应因子的负荷被高估,因此研究者采用 ESEM 对量表的结构效度进行检验。曾伟楠等人(2014)采用 CFA 与 ESEM 对系统家庭动力量表的结构效度进行检验,提出使用 ESEM 对该量表进行效度检验更具优越性。

**分析潜变量之间的关系**。于晓杰等人(2019)通过理论分析提出理工类高校学生的英语学习动机调控会通过努力程度这一中介变量对英语学习成绩产生间接影响。基于这一理论模型采用 ESEM 对动机调控的结构维度进行探索并在此基础上进行建模分析,探究理论模型是否成立。

## 二、建构 ESEM 的基本步骤

ESEM 的模型设定过程可以概括为以下三个步骤:1. 研究问题;2. 研究假设;3. 建构 ESEM 模型。下面以 OECD 的社会与情感能力测量中的任务表现能力为例作出具体说明。

**研究问题:**在社会与情感能力调查中,要对"任务表现能力"进行测量,首先需要确定"任务表现能力"的测量因子与各因子具体包含的观测指标。

**研究假设:**理论上"任务表现能力"划分为三个维度(因子)毅力、责任感和自控力,三个因子共由 24 道题目构成。

**建构模型:**建立 ESEM 探索"任务表现能力"的因子结构并对模型的结构效度进行验证。ESEM 允许估计所有题目在每个因子上的负荷,根据因子载荷确定每个因子上的测量题目,并根据模型拟合指数确定模型拟合情况,三因子模型见图 8 - 37。

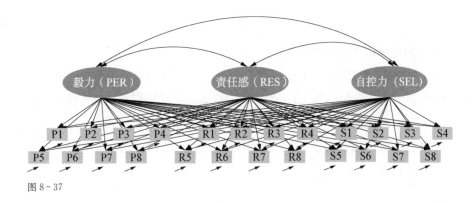

图 8 - 37

由于 ESEM 模型的识别规则、拟合评价指标与修正过程均与第一节 CFA 模型的相关内容一致,此处不再赘述。

## 三、ESEM 软件操作

### (一) 如何在 Mplus 里定义 ESEM?

下面以社会与情感能力调查中的"任务表现能力"测量模型为例进行操作演示。Mplus 命令见图 8 - 38。其中,"MODEL"命令中,"PER RES SEL"为任务表现能力的三个因子,"P1 P2 FP3 P4 FP5 FP6 P7 P8 FR1 R2 FR3 FR4 R5 R6 FR7 FR8 S1 S2 S3 S4 FS5 S6 S7 FS8"为所有观测指标,"( * 1)"表示 PER、RES 和 SEL 为 1 组 EFA 因子。

```
DATA:
  FILE IS C:\Users\Desktop\任务能力CFA\任务能力.dat;
VARIABLE:
  NAMES ARE P1 P2 P3 P4 P5 P6 P7 P8 R1 R2 R3 R4 R5 R6 R7 R8 S1
  S2 S3 S4 S5 S6 S7 S8 FP3 FP5 FP6 FR1 FR3 FR4 FR7 FR8 FS5
  FS8;

  USEVARIABLES=P1 P2 FP3 P4 FP5 FP6 P7 P8 FR1 R2 FR3
  FR4 R5 R6 FR7 FR8 S1 S2 S3 S4 FS5 S6 S7 FS8;

MODEL:
  PER  RES SEL BY P1 P2 FP3 P4 FP5 FP6 P7
  P8 FR1 R2 FR3 FR4 R5 R6 FR7 FR8 S1 S2 S3 S4 FS5 S6 S7 FS8 (*1);

OUTPUT: STANDARDIZED MOD;
```

图 8 - 38

```
Chi-Square Test of Model Fit

    Value                                   2560.035
    Degrees of Freedom                           207
    P-Value                                   0.0000

RMSEA (Root Mean Square Error Of Approximation)

    Estimate                                   0.056
    90 Percent C.I.                      0.054   0.058
    Probability RMSEA <= .05                   0.000

CFI/TLI

    CFI                                        0.925
    TLI                                        0.901

Chi-Square Test of Model Fit for the Baseline Model

    Value                                  31827.427
    Degrees of Freedom                           276
    P-Value                                    0.0000

SRMR (Standardized Root Mean Square Residual)

    Value                                      0.029
```

图 8 - 39

## (二) 如何解读测量模型的结果？

如图 8-39 所示，任务表现能力的 ESEM 模型的 RMSEA＝0.056($<$0.08)，SRMR＝0.029($<$0.06)，CFI＝0.925($>$0.90)，各项指标均达到可接受水平。

图 8-40(非标准化)与图 8-41(标准化)分别为因子"PER"在各个观测指标上的因子载荷、显著性等信息。图 8-42 为非标准化结果模型图，图 8-43 为标准化结果模型图。

MODEL RESULTS

| | | Estimate | S.E. | Est./S.E. | Two-Tailed P-Value |
|---|---|---|---|---|---|
| PER | BY | | | | |
| P1 | | 0.623 | 0.016 | 38.607 | 0.000 |
| P2 | | 0.549 | 0.015 | 35.515 | 0.000 |
| FP3 | | 0.382 | 0.026 | 14.920 | 0.000 |
| P4 | | 0.547 | 0.017 | 31.351 | 0.000 |
| FP5 | | 0.345 | 0.022 | 15.963 | 0.000 |
| FP6 | | 0.258 | 0.024 | 10.685 | 0.000 |
| P7 | | 0.325 | 0.020 | 15.947 | 0.000 |
| P8 | | 0.521 | 0.017 | 31.387 | 0.000 |
| FR1 | | 0.281 | 0.025 | 11.343 | 0.000 |
| R2 | | 0.465 | 0.020 | 23.194 | 0.000 |
| FR3 | | 0.070 | 0.024 | 2.859 | 0.004 |
| FR4 | | 0.297 | 0.025 | 11.971 | 0.000 |
| R5 | | 0.276 | 0.016 | 17.757 | 0.000 |
| R6 | | 0.408 | 0.018 | 23.301 | 0.000 |
| FR7 | | -0.059 | 0.024 | -2.404 | 0.016 |
| FR8 | | 0.016 | 0.018 | 0.906 | 0.365 |
| S1 | | -0.003 | 0.011 | -0.277 | 0.782 |
| S2 | | 0.403 | 0.018 | 22.049 | 0.000 |
| S3 | | 0.353 | 0.022 | 15.935 | 0.000 |
| S4 | | 0.282 | 0.024 | 11.865 | 0.000 |
| FS5 | | -0.257 | 0.026 | -9.752 | 0.000 |
| S6 | | 0.337 | 0.025 | 13.495 | 0.000 |
| S7 | | 0.281 | 0.024 | 11.569 | 0.000 |
| FS8 | | 0.012 | 0.009 | 1.323 | 0.186 |

图 8 - 40

STDYX Standardization

| | | Estimate | S.E. | Est./S.E. | Two-Tailed P-Value |
|---|---|---|---|---|---|
| PER | BY | | | | |
| P1 | | 0.745 | 0.015 | 49.600 | 0.000 |
| P2 | | 0.666 | 0.015 | 44.753 | 0.000 |
| FP3 | | 0.396 | 0.026 | 15.310 | 0.000 |
| P4 | | 0.662 | 0.018 | 36.573 | 0.000 |
| FP5 | | 0.391 | 0.024 | 16.434 | 0.000 |
| FP6 | | 0.285 | 0.026 | 10.878 | 0.000 |
| P7 | | 0.386 | 0.023 | 16.727 | 0.000 |
| P8 | | 0.695 | 0.019 | 36.807 | 0.000 |
| FR1 | | 0.275 | 0.024 | 11.568 | 0.000 |
| R2 | | 0.538 | 0.021 | 25.648 | 0.000 |
| FR3 | | 0.075 | 0.026 | 2.862 | 0.004 |
| FR4 | | 0.308 | 0.025 | 12.162 | 0.000 |
| R5 | | 0.430 | 0.023 | 18.748 | 0.000 |
| R6 | | 0.538 | 0.021 | 25.357 | 0.000 |
| FR7 | | -0.064 | 0.026 | -2.405 | 0.016 |
| FR8 | | 0.019 | 0.020 | 0.906 | 0.365 |
| S1 | | -0.003 | 0.011 | -0.277 | 0.782 |
| S2 | | 0.496 | 0.021 | 23.992 | 0.000 |
| S3 | | 0.423 | 0.026 | 16.426 | 0.000 |
| S4 | | 0.329 | 0.027 | 12.082 | 0.000 |
| FS5 | | -0.249 | 0.025 | -9.883 | 0.000 |
| S6 | | 0.352 | 0.025 | 13.944 | 0.000 |
| S7 | | 0.344 | 0.029 | 11.719 | 0.000 |
| FS8 | | 0.012 | 0.009 | 1.323 | 0.186 |

图 8 - 41

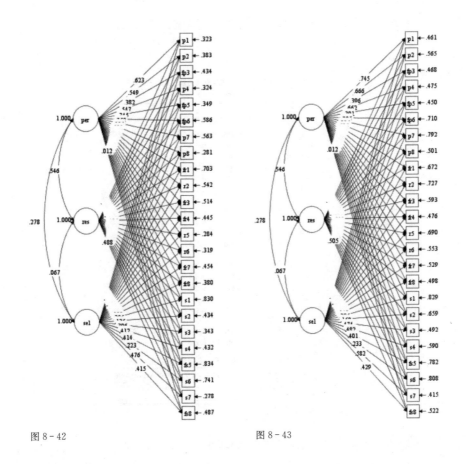

图 8 - 42                                        图 8 - 43

## 四、ESEM 结果汇报

ESEM 是集 EFA 与 CFA 的功能于一体结构方程模型,其研究结果既包含 EFA 分析中的因子载荷,又包含 CFA 分析中的模型拟合指数,因此在结果汇报时,要根据研究问题的需要,对研究结果进行筛选与汇报。就 ESEM 常见的三种应用而言,在探索因子结构和验证结构效度时,因子载荷和模型拟合指数都是必要的汇报部分,而当 ESEM 应用于分析潜变量间的关系时,侧重的则是模型拟合优度,因此只需要对其模型拟合指数进行汇报即可。以下是文章中 ESEM 的结果汇报示例。

### (一) 验证结构效度

王小慧等人(2019)分别采用 ESEM 和 CFA 对 435 名普通青少年和 295 名听

觉障碍青少年进行施测，比对分析网络友谊质量问卷的结构效度。

ESEM 结果汇报如下：

表4　基于 ESEM 的系统家庭动力量表的因子负荷表

| 条目 | 因子负荷 | | | |
|---|---|---|---|---|
| | 1 | 2 | 3 | 4 |
| 家庭气氛 | | | | |
| FA1 | **0.456** | 0.042 | −0.022 | 0.147 |
| FA2 | **0.640** | 0.046 | −0.021 | 0.088 |
| FA3 | **0.466** | −0.091 | 0.444 | −0.018 |
| FA4 | **0.490** | −0.050 | 0.375 | −0.052 |
| FA5 | **0.712** | 0.007 | −0.055 | −0.051 |
| FA6 | **0.435** | 0.221 | 0.034 | 0.055 |
| FA7 | **0.656** | 0.129 | −0.010 | −0.031 |
| FA8 | **0.773** | 0.026 | 0.040 | 0.014 |
| FA9 | **0.440** | 0.094 | 0.042 | 0.183 |
| FA10 | **0.374** | 0.054 | 0.500 | −0.039 |
| FA11 | **0.392** | 0.021 | 0.486 | 0.055 |
| 个性化 | | | | |
| IN1 | 0.041 | **0.608** | −0.099 | −0.030 |
| IN2 | 0.133 | **0.565** | −0.004 | 0.005 |
| IN3 | 0.078 | **0.598** | −0.080 | −0.006 |
| IN4 | 0.036 | **0.517** | −0.031 | −0.015 |
| IN5 | −0.158 | **0.466** | 0.033 | 0.072 |
| IN6 | 0.184 | **0.404** | 0.094 | 0.125 |
| IN7 | −0.307 | **0.369** | 0.283 | −0.018 |
| IN8 | 0.013 | **0.372** | 0.424 | 0.067 |

表1　CFA 和 ESEM 模型各项拟合指数汇总表

| 模型 | $x^2/df$ | CFI | TLI | RMSEA | 90% CI RMSEA | SRMR |
|---|---|---|---|---|---|---|
| CFA | 7814.470/371 | 0.780 | 0.760 | 0.058 | 0.057~0.059 | 0.068 |
| ESEM | 2514.939/296 | 0.935 | 0.910 | 0.035 | 0.034~0.037 | 0.023 |

## （二）探索因子结构与分析潜变量间的关系

于晓杰等人（2019）在探究理工类高校学生英语学习动机调控策略时采用我 ESEM 方法来探究学生动机调控的结构维度，并在此基础上，将"动机调控"作为自变量，"学业成就"作为因变量，"努力程度"作为中介变量，对中介效应进行检验。

因子结构探索的 ESEM 结果汇报如下：

在第二个因子上主要有7个题目负荷较高，因子负荷分别为0.563，0.453，0.596，0.595，0.469，0.683，0.538，这七道题主要反映的是学习者通过控制自身的表现目标来提升动机的策略，因此属于"表现目标调控"（Regulation performance goals）范畴。

第三个因子主要包含6个题目，其因子负荷均高于或等于0.4（0.631,0.637,0.448,0.638,0.724,0.400）。该维度是学习者通过找出英语学习与自身兴趣或生活的联系来维持其学习动机的策略，属于"兴趣提升"（Interest enhancement）。这说明理工类专业

表 1　不同模型的拟合指数

| Model | $x^2$ | p | df | RMSEA | SRMR | TLI | CFI |
|---|---|---|---|---|---|---|---|
| ESEM | 560.315 | <0.05 | 318 | 0.050 | 0.028 | 0.903 | 0.942 |
| CFA | 994.773 | <0.05 | 474 | 0.060 | 0.056 | 0.861 | 0.875 |
| Model A | 681.557 | <0.05 | 403 | 0.048 | 0.031 | 0.902 | 0.937 |
| Model B | 111.426 | <0.05 | 33 | 0.08 | 0.05 | 0.898 | 0.925 |

将 ESEM 应用于潜变量间的分析研究结果汇报如下：

为方便读者明晰文章作者的模型设定，笔者绘制了简易的模型图，受制于篇幅，笔者对自变量的潜变量与观测指标进行了缩减，仅通过两个潜变量与 6 个观测指标来表达 ESEM 模型的设定。见图 8 - 44。

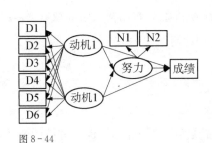

图 8 - 44

**（二）动机调控的中介效果检验**

为了验证本研究提出的第二个假设，我们仍旧使用 Mplus6.11 建立了动机调控与努力程度和英语四级考试成绩之间的结构方程模型 Model A，其中动机调控是该模型中的自变量，其模型仍使用 ESEM 结构，努力程度为中介变量，由 2 个观测变量组成，四级考试成绩为因变量，由一个观测变量定义。结果显示，模型的各项拟合指标较好（CFI=0.937，TLI=0.902，RMSEA=0.048<0.05，SRMR=0.031<0.05），模型可以接受。但是通过考察各个路径的显著性，我们发现有些动机调控因子对于中介变量努力程度的影响不显著，而努力程度对于四级成绩的影响只是接近显著（p=0.052>0.05，$R^2$=0.043），该模型结果无法验证假设二。

表 1 不同模型的拟合指数

| Model | $x^2$ | p | df | RMSEA | SRMR | TLI | CFI |
|---|---|---|---|---|---|---|---|
| ESEM | 560.315 | <0.05 | 318 | 0.050 | 0.028 | 0.903 | 0.942 |
| CFA | 994.773 | <0.05 | 474 | 0.060 | 0.056 | 0.861 | 0.875 |
| Model A | 681.557 | <0.05 | 403 | 0.048 | 0.031 | 0.902 | 0.937 |
| Model B | 111.426 | <0.05 | 33 | 0.08 | 0.05 | 0.898 | 0.925 |

## 五、ESEM 在教育、心理领域的应用中存在的主要问题及建议

### （一）理论基础

在研究者不清楚因子结构划分的理论基础时，直接采用 ESEM 进行结构探索会耗费大量精力，此时可先借助 EFA 来确定因子数目上限。而当研究者已充分掌握因子划分的理论基础时，可以直接采用 CFA 进行结构验证以简化研究。只有当传统 EFA 或 CFA 不能拟合理论假设的因子模型时或 CFA 和 EFA 产生不一致因子模型时，可以考虑 ESEM（麦玉娇，温忠麟，2013）。

### （二）交叉负荷选择

交叉负荷是结构方程分析中的重要指标，但是不同的分析方法对交叉负荷的要求不一样（Wei et al.，2022）。在缺乏足够的交叉负荷先验信息的情况下，而目

标载荷相对较大(例如≥0.70),建议使用 ESEM。如果研究人员对识别交叉负荷感兴趣,选择 ESEM 更好。但是当目标载荷很小时(例如＝0.55),应该避免使用 ESEM,因为在估计路径系数时可能存在极端的偏差。

### (三) 样本量问题

CFA 和 ESEM 分析中常用的最大似然是基于大样本理论与正态分布假设的。因此在样本量较小时,如样本量与估计参数数量的比率低至 2 或 3 时,不宜使用 CFA 与 ESEM 进行分析(Xiao et al. ,2019)。

# 第五节　结语

本章主要围绕"因子分析"这一主题展开,首先介绍了因子分析的两种基本类型:相关因子分析和高阶因子分析;随后介绍了因子分析模型的两个新进展:探索性结构方程模型(ESEM)和双因子模型(Bi-facor)。每一部分都对模型所能解决的问题、模型的特点(优缺点)、模型建构的基本步骤、模型的 Mplus 软件操作、模型的结果汇报以及模型在教育学、心理学实证研究应用中可能存在的主要问题和建议进行了说明介绍。

下面对本章所讲的因子分析模型以"任务表现能力"为例,做一个简单的总结见表 8-3。

表 8-3　因子分析方法及其各自的优缺点总结

| 方法 | 问题 | 优缺点 |
| --- | --- | --- |
| 验证性因子分析 | "任务表现能力"这一测评工具是否具有良好的结构效度? | 理论驱动型分析,可以对不同的理论模型进行比较和选择,且能为等值性检验提供条件;但在现实应用中容易出现原因结果模型和反射模型的误用。 |
| 高阶因子模型 | 当"毅力""责任感""自控力"三个因子高度相关时,是否存在一个更高阶的一般因子(任务表现能力)来解释三个子能力之间的相关关系? | 当一阶因子高度相关时,可以使用高阶因子来解释低阶因子之间的关系,且高阶模型比一阶模型更简约;但模型较难拟合,且过于强调维度之间的共同性,忽略了差异性。 |

（续表）

| 方法 | 问题 | 优缺点 |
| --- | --- | --- |
| 双因子模型 | 对于"任务表现能力"的测量，如何在顾及量表全面概括性的同时，保证各维度的清晰性与准确性？即既反映出子能力之间的共同性，又体现出子能力之间的差异性？ | 既可以通过全局因子测量题目之间的共同性，又能探究局部因子对效标的独立预测作用；但模型需要估计的参数较多，模型更为复杂。 |
| 探索性结构方程 | "任务表现能力"量表的结构是怎样的？即测量"任务表现能力"的24道题目可以划分为几个维度？划分维度后的测评工具是否具有良好的结构效度？ | 同时具备了传统 EFA 和 CFA 所具有的功能和优点，并且拟合效果更好，获得的结果更接近真实情况；但样本量较小时不宜使用。 |

# 参考文献

Beauducel，A.，& Wittmann，W. W.（2005）. Simulation study on fit indexes in CFA based on data with slightly distorted simple structure. *Structural Equation Modeling-a Multidisciplinary Journal*，12(1)，41-75.

Chen，F. F.，Sousa，K. H.，& West，S. G.（2005）. Testing measurement invariance of second-order factor models. *Structural Equation Modeling-a Multidisciplinary Journal*，12(3)，471-492.

Chen，F. F.，West，S. G.，& Sousa，K. H.（2006）. A comparison of bifactor and second-order models of quality of life. *Multivariate Behavioral Research*，41(2)，189-225.

Chu，K. H. L.（2008）. A factorial validation of work value structure：Second-order confirmatory factor analysis and its implications. *Tourism Management*，29(2)，320-330.

Comrey，A. L.，& Lee，H. B.（1994）. *A first course in factor analysis*（*2nd ed.*）. Hillsdale，NJ：Lawrence Erlbaum.

Heene，M.，Hilbert，S.，Draxler，C.，Ziegler，M.，& Buhner，M.（2011）. Masking misfit in confirmatory factor analysis by increasing unique variances：A cautionary note on the usefulness of cutoff values of fit indices. *Psychological Methods*，16(3)，319-336.

MacCallum，R. C.，Widaman，K. F.，Zhang，S. B.，& Hong，S. H.（1999）. Sample size in factor analysis. *Psychological Methods*，4(1)，84-99.

Reise，S. P.，Moore，T. M.，& Haviland，M. G.（2010）. Bifactor models and rotations：Exploring the extent to which multidimensional data yield univocal scale scores. *Journal of Personality Assessment*，92(6)，544-559.

Wei，X. Y.，Huang，J. S.，Zhang，L. J.，Pan，D.，& Pan，J. H.（2022）. Evaluation and comparison of SEM，ESEM，and BSEM in estimating structural models with potentially unknown cross-loadings. *Structural Equation Modeling-a Multidisciplinary Journal*，29(3)，327-338.

Xiao，Y.，Liu，H. Y.，& Hau，K. T.（2019）. A comparison of CFA，ESEM，and BSEM in test structure analysis. *Structural Equation Modeling-a Multidisciplinary Journal*，26(5)，665-677.

顾红磊，温忠麟，方杰.（2014）.双因子模型：多维构念测量的新视角.*心理科学*，37(04)，973-979.

李臣之,梁舒婷,郭晓明.(2022)."品德与公民"课程在多大程度上影响学生的国家认同?——基于澳门中小学生的实证调查.*华东师范大学学报(教育科学版)*,40(02),57-70.

麦玉娇,温忠麟.(2013).探索性结构方程建模(ESEM):EFA 和 CFA 的整合.*心理科学进展*,21(05),934-939.

潘彦谷,张大均,武丽丽.(2017).小学生心理素质问卷的修订及验证——基于双因子模型.*西南大学学报(社会科学版)*,43(02),127-133.

孙晓军,周宗奎.(2005).探索性因子分析及其在应用中存在的主要问题.*心理科学(06)*,162-164+170.

王华,缴润凯.(2017).大学生职业生涯管理能力问卷的编制及信效度检验.*心理与行为研究*,15(06),793-798.

王孟成.(2014).*潜变量建模与 Mplus 应用:基础篇*.重庆:重庆大学出版社.

王青,彭雅楠.(2017).大学生正念主体性量表编制研究.*华东师范大学学报(教育科学版)*,35(05),146-154+163.

王双,胡碧颖,范息涛,宋占美.(2019).双因子模型下的幼儿园师幼互动研究.*教师教育研究*,31(06),56-63.

王小慧,苏雪云,蓝森森.(2019).探索性结构方程模型(ESEM)在网络友谊质量问卷中的应用.*基础教育*,16(05),93-102.

温忠麟,汤丹丹,顾红磊.(2019).预测视角下双因子模型与高阶因子模型的一般性模拟比较.*心理学报*,51(03),383-391.

徐霜雪,俞宗火,李月梅.(2017).预测视角下双因子模型与高阶模型的模拟比较.*心理学报*,49(08),1125-1136.

徐秀娟,倪进东,王效军.(2013).基于二阶验证性因子分析的 SF-36 量表结构效度的分析.*中国卫生统计*,30(06),846-848.

于晓杰,惠良虹,胡亦奇,张璟瑶.(2019).基于 ESEM 的理工类高校学生英语学习动机调控实证研究.*教育现代化*,6(68),244-249.

曾伟楠,赵旭东,万崇华,马泽威,于磊.(2014).探索性结构方程在系统家庭动力量表中的应用.*中国卫生统计*,31(06),936-938.

张大均,张娟.(2018).大学生心理素质问卷(简化版)的修编及信效度检验——基于双因子模型.*西南大学学报(社会科学版)*,44(05),84-89+191.

张静,唐一鹏,郭家俊,邵志芳.(2021).中国青少年社会与情感能力测评之技术报告.*华东师范大学学报(教育科学版)*,39(09),109-126.

赵必华,顾海根.(2010).心理量表编制中的若干问题及题解.*心理科学*,33(06),1467-1469.

郑锋,侯志阳.(2011).城市老年人居家养老服务的现状模型——基于结构方程中高阶因子的实证分析.*北京邮电大学学报(社会科学版)*,13(01),80-85.

# 第九章　教育研究中多层线性模型的应用与勘误

吕　晶

多层线性模型(hierarchical linear modeling，HLM；Lindley & Smith，1972)又称混合线性模型(mixed linear model，MLM)，在心理学、教育学等诸多学科领域有着广泛的应用。与传统回归模型相比，由于 HLM 考虑到来自不同层次的随机误差和变量信息，因此其在分析具有群组层级结构的数据方面有很大的优势。教育学某些领域研究中的数据往往具有层次性，因此许多教育学研究需要多层线性模型的辅助。本章对多层线性模型的相关核心概念、基本原理及其应用和勘误进行探讨，着重对如何规避一些应用中容易出错的细节进行讨论。

## 第一节　多层线性模型的相关概念与原理

HLM 是一种复杂形式的普通最小二乘(OLS)回归，用于分析当预测变量处于不同的分层水平时的结果变量的方差(Woltman et al.，2012)。用 HLM 既可分析同一层次数据内部的方差变化等，也可以分析不同层次数据之间的关系，从而能有效地解释不同层次变量之间的差异。多层线性模型(HLM)不仅适用于不同级别的嵌套关系，也可被用来分析基于纵向数据的增长模型，进而评估其随时间的变化情况。在进行应用与勘误分析前，有必要对多层线性模型的相关概念，包括多层数据结构、组内相关性(the intraclass correlation，ICC)、信度、组内或组间回归，进行简要介绍，对两层结构模型、增长模型等原理进行梳理。

### 一、多层线性模型的相关概念

#### (一) 多层数据结构

若某数据集是由具有多个层级的层次嵌套系统的数据构成，那么这个数据集的数据结构就是多层的。这里的层次嵌套是指低一层次的数据会受高一层次数据的影响。例如,从 10 个学校抽取 3000 名学生的数据进行分析,发现有些学校学生的成绩均值显著高于另一些学校。而学生成绩的高低受到学生自我效能感的影响,拥有较高自我效能感的学生成绩会更好。一些私立学校无论学校本身还是学生家庭的经济水平都显著高于一些农民工学校,导致这些私立学校学生的自我效能感较高,进而拥有更好的平均成绩。同时,学校的整体自我效能感与学校的经济水平相关,而学生的成绩又受到自我效能感的影响。因此,学生就被认为是嵌套于学校中。

教育科学中的许多数据集是具有多层次结构的。如,一个数据集中既有学生层面的数据,又有班级和学校层面的数据。若忽略班级数据,将学生简单地嵌套于学校,那么,学生数据代表了数据结构的第 1 层,学校数据代表了数据结构的第 2 层。若学生嵌套于班级,班级嵌套于学校,那么,学生数据代表了数据结构的第 1 层,班级数据代表了数据结构的第 2 层,学校数据代表了数据结构的第 3 层。又如,在研究教育经济问题时,数据集中既有个体层面数据,又有省份和经济区域(如华中、华东、华南、华北)的数据。个体嵌套于省份,省份嵌套于经济区域。同理,个体数据代表了该数据结构的第 1 层,省份数据代表了该数据结构的第 2 层,经济区域数据代表了该数据结构的第 3 层。这些数据集都属于多层数据结构。

### (二) 组内相关性

属于同一组的个体之间的相似性程度可用组内相关系数(ICC)来表示。

下面是研究不同学校学生成绩差异的一个简单的随机效应方差分析(ANOVA)模型(方程 1)。在该模型中,$Y_{ij}$ 代表第 j 个学校第 i 个学生的成绩,$\mu$ 代表学生成绩的总体平均值,$U_j$ 代表学校对学生成绩的具体影响,$r_{ij}$ 代表第 j 个学校内第 i 个学生成绩的残差。假设所有变量都是独立的,那么组间(学校)效应 $U_j$ 具有总体均值 0 和总体方差 $\tau^2$($\tau^2$ 为组间方差),残差 $r_{ij}$ 具有总体均值 0 和总体方差 $\sigma^2$($\sigma^2$ 为组内方差)。这里,组内方差是学校内部学生成绩相较于其真实均值的方差,组间方差是各学校成绩真实值之间的方差。$Y_{ij}$ 的总方差是组内方差($\sigma^2$)和组间方差($\tau^2$)的和(公式 2)。

$$Y_{ij} = \mu + U_j + r_{ij} \qquad (1)$$

$$\mathrm{Var}(Y_{ij}) = \sigma^2 + \tau^2 \tag{2}$$

因此,组内相关性系数 $\rho_1$ 可被定义为

$$\rho_1 = \frac{组间方差}{总方差} = \frac{\tau^2}{\sigma^2 + \tau^2} \tag{3}$$

即 $\rho_1$ 是组间层面的方差占总方差的比例。$\rho_1$ 被称为组内相关性系数,是因为它等同于一个随机抽取的组(学校)中两个随机抽取的个体(学生)的数据值(成绩值)之间的相关性。$\rho_1$ 可以是 0,也可以是 0~1 之间的正数。当 $\rho_1$ 为 0 时,说明组间没有差异,组间变量对因变量的影响不显著(学校间的差异对成绩几乎没有影响)。

### (三) 信度

测量的信度通常被定义为采用同样的方法对同一被试进行重复测量所得结果的一致性程度,即一组测量值真实方差与其观测方差的比。这里,某被试测量的观测值可视为是嵌套在该被试中。那么,对单一观测对象而言,模型(方程 1)的信度就是它的组内相关性系数,即

$$\lambda_j = \rho_1 = \frac{\tau^2}{\sigma^2 + \tau^2} (n_j = 1) \tag{4}$$

如果对每一个组(学校)进行多次测量,这些测量值将构成一组测量值,并会拥有一个组平均值 $\overline{Y}_{\cdot j}$。对这个组平均值 $\overline{Y}_{\cdot j}$ 而言,其信度公式中的"真实值的方差"是指"$\mu + U_j$"的真实值的方差,"观测值的方差"是指观测到的各组平均值 $\overline{Y}_{\cdot j}$ 的方差。那么,$\overline{Y}_{\cdot j}$ 的信度可表示为

$$\lambda_j = \frac{\tau^2}{\tau^2 + \sigma^2/n_j} = \frac{n_j \rho_1}{1 + (n_j - 1)\rho_1} \tag{5}$$

这里,$n_j$ 为第 $j$ 组的样本量。通过公式(5)可看出,组变量平均值($\overline{Y}_{\cdot j}$)的信度($\lambda_j$)会随着每个组的个体数的增加而增加。若 $n_j$ 非常大且 $\rho_1$ 为正,则 $\lambda_j$ 会更接近于 1。当 $n_j = 1$ 时,我们就无法区分组内方差和组间方差。

### (四) 组内、组间回归

在多层结构中,两个变量之间的关系在不同层次结构上通常是不同的。假定

有自变量 X 和因变量 Y。当比较同一组中两个个体在变量 X 影响下的差异时,两个个体 Y 值的预期差异可通过 X 作用于 Y 的组内回归方程来估计。而 X 作用于 Y 的组间回归方程则被用来估计组间平均值 $\overline{Y}_{\cdot j}$ 的差异。组内相关被定义为组内个体间的相关性,组间相关被定义为各组均值间的相关性。总体的回归方程和相关需要通过组内、组间的回归方程和相关来计算获得。下面将进一步阐述这些关系。

以两层模型为例,设定 Y 为因变量,$Y_{ij}$ 为第 j 组第 i 个个体的因变量值,X 为自变量,$X_{ij}$ 为第 j 组第 i 个个体的 X 变量的观测值。$\overline{X}_{\cdot j}$ 为第 j 组的所有个体自变量的平均观测值,$\overline{Y}_{\cdot j}$ 为第 j 组的所有个体因变量的平均观测值。$\mu_x$ 和 $\mu_y$ 分别代表变量 X 和 Y 的总体平均数。$U_{xj}$ 和 $U_{yj}$ 分别代表第 j 组变量 X 和 Y 的组间主效应,且与其相关联的组内残差分别是 $r_{xij}$ 和 $r_{yij}$。与方程(1)类似,可得到关于自变量 X 和因变量 Y 的如下线性回归方程

$$X_{ij} = \mu_x + U_{xj} + r_{xij} \tag{6}$$

$$Y_{ij} = \mu_y + U_{yj} + r_{yij} \tag{7}$$

假定在两层模型中,每一个组都有相同的样本量 n。那么,变量 X 和 Y 的组间主效应的相关为

$$\rho_{组间} = \rho(U_{xj}, U_{yj}) \tag{8}$$

其组内方差的相关为

$$\rho_{组内} = \rho(r_{xij}, r_{yij}) \tag{9}$$

需要注意的是,变量 X 和 Y 的组间主效应很可能不同,所以对不同变量而言,其组内的相关性也可能会有所不同。这里,我们把变量 X 和 Y 的组内相关性分别用 $\rho_{1x}$ 和 $\rho_{1y}$ 来表示。

假定组内回归系数($\beta_{组内}$)对每一个组都相同,那么在个体层面自变量 X 对因变量 Y 的影响的线性回归方程可写成

$$Y_{ij} = \mu_y + U_{yj} + \beta_{组内}(X_{ij} - \mu_x - U_{xj}) + r \tag{10}$$

这里的组内回归系数($\beta_{组内}$)也反映协方差分析(ANCOVA)方法中 X 变量对

多层数据 Y 的影响。同理,在组层面,组间回归系数($\beta_{组间}$)反映 X 变量的组间主效应 $U_x$ 对 Y 变量的组间主效应 $U_y$ 的影响,其回归方程可写成

$$U_{yj} = \beta_{组间} U_{xj} + u \tag{11}$$

这里,u 是组层面的残差。

将方程(10)和(11)合并,并用总体回归系数($\beta_{总}$)来表征变量 X 对多层数据 Y 的影响。那么,对个体层面的数据,回归方程可写为

$$Y_{ij} = \mu_y + \beta_{总}(X_{ij} - \mu_x) + r \tag{12}$$

这里,

$$\beta_{总} = \rho_{1x}\beta_{组间} + (1 - \rho_{1x})\beta_{组内} \tag{13}$$

对组层面的数据,用组间均值回归系数($\beta_{组间均值}$)表征组均值变量 $\overline{X}_{.j}$ 对多层数据均值 $\overline{Y}_{.j}$ 的影响,回归方程可写为

$$\overline{Y}_{.j} = (\mu_y + U_y) + \beta_{组间均值}(\overline{X}_{.j} - \mu_x - U_x) + u' \tag{14}$$

这里,

$$\beta_{组间均值} = \lambda_{xj}\beta_{组间} + (1 - \lambda_{xj})\beta_{组内} \tag{15}$$

此处的 $\lambda_{xj}$ 可由公式(5)得到。合并公式(13)和(15),可得

$$\beta_{总} = \eta_x^2\beta_{组间均值} + (1 - \eta_x^2)\beta_{组内} \tag{16}$$

这里

$$\eta_x^2 = \frac{\rho_{1x}}{\lambda_{xj}} = \rho_{1x} + \frac{1}{n}(1 - \rho_{1x}) \tag{17}$$

所以,每组的平均样本量(n)越大,组内相关和组间相关的相关比($\eta_x^2$)就越接近于组内相关系数($\rho_{1x}$)。

需要注意的是,倘若 X 是一个只针对个体层面数据的变量,那么 $\beta_{总}$ 就是 $\beta_{组内}$。同理,倘若 X 是一个只针对组层面数据的变量,那么 $\beta_{总}$ 就是 $\beta_{组间}$。然而,实际上 X 变量通常是既针对个体层面的数据也针对组层面的数据。

## 二、两层结构模型

两层结构模型的建立通常先从建立和检验无条件模型（unconditional model，也称虚无模型，null model)开始，然后在无条件模型上增加条件（即各层的干预变量)，进而探究整体模型的情况。

### （一）无条件模型

无条件两层模型是最基本的两层结构模型。该模型没有任何预测变量，仅按层次结构显示模型。其形式如方程组(18)所示

$$\begin{cases} Y_{ij} = \beta_{0j} + r_{ij} & \text{第一层模型} \\ \beta_{0j} = \gamma_{00} + u_{0j} & \text{第二层模型} \\ Y_{ij} = \gamma_{00} + r_{ij} + u_{0j} & \text{混合模型} \end{cases} \tag{18}$$

在第一层中，$Y_{ij}$ 代表第 j 组的第 i 个个体的因变量 Y 的值，$\beta_{0j}$ 是对应第 j 组的第一层回归模型的截距，$r_{ij}$ 是第一层回归的残差。在第二层中，第一层回归中的截距 $\beta_{0j}$ 变成了第二层回归模型中的因变量，$\gamma_{00}$ 是其回归模型的截距，也是总体平均数，$u_{0j}$ 是第二层回归的残差。随机参数 $u_{0j}$ 的存在是组间存在差异的原因。模型(18)的条件假设为：$(1) r_{ij} \sim N(0, \sigma^2)$；$(2) u_{0j} \sim N(0, \tau_0^2)$；$(3) Cov(u_{0j}, r_{ij}) = 0$。

首先分析无条件模型第二层的结果变量的方差是否显著不等于 0。若 $u_{0j}$ 的方差显著不等于 0，则说明组与组之间有差异，有必要用 HLM。若组与组之间没有差异，则没有必要探讨组间差异，也就不需要用到 HLM。检测组间方差是否等于 0 主要是比较没有随机效应的模型 ($Y_{ij} = \gamma_{00} + r_{ij}$，固定效应模型)和有随机效应的模型 ($Y_{ij} = \gamma_{00} + r_{ij} + u_{0j}$)的拟合效果是否有显著差异，即卡方差异检验($\chi^2 -$ difference test)的结果是否显著。如果该结果在统计学上具有显著性，则表明分组层面的结果变量存在差异，适合运用 HLM 来分析数据。

此外，还可以通过计算 ICC 来确定因变量 Y 的总体差异有多少比率是归因于组间差异的。可以根据公式(3)可得出无条件模型的 ICC 系数，即

$$\rho_1 = \frac{\tau^2}{\sigma_2 + \tau_2} = \frac{var(u_{0j})}{var(u_{0j}) + var(r_{ij})} \tag{19}$$

学术界对于通过 ICC 来判断组间是否有差异并没有提出一个有共识的临界

值。但是如果 ICC 非常低(如 1％),那么 HLM 与传统回归分析的结果相比就没有什么区别,也没有必要应用 HLM。

### (二) 条件模型

确定了无条件模型中的结果变量具有组间差异后,把需要分析的第一层和第二层的自变量(即预测变量、调节变量或控制变量)分别插入到无条件模型中其对应层次的回归模型中,形成一个完整的、有条件的两层结构模型。这里,我们将自变量 X 插入到无条件模型(18)的第一层回归模型中,同时把自变量 G 插入到其第二层回归模型中,即 X 是个体层面的变量,而 G 是组(群体)层面的变量。得到的两层结构模型为

$$\begin{cases} Y_{ij} = \beta_{0j} + \beta_{1j}X_{ij} + r_{ij} & \text{第一层模型} \\ \beta_{0j} = \gamma_{00} + \gamma_{01}G_j + u_{0j} & \text{第二层模型} \\ \beta_{1j} = \gamma_{10} + \gamma_{11}G_j + u_{1j} \end{cases} \tag{20}$$

$$Y_{ij} = \gamma_{00} + (\gamma_{10} + u_{1j})X_{ij} + \gamma_{11}X_{ij}G_j + \gamma_{01}G_j + r_{ij} + u_{0j} \quad \text{混合模型}$$

其中,$\beta_{1j}$ 第一层回归模型中对应自变量 X 的斜率,$\gamma_{01}$ 是第二层的自变量 G 对因变量 Y 的主效应,$\gamma_{10}$ 是第一层自变量 X 对因变量 Y 的主效应的固定效应,$\gamma_{11}$ 是第一层的自变量 X 和第二层的自变量 G 对因变量 Y 的交互作用,$u_{1j}$ 是第一层自变量 X 对因变量 Y 的主效应的随机效应。需要注意的是,受新插入变量的影响,模型(20)与模型(18)中的 $r_{ij}$ 和 $u_{0j}$ 的值是不同的。此外,每添加一个个体层面的自变量,在第二层的模型中就会有一个与之对应的 $\beta$,即每个第一层回归中的自变量都有其相对应的第二层的回归方程。

HLM 模型遵循的条件假设包括两个方面,即残差假设和预测变量假设(如表 9-1)。那么,模型(20)遵循的条件假设包括:(1)$r_{ij} \sim N(0, \sigma_2)$;(2)$\begin{bmatrix} u_{0j} \\ u_{1j} \end{bmatrix} \sim N_2(0,$ $\Sigma)$,$\Sigma = \text{Var}\begin{bmatrix} u_{0j} \\ u_{1j} \end{bmatrix}$;(3)$\text{Cov}(u_{0j}, r_{ij}) = 0$, $\text{Cov}(u_{1j}, r_{ij}) = 0$, $\text{Cov}(u_{0j}, u_{1j}) = 0$;(4)第一层的自变量 X 分别与 $r_{ij}$、$u_{1j}$ 相互独立;(5)第二层的自变量 G 与第二层的残差($i.e.$, $u_{0j}$, $u_{1j}$)相互独立。

表 9-1  HLM 的条件假设

| 残差假设 | 预测变量假设 |
| --- | --- |
| 第一层的残差独立且服从均值为 0,方差为 $\sigma^2$ 的正态分布 | 第一层的预测变量与第一层的残差相互独立 |
| 高层次的残差独立且服从均值为 0,方差为 $\tau^2$ 的多元正态分布 | 高层次的预测变量与其同层次的残差相互独立 |
| 不同层次的残差相互独立 | 每一层的预测变量都与其他层的随机效应独立 |

将预测变量(如 X,W)加入到无条件模型中后,我们需要估计条件模型的拟合优度,即"pseudo $R^2$",从而确定因变量 Y 的波动有多少百分比能被预测变量的波动所影响。"pseudo $R^2$"通过将无条件模型中的方差分量与条件模型中的相同方差分量相比,提供了有关预测变量对因变量影响的信息。"Pseudo $R^2$"的值可通过公式(21)得到

$$\text{Pseudo } R^2 = \frac{(\sigma^2_{\text{无条件模型}} - \sigma^2_{\text{条件模型}})}{\sigma^2_{\text{无条件模型}}} \tag{21}$$

公式(21)可估算出条件模型(20)相较于无条件模型(18)因预测变量而减少的随机参数中未解释的方差的比例。

### (三) 中心化

在 HLM 中,当预测变量(或调节变量)没有真正 0 点时,往往需要对预测变量(或调节变量)的数据做中心化处理。如果不对数据做任何中心化处理,那么在模型(20)中的第一层模型 (i. e., $Y_{ij} = \beta_{0j} + \beta_{1j}X_{ij} + r_{ij}$) 中,截距 $\beta_{0j}$ 就表示当预测变量 $X_{ij}$ 的值为 0 时 $Y_{ij}$ 的均值。然而,在应用中,预测变量(或调节变量)往往并没有实际零值存在。例如,分析学生每周平均睡眠时间对学习成绩的影响,其中,每周平均睡眠时间 $X_{ij}$ 通常不会取到 0 值,那么得到的 $X_{ij}$ 取 0 值情况下的 $Y_{ij}$ 的均值并没有实际意义。这时需要对 $X_{ij}$(学生每周平均睡眠时间)这个变量做中心化处理,使其具有真正的 0 点。另一方面,对数据做中心化处理也可以增强预测变量(或调节变量)之间的独立性,从而减小预测变量(或调节变量)之间存在多重共线性的风险(Kromrey & Foster-Johnson, 1988)。中心化会改变我们

对模型中截距(第一层模型的截距)的解释,但并不会导致模型被错误识别和估计。

然而,对变量进行中心化处理时,中心化处理方式的选择是十分重要的,因为中心化处理改变了我们对截距的解释,同时也可能改变整个模型。在两层结构模型中,对变量进行中心化处理主要包含两种方式,即以整体均值(个体层面)为中心或以组均值(群体层面)为中心。在任何层面,变量都可以通过从每个数据中减去总体平均值(该变量所有个体的均值)来完成以整体均值为中心的中心化处理。以总体均值做中心化变换是简单的线性变换,不改变模型拟合结果。其变换后的截距表示数据集中所有个体因变量的平均值。以组为中心是指从更高层面的组(如学校)中减去该组内所有个体层面的平均值。因此,以组均值做中心化处理只针对在 HLM 较低层级输入的预测变量,不能对较高层级的预测变量(或调节变量)做组均值中心化。需要注意的是,以组均值做中心化变换并不是对变量做简单的线性变换,它会改变整个模型,进而改变模型的拟合结果(Hox,2010)。其变换后的截距表示数据集中个体所属群组层面的因变量的平均值。另外,还有些按照特定数值(即其他理论上有意义的值)做中心化处理的情况(Ferron et al.,2004;何晓群,闵素芹,2009),如按中位数、最小值做中心化处理等。

## 三、增长模型

从统计学角度来看,测量增长的主要挑战是相关残差。例如,学生在某个时间点参加考试,这个时间点分数的剩余残差可能与以后时间段考试分数的剩余残差相关。如果我们将考试时间嵌套在学生个体中,那么我们就可以通过控制考试场景并将其嵌套在哪个学生中,更好地控制数据中的相关残差。这样,我们就能通过计算每个学生个体的不同斜率(非学生之间的平均斜率),来评估学生成绩随时间的变化。此外,由于学生仍然嵌套在学校中,仍然可以将模型扩展到三个层次。在三级结构模型中,学校为第三层,这样便可估计出不同学校学生成绩的变化差异。因此,用 HLM 增长模型可为重复测量的研究提供丰富的统计框架。

基本的增长模型可以使用标准的两层结构模型来拟合,其中个体作为第二层(相当于两层模型的群体层面),时间作为第一层(相当于两层模型的个体层面)。增长模型所遵循的条件假设、各回归模型中待估测量的含义、模型拟合方法、变量中心化方法与标准的两层结构模型基本相同。在增长模型中，为了能更好地表示时间层面、个体层面、群体层面（对三层或以上结构模型）的情况，我们通常用变量 $a_{ti}$ 表示测量的不同时间点，脚标 ti 代表时间嵌套在个体中。例如，只有一个自变量 X 的增长模型为

$$
\begin{cases}
Y_{ti} = \pi_{0i} + \pi_{1i}a_{ti} + e_{ti} & \text{第一层模型} \\
\pi_{0i} = \beta_{00} + \beta_{01}X_i + r_{0i} & \text{第二层模型} \\
\pi_{1i} = \beta_{10} + \beta_{11}X_i + r_{1i}
\end{cases}
\tag{22}
$$

$$
Y_{ti} = \beta_{00} + (\beta_{10} + r_{1i})a_{ti} + \beta_{11}a_{ti}X_i + \beta_{01}X_i + e_{ti} + r_{0i} \quad \text{混合模型}
$$

## 第二节　多层线性模型的 R 语言实现

R 语言里有很多程序包可以进行 HLM 分析，如 lme4，nlme 和 mcmcglmm。这里，我们主要介绍如何用 multilevel 程序包来实现 HLM 分析。multilevel 程序包（同时加载了 nlme 程序包）提供了：(1)用于估计组内一致性和可靠性指数的功能；(2)用于操纵多层次和纵向数据的功能；(3)用于估计效应量和生成多层数据的模拟功能；(4)用于执行简单计算和数据转换的辅助功能。此外，multilevel 程序包里还包含了可供举例的数据集（如 bh1996、univbct）。需要注意的是，在实际操作中可根据数据情况选择是否对其做中心化处理（举例未用数据集"bh1996"中做了组均值中心化处理的变量"W. COHES"、"W. LEAD"、"W. HRS"、"W. WBEING"）。

### 一、两层结构模型的 R 语言实现

第一步，调 multilevel 程序包，并载入数据"bh1996"（Bliese & Halverson，1996）。这里，我们使用 multilevel 包里自带的数据"bh1996"，在实际应用中需要根据数据的存储格式载入不同的数据。

\>library(multilevel)

\>data(bh1996)

查看数据"bh1996"（由于数据太多这里不附输出结果），并用 summary( )函数

对其中各变量进行总结。没有发现有极端异常值或缺失数据，其数据量足够大（样本量为 7 382），不需要对数据做前期的处理。

＞bh1996

＞summary(bh1996)

```
        GRP            COHES          G.COHES         W.COHES            LEAD           G.LEAD          W.LEAD            HRS           G.HRS
Min.   : 1.00   Min.   :1.000   Min.   :2.511   Min.   :-2.46429   Min.   :1.000   Min.   :2.226   Min.   :-2.24987   Min.   : 0.0   Min.   : 9.303
1st Qu.:30.00   1st Qu.:2.500   1st Qu.:2.932   1st Qu.:-0.54167   1st Qu.:2.364   1st Qu.:2.657   1st Qu.:-0.45983   1st Qu.:10.0   1st Qu.:10.596
Median :59.00   Median :3.125   Median :3.102   Median : 0.06755   Median :3.000   Median :2.884   Median : 0.05228   Median :11.0   Median :11.290
Mean   :55.72   Mean   :3.067   Mean   :3.067   Mean   : 0.00000   Mean   :2.891   Mean   :2.891   Mean   : 0.00000   Mean   :11.3   Mean   :11.299
3rd Qu.:84.00   3rd Qu.:3.750   3rd Qu.:3.180   3rd Qu.: 0.61202   3rd Qu.:3.455   3rd Qu.:3.099   3rd Qu.: 0.49022   3rd Qu.:12.0   3rd Qu.:11.807
Max.   :99.00   Max.   :5.000   Max.   :3.571   Max.   : 2.41541   Max.   :5.000   Max.   :3.779   Max.   : 2.51047   Max.   :24.0   Max.   :13.592
        W.HRS            WBEING          G.WBEING        W.WBEING
Min.   :-11.15254   Min.   :0.000   Min.   :2.122   Min.   :-3.04444
1st Qu.: -1.23529   1st Qu.:2.167   1st Qu.:2.634   1st Qu.:-0.57878
Median : -0.07853   Median :2.833   Median :2.793   Median : 0.03096
Mean   :  0.00000   Mean   :2.780   Mean   :2.780   Mean   : 0.00000
3rd Qu.:  1.01818   3rd Qu.:3.444   3rd Qu.:2.936   3rd Qu.: 0.62871
Max.   : 13.58823   Max.   :5.000   Max.   :3.224   Max.   : 2.45097
```

图 9 - 1

第二步，检验无条件模型。使用 lme( ) 函数建构混合模型。其中，固定效应模型为"WBEING～1"，随机效应模型为"random＝～1｜GRP"，GRP 是分组变量。调用 lme( ) 中的 control＝list（opt＝"optim"）说明程序使用了 R 的通用优化例程。在实践中，模型使用通用优化例程（optim）往往比后续例程（nlmimb）收敛得更多。因此，如果模型无法收敛，应用通用优化例程（optim）会更合适。

建立好无条件模型后，需要检验组间方差是否显著不等于 0。我们使用卡方差异检验来比较没有随机效应的模型和有随机效应的模型（无条件模型）拟合效果是否有显著差异。这里，没有随机效应的模型用 gls 回归（广义线性回归）来构建。本例中，基于两个模型的卡方差异检验显著，$\chi^2(1)＝188.83$，$p<.01$，说明无条件模型的组间差异显著。

＞null. model ＜- lme(WBEING～1, random＝～1｜GRP, data＝bh1996, control＝list(opt＝"optim"))

＞null. gls ＜- gls(WBEING～1, data＝bh1996, control＝list(opt＝"optim"))

＞anova(null. gls, null. model)

```
            Model df    AIC       BIC      logLik   Test L.Ratio p-value
null.gls        1  2 19540.17 19553.98 -9768.084
null.model      2  3 19353.34 19374.06 -9673.669 1 vs 2 188.8303 <.0001
```

图 9 - 2

　　随后,计算无条件模型的 ICC。首先输出无条件模型的组内、组间方差,再通过公式(19)计算出无条件模型的 ICC。

＞VarCorr(null. model)

```
GRP = pdLogChol(1)
               Variance    StdDev
(Intercept) 0.03580079  0.1892110
Residual    0.78949727  0.8885366
```

图 9 - 3

＞ICC ＜- 0. 035 800 79/(0. 035 800 79＋0. 789 497 27)

＞ICC

[1] 0. 043 379 22

　　第三步,估计条件模型。在无条件模型中加入低层次预测变量 $HRS_{ij}$ 和高层次预测变量 $G. HRS_j$,得到完整的模型

$$\begin{cases} WBEING_{ij} = \beta_{0j} + \beta_{1j} HRS_{ij} + r_{ij}, \\ \beta_{0j} = \gamma_{00} + \gamma_{01} G. HRS_j + u_{0j}, \\ \beta_{1j} = \gamma_{10} + \gamma_{11} G. HRS_j + u_{1j}. \end{cases} \tag{23}$$

$$WBEING_{ij} = \gamma_{00} + \gamma_{01} G. HRS_j + u_{0j} + \gamma_{10} HRS_{ij} + \gamma_{11} G. HRS_j HRS_{ij}$$
$$+ u_{1j} HRS_{ij} + r_{ij}.$$

　　其中,固定效应模型中有预测变量 $HRS_{ij}$、$G. HRS_j$ 和交互作用"$HRS_{ij}$ : $G. HRS_j$",随机效应模型中有预测变量 $HRS_{ij}$。

＞full. model ＜- lme(WBEING ～ HRS ＋ G. HRS ＋ HRS: G. HRS, random＝ ～HRS|GRP, data＝bh1996, control＝list(opt＝"optim"))

＞summary(full. model)

　　固定效应模型估计结果显示预测变量 $HRS_{ij}$ 与因变量呈不显著的负相关。控制低层次变量 $HRS_{ij}$ 后,变量 $G. HRS_j$ 与因变量的组内均值相关联,呈显著的负相关。各回归系数、组间方差、组内方差等均可从输出的回归结果中得到。

　　第四步,计算条件模型的拟合优度。用公式(21)计算条件模型的拟合优度,即加入的预测变量能多大比例地解释方差。由第二步可知 $\sigma^2_{无条件模型}$,本步可知

```
Linear mixed-effects model fit by REML
 Data: bh1996
      AIC      BIC    logLik
 19233.93 19289.18 -9608.966

Random effects:
 Formula: ~HRS | GRP
 Structure: General positive-definite, Log-Cholesky parametrization
            StdDev     Corr
(Intercept) 0.26912301 (Intr)
HRS         0.01987318 -0.898
Residual    0.88202561

Fixed effects:  WBEING ~ HRS + G.HRS + HRS:G.HRS
                Value Std.Error  DF   t-value  p-value
(Intercept)  5.215967 0.7949204 7281  6.561621  0.0000
HRS         -0.086991 0.0663918 7281 -1.310266  0.1901
G.HRS       -0.168259 0.0699707   97 -2.404703  0.0181
HRS:G.HRS    0.003503 0.0057854 7281  0.605568  0.5448
 Correlation:
           (Intr)  HRS    G.HRS
HRS        -0.959
G.HRS      -0.997  0.951
HRS:G.HRS   0.961 -0.997 -0.959

Standardized Within-Group Residuals:
       Min        Q1        Med        Q3        Max
-3.3659296 -0.6507725  0.0340404  0.7122861  2.7110002

Number of Observations: 7382
Number of Groups: 99
```

图 9 - 4

$\sigma^2_{条件模型}$，那么，我们可计算出该完整模型的拟合优度是 1.46%。

＞VarCorr(full. model)

```
GRP = pdLogChol(HRS)
            Variance     StdDev     Corr
(Intercept) 0.0724271949 0.26912301 (Intr)
HRS         0.0003949432 0.01987318 -0.898
Residual    0.7779691836 0.88202561
```

图 9 - 5

＞R2 ＜－(0.789 497 27－0.777 969 183 6)/0.789 497 27

＞R2

[1] 0.014 601 81

比较无条件模型和条件模型，以确定加入的预测变量是否显著且较大程度地影响着因变量的变化。此例显示预测变量显著影响着因变量的变化，$\chi^2(5)=$ 129.41, p＜.01。

＞anova(null. model，full. model)

|  | Model | df | AIC | BIC | logLik | Test | L.Ratio | p-value |
|---|---|---|---|---|---|---|---|---|
| null.model | 1 | 3 | 19353.34 | 19374.06 | -9673.669 | | | |
| full.model | 2 | 8 | 19233.93 | 19289.18 | -9608.966 | 1 vs 2 | 129.4067 | <.0001 |

图 9 - 6

最后，如果条件模型的拟合优度较小（如此例），我们可以通过检测某一其他变量与因变量 $WBEING_{ij}$ 的关系，预测该变量是否可解释因变量 $WBEING_{ij}$ 的变化，并修正原来的条件模型。例如，我们可以试图检查数据"bh1996"中的另一个变量 $LEAD_{ij}$。需要加载"lattice"程序包先画预测图。由于数据量太大，我们只取大约 20％的数据。

＞library(lattice)

＞xyplot(WBEING～LEAD|as. factor(GRP)，data＝bh1996[1：1 476,]，type＝c("p","g"," r")，col ＝" dark blue"，col. line ＝" black"，xlab ＝" Leadership Consideration"，ylab＝"Well-Being")

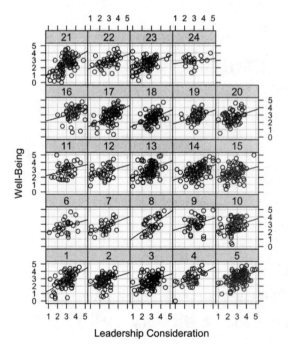

图 9 - 7

我们能看出组与组之间的斜率有些变化，可以预测变量 $LEAD_{ij}$ 是可补充模型的预测变量。随后，加入该预测变量后重复第三、四步的操作，直到得到较满意的模型为止。

## 二、增长模型的 R 语言实现

通常的数据存储模式是一个个体对应一行数据，如图 9-8 所示。具有重复测量变量的数据也往往会被存储成一个个体一行数据的模式，并通过标记区分同一变量不同时间段的数据。为了方便用 HLM 来分析重复测量的数据，我们需要把每个个体单独一行数据的存储模式依重复测量的情况转变为每个个体对应多行数据的模式，并在进行增长模型分析前专门设定一个用来区分不同测量段数据的时间变量。

| Case | Group | Gender | Age | Support | Purpose | Lifesat | Health |
|---|---|---|---|---|---|---|---|
| 1 | Dog | Male | 18 | 5 | 3 | 5 | 10 |
| 2 | Dog | Male | 20 | 3 | 4 | 4 | 8 |
| 3 | Dog | Female | 20 | 4 | 4 | 4 | 7 |
| 4 | Cat | Male | 24 | 4 | 5 | 5 | 6 |
| 5 | Cat | Female | 19 | 5 | 5 | 3 | 9 |
| 6 | Cat | Female | 18 | 5 | 4 | 4 | 8 |
| 7 | Fish | Female | 21 | 4 | 4 | 5 | 9 |
| 8 | Fish | Male | 19 | 2 | 2 | 3 | 6 |
| 9 | Fish | Male | 19 | 3 | 3 | 4 | 7 |
| 10 | Fish | Female | 22 | 4 | 5 | 2 | 5 |

图 9-8

这里，我们使用 mulitlevel 程序包中自带的"univbct"数据来举例。"univbct"数据中的三个变量"JOBSAT"、"COMMIT"和"READY"是有着三次重复测量数据的变量。这三个变量在通常存储中会依据测量时间的不同被存储为"JOBSAT1、JOBSAT2、JOBSAT3"、"COMMIT1、COMMIT2、COMMIT3"和"READY1、READY2、READY3"。而为了便于分析，"univbct"将数据转换为一个个体对应 3 行的存储形式，并将表征 3 个不同时间段的变量合并为单一变量"JDBSAT"、"COMMIT"和"READY"，并增加专门的时间变量"TIME"（如图 9-9）。

```
>library(multilevel)
>data(univbct)
>univbct
```

| JOBSAT1 | COMMIT1 | READY1 | JOBSAT2 | COMMIT2 | READY2 | JOBSAT3 | COMMIT3 | READY3 | TIME | JSAT | COMMIT | READY | SUBNUM |
|---------|---------|--------|---------|---------|--------|---------|---------|--------|------|------|--------|-------|--------|
| 1.666667 | 1.666667 | 2.75 | 1.000000 | 1.666667 | 1.00 | 3.000000 | 3.000000 | 3.00 | 0 | 1.666667 | 1.666667 | 2.75 | 1 |
| 1.666667 | 1.666667 | 2.75 | 1.000000 | 1.666667 | 1.00 | 3.000000 | 3.000000 | 3.00 | 1 | 1.000000 | 1.666667 | 1.00 | 1 |
| 1.666667 | 1.666667 | 2.75 | 1.000000 | 1.666667 | 1.00 | 3.000000 | 3.000000 | 3.00 | 2 | 3.000000 | 3.000000 | 3.00 | 1 |
| 3.666667 | 1.666667 | 3.00 | 4.000000 | 1.333333 | 2.00 | 4.000000 | 1.333333 | 1.75 | 0 | 3.666667 | 1.666667 | 3.00 | 2 |
| 3.666667 | 1.666667 | 3.00 | 4.000000 | 1.333333 | 2.00 | 4.000000 | 1.333333 | 1.75 | 1 | 4.000000 | 1.333333 | 2.00 | 2 |
| 3.666667 | 1.666667 | 3.00 | 4.000000 | 1.333333 | 2.00 | 4.000000 | 1.333333 | 1.75 | 2 | 4.000000 | 1.333333 | 1.75 | 2 |
| 4.000000 | 3.333333 | 3.75 | 4.000000 | 3.333333 | 3.75 | 4.000000 | 3.666667 | 1.75 | 0 | 4.000000 | 3.333333 | 3.75 | 3 |
| 4.000000 | 3.333333 | 3.75 | 4.000000 | 3.333333 | 3.75 | 4.000000 | 3.666667 | 1.75 | 1 | 4.000000 | 3.333333 | 3.75 | 3 |
| 4.000000 | 3.333333 | 3.75 | 4.000000 | 3.333333 | 3.75 | 4.000000 | 3.666667 | 1.75 | 2 | 4.000000 | 3.666667 | 1.75 | 3 |

图 9 - 9

在实际操作中,"multilevel"程序包中的"make. univ"函数可以帮助我们实现将指定变量组合转变为单一变量。由于"univbct"已经有了转换后的数据,这里为了方便举例,我们先将"univbct"数据变回到每个个体一行数据的常规模式,得到"newunivbct"数据(实际操作中不需要这一步)。

＞newunivbct ＜－univbct[! duplicated(univbct $ SUBNUM),]

＞newunivbct

| | BTN | COMPANY | MARITAL | GENDER | HOWLONG | RANK | EDUCATE | AGE | JOBSAT1 | COMMIT1 | READY1 | JOBSAT2 | COMMIT2 | READY2 | JOBSAT3 | COMMIT3 | READY3 | TIME | JSAT | COMMIT | READY | SUBNUM |
|---|-----|---------|---------|--------|---------|------|---------|-----|---------|---------|--------|---------|---------|--------|---------|---------|--------|------|------|--------|-------|--------|
| 1 | 1022 | HHC | 1 | 1 | 2 | 12 | 2 | 20 | 1.666667 | 1.666667 | 2.75 | 1.000000 | 1.666667 | 1.00 | 3.000000 | 3.000000 | 3.00 | 0 | 1.666667 | 1.666667 | 2.75 | 1 |
| 4 | 1004 | D | 4 | 1 | 0 | 13 | 2 | 24 | 3.666667 | 1.666667 | 3.00 | 4.000000 | 1.333333 | 2.00 | 4.000000 | 1.333333 | 1.75 | 0 | 3.666667 | 1.666667 | 3.00 | 2 |
| 7 | 1022 | B | 2 | 1 | 0 | 15 | 2 | 24 | 4.000000 | 3.333333 | 3.75 | 4.000000 | 3.333333 | 3.75 | 4.000000 | 3.666667 | 1.75 | 0 | 4.000000 | 3.333333 | 3.75 | 3 |
| 10 | 299 | B | 2 | 1 | 1 | 14 | 2 | 20 | 3.333333 | 3.666667 | 3.25 | 3.333333 | 3.000000 | 2.50 | 3.666667 | 3.000000 | 3.00 | 0 | 3.333333 | 3.666667 | 3.25 | 4 |
| 13 | 3066 | B | 1 | 1 | 3 | 12 | 2 | 20 | 4.000000 | | NA | 2.500000 | 3.333333 | 2.50 | 4.000000 | | NA | 0 | 4.000000 | | NA | 5 |
| 16 | 3066 | D | 1 | 1 | 1 | 21 | 5 | 23 | 2.000000 | 2.666667 | 2.00 | 3.333333 | 3.333333 | 2.25 | 3.333333 | 3.666667 | 1.50 | 0 | 2.000000 | 2.666667 | 2.00 | 6 |
| 19 | 299 | B | 1 | 1 | 2 | 13 | 2 | 19 | 4.666667 | 3.000000 | 4.00 | 2.333333 | 3.333333 | 4.25 | 1.000000 | 3.000000 | 3.25 | 0 | 4.666667 | 3.000000 | 4.00 | 7 |
| 22 | 1022 | A | 1 | 1 | 0 | 22 | 2 | 26 | 2.333333 | 3.333333 | 2.75 | 3.333333 | 3.333333 | 4.00 | 4.000000 | 3.333333 | 4.00 | 0 | 2.333333 | 3.333333 | 2.75 | 8 |
| 25 | 4042 | C | 2 | NA | 5 | 15 | 3 | 29 | NA | NA | NA | 5.000000 | 5.000000 | 5.00 | 5.000000 | 3.666667 | 5.00 | 0 | NA | NA | NA | 9 |

图 9 - 10

然后,再用函数"make. univ"将变量"JOBSAT1、JOBSAT2、JOBSAT3"合并为单一变量"MULTDV"(如图 9 - 11)。

＞univdata ＜－make. univ(newunivbct, newunivbct[,c(9,12,15)])

＞univdata[,c(9,12,15,23,24)]

| | JOBSAT1 | JOBSAT2 | JOBSAT3 | TIME.1 | MULTDV |
|---|---------|---------|---------|--------|--------|
| 1 | 1.666667 | 1.000000 | 3.000000 | 0 | 1.666667 |
| 1.1 | 1.666667 | 1.000000 | 3.000000 | 1 | 1.000000 |
| 1.2 | 1.666667 | 1.000000 | 3.000000 | 2 | 3.000000 |
| 4 | 3.666667 | 4.000000 | 4.000000 | 0 | 3.666667 |
| 4.1 | 3.666667 | 4.000000 | 4.000000 | 1 | 4.000000 |
| 4.2 | 3.666667 | 4.000000 | 4.000000 | 2 | 4.000000 |
| 7 | 4.000000 | 4.000000 | 4.000000 | 0 | 4.000000 |
| 7.1 | 4.000000 | 4.000000 | 4.000000 | 1 | 4.000000 |
| 7.2 | 4.000000 | 4.000000 | 4.000000 | 2 | 4.000000 |
| 10 | 3.333333 | 3.666667 | 3.000000 | 0 | 3.333333 |
| 10.1 | 3.333333 | 3.666667 | 3.000000 | 1 | 3.666667 |
| 10.2 | 3.333333 | 3.666667 | 3.000000 | 2 | 3.000000 |

图 9 - 11

数据存储形式转换好后,HLM 增长模型的 R 语言实现方法与两层结构模型基本一致,只是将时间作为第一层面(在第一层模型中加入变量 $a_{ti}$ 表示不同的测量时间点),个体作为第二层面,即时间嵌套在个体中。

## 第三节 多层线性模型在教育研究中的应用与勘误

在教育学研究中,需要使用多层线性模型的问题越来越多,具有明显分层结构的数据也非常多,这些为 HLM 的广泛使用提供了驱动力。在应用 HLM 对数据进行分析时,也有些误用需要避免。

### 一、多层线性模型在教育学中的应用

在教育学研究中,具有明显分层结构的数据非常多,应用 HLM 对这些数据进行分析,除了能分辨自变量与因变量的层次结构、对不同层次的随机误差进行集成分析,还能调节数据的聚类性质从而使参数估计更精确(吴学品,刘殿国,2011)。同时,使用 HLM 来分析结构数据还可用于改善单层回归的估计和分析,即利用多层模型较为高级的统计估计来分析单层回归。倘若将纵向数据看成分层数据,即第一层次是个体随时间的变化轨迹,那么 HLM 就不仅可考察个体水平在不同时间点的差异,也可考察个体之间存在的差异(Bickel,2007)。此外,由于元分析(meta-analysis;Borenstein et al.,2009)中的数据也是分层的(即用来计算效应量的个体数据为第一层,研究为第二层,对研究的分组为第三层),HLM 还可以为元分析提供基本的统计框架(Pastor & Lazowski,2018)。因此,HLM 在实证研究中主要有三方面的应用:(1)用于具有多层数据结构的研究领域,如组织管理、学校教育等;(2)用于个体重复测量数据的追踪研究,即增长模型;(3)用于对已有研究做定量综合的文献综述,如探讨不同研究中进行的处理、研究方法、被试特征和背景上的差异与效应之间的关系。其中,(1)和(2)在教育学研究中的应用最广泛,并且多集中在对两层模型的分析中。例如,李晓鹏等(2011)检索了中国期刊网 1999～2009 年发表的有关 HLM 的文章发现,全部 235 篇文章中有 182 篇用了两层模型,仅 20 篇用了三层模型,其余 33 篇为综述研究。

在软件使用方面,SAS,Stata,HLM,R,SPSS,Mplus,MLwin,Splus 等软

件均可实现 HLM 分析。其中, HLM 软件应用较广,如李晓鹏等(2011)发现 61.18％的研究都使用了 HLM 软件(基于中国期刊网 1999～2009 年发表的有关 HLM 的 202 文章)。通过比较六个不同软件(SAS, Stata, HLM, R, SPSS, Mplus)分析两层 HLM 模型的过程和输出,Ye 和 Zhang(2020)对使用该六种软件 进行 HLM 分析的总结如表 9 - 2 所示。

表 9 - 2 不同软件分析两层 HLM 结果的差异

|  | SAS | Stata | HLM | R | SPSS | Mplus |
|---|---|---|---|---|---|---|
| 处理复杂模型 | 优 | 差 | 优 | 优 | 差 | 优 |
| 方差接近 0 的随机效应 | 无标准误与 p 值输出 | 无标准误与 p 值输出 | | | | |

    HLM 在教育科研中的具体应用尚存在一些问题,影响了应用效果。这些问题 中有些是显而易见的方法误用,如对统计结论的错误理解等;另一些则是不易被发 现的方法误用,如中心化策略的不当选择等。后一类误用因不易被发现而常常误 导原研究者或其他研究者,导致研究结论出现偏差甚至错误,也可能给后续的相关 研究带来隐患。因此,本篇将通过实例(实例中省略部分与勘误无关内容)分析,针 对常见且不易被发现的 HLM 方法误用进行总结。

## 二、多层线性模型的模型建立问题与勘误

    模型的建立既是 HLM 分析的基础也是关键。明确描述模型建立的依据及过 程,可使读者更全面仔细地考虑所呈现的模型。这应包括讨论选择几层模型,如何 选择预测因子,如何选择协方差结构,说明检查了多少模型。此外,模型的拟合情 况、不同模型比较的描述也会帮助读者更清晰地了解模型的切合性。然而,有些研 究却由于运用了与研究问题或数据不切合的模型而降低了研究结论的可靠性。

### 例 1

    将 HLM 应用于新药的中心临床评价中,对重复测量数据的适用性与可行性 进行探究。研究使用两层 HLM 进行分析。被试每次测量的中医症候积分作为因 变量,组别、重复测量时间以及二者的交互作用均视为自变量。首先用截距模型对

数据进行检验,判定是否需要用 HLM。在模型固定效应部分依次加入第二层变量"组别"和第一层变量"时间"。最后,将第一层变量"时间"和交互作用作为随机效应带入模型。

误区 1:模型选择未考虑到数据情况。

例 1 是个体嵌套在不同组中的重复测量数据。因此,在模型建构时,既要考虑到数据的重复测量,又要兼顾数据的层次嵌套。该例采用两层 HLM,将"时间"归入第一层预测变量,说明考虑到了数据的重复测量,这时个体层面就是第二层。然而,该例同时将"组别"放入第二层模型中,说明没有考虑到除时间外数据的嵌套情况。这样就不能利用 HLM 的优势很好地去分析不同组的变化差异,以及个体与组的嵌套关系。

纠正 1:采用三层 HLM 模型。

在该三层 HLM 模型中,第一层为重复测量的时间,第二层为个体,第三层为群组。这里,重复测量某个时间点中医症候积分的剩余残差可能与其他时间段中医症候积分的剩余残差相关。将时间嵌套在个体中,可以通过控制测量场景嵌套在哪个个体中,更好地控制数据中的相关残差。同时,通过计算每个个体的不同斜率(非个体之间的平均斜率),来评估个体的中医症候积分随时间的变化。由于个体仍然嵌套在群组中,将群组作为第三层,可以更好地分析不同群组中医症候积分的变化差异。

## 例 2

采用 HLM 分析省级地方政府对地级地方政府发行城投债的影响。该研究共建立了 5 个完整的 HLM 模型,并依次分析说明了这 5 个模型的估计结果(如表 9-3 所示)。然而,并未报告任何模型的拟合结果,也没有对 5 个模型进行比较。

表 9-3　省级政府影响地级政府发行城投债的实证结果

| 因变量:地方政府城投债余额规模 | | | | | |
|---|---|---|---|---|---|
| **固定效应** | | | | | |
| 解释变量 | 模型 1 | 模型 2 | 模型 3 | 模型 4 | 模型 5 |
| 时间 | 0.24 | 0.24 | 0.23 | 0.23 | 0.25 |
| 省级政府层面 | | | | | |
| 财政赤字率(%) | −0.61 | −0.64 | −0.62 | −0.64 | −0.67 |

（续表）

| 解释变量 | 模型 1 | 模型 2 | 模型 3 | 模型 4 | 模型 5 |
|---|---|---|---|---|---|
| 外商直接投资占 GDP 比例(%) | | −0.14 | −0.16 | −0.18 | −0.18 |
| 人均实际固定资产投资(元/人) | | | 0.19 | 0.27 | 0.24 |
| 人均实际转移支付(元/人) | | | | 0.49 | 0.50 |
| 人均国债利息支出(元/人) | | | | | −0.04 |
| **地级政府层面** | | | | | |
| 财政赤字率(%) | 0.23 | 0.23 | 0.23 | 0.21 | 0.22 |
| 外商直接投资占 GDP 比例(%) | 0.13 | 0.14 | 0.14 | 0.14 | 0.14 |
| 人均实际固定资产投资(元/人) | 0.27 | 0.27 | 0.24 | 0.25 | 0.26 |
| ... | | | | | |
| 截距项 | −6.12 | −6.84 | −8.63 | −13.10 | −12.82 |
| 样本量 | 1 650 | 1 650 | 1 650 | 1 650 | 1 650 |

误区 2：忽视模型比较。

选择合适的模型结构十分重要。由于不可能预先知道模型的潜在结构，研究人员通常会检查多种模型结构，并依靠拟合指数等从可能的模型结构中选择出最佳模型结构(Wolfinger，1993)。例 2 虽然检查了 5 种递进模型，却并未对模型进行比较，因此也无法得出哪个模型更适合用来预测或分析省级地方政府对地级政府发行城投债的影响。

纠正 2：例 2 可通过计算比较 5 个模型的拟合优度来选择其中的最佳模型。

常用的拟合指标包括 AIC(Akaike's Information Criterion；Akaike，1974)和 SBC(Schwartz's Bayesian Criterion；Schwartz，1978)。这些指标越接近 0，表示模型拟合的越好。此外，用公式(21)可计算每个预测变量能多大比例地解释方差，以确定每个预测变量是否较大程度地影响着因变量的变化，即是否有必要将某预测变量留在模型中。

## 三、多层线性模型的数据问题与勘误

拥有高质量的数据是进行有效 HLM 分析的一个重要前提。倘若数据出现问题，生成的 HLM 模型就会出现偏误，从而影响实证研究结论的可靠性。然而，实证数据往往不是完美的，这就需要研究者不仅在分析前对收集到的数据做检验与预处理，更需要通过对样本的分析和测量误差的调整等来保证研究结果的高可信度。在 HLM 的实际应用中常被忽略的数据问题主要包括忽视数据的处理、忽视数据分布的假设检验、忽视统计效能的检验。

### 例 3

根据某区的"流动儿童教育问题跟踪调查"数据,使用两层 HLM 分析影响当地儿童、公立学校流动儿童以及流动儿童在学业成绩上产生差异的主要影响因素。该研究用随机抽样的方法共调查了 1 357 名学生,其中 801 个学生的数据用于 HLM 分析。学校层面(第二层)的变量有"班级规模"和"各学校学生家庭社会经济状况的汇总均值",个体与家庭层面(个体与家庭放为第一层)的变量有"性别""年级""儿童孤独感""儿童自身的教育期望""能否按时完成作业""家庭社会经济状况""家庭教育期望"。无条件模型的 ICC 为 0.076。根据经验判断,当 ICC 大于 0.059 时,需要建模处理组间效应,数据适于用 HLM 来分析。

条件模型第二层的两个解释变量按总平均值进行了中心化处理,使第二层模型中的各截距代表第一层相应斜率系数的平均值。研究者给出完整模型的估计结果(如表 9-4 所示)后,进一步分析了模型中的交互作用就完成了该 HLM 分析。

表 9-4　完全分层模型估计结果

| 固定效应 | 系数 | 标准误 | t 值 | 自由度 | p 值 |
|---|---|---|---|---|---|
| 学校平均成绩 $B_{0j}$ | | | | | |
| 　截距 $G_{00}$ | 59.57 | 3.48 | 17.14 | 16 | <0.01 |
| 平均经济状况 $G_{01}$ | −3.08 | 4.11 | −0.75 | 16 | 0.46 |
| 　班级规模 $G_{02}$ | −0.03 | 0.23 | −0.12 | 16 | 0.91 |
| 性别 $B_{1j}$ | | | | | |
| 　截距 $G_{10}$ | −4.24 | 0.91 | −4.67 | 774 | <0.01 |
| ...... | | | | | |

| 随机效应 | 标准差 | 方差成分 | 自由度 | 卡方值 | p 值 |
|---|---|---|---|---|---|
| 平均成绩 $U_0$ | 8.98 | 80.60 | 16 | 83.45 | <0.01 |
| 年级 $U_5$ | 7.79 | 60.70 | 16 | 91.74 | <0.01 |
| 按时完成作业 $U_8$ | 3.97 | 15.75 | 16 | 32.91 | <0.01 |
| 层一随机效应 R | 12.22 | 149.26 | | | |
| Deviance=6 334.863 | | | 层一分析单位数=801 | | |
| 估计参数个数=34 | | | 层二分析单位数=19 | | |

误区 3：忽视数据的处理。

收集到的数据中难免会存在一些异常值或缺失数据。异常值可能来自数据输入错误、被试未能如实填写问卷、特殊被试的干扰等。异常值的存在会扭曲分析结果。同样，数据缺失也是屡见不鲜。缺失数据可能会使参数估计产生偏差、增加 I 型和 II 型错误率、影响区间估计（Collins et al.，2001），且由于部分信息的丢失而降低统计效能。因此，进行统计分析前应对数据进行预处理，找出异常值、分析数据缺失情况，并选择合适的方法处理数据，使其能更好地应用在后续的统计分析中。然而，例 3 研究并未交待数据是否进行了预处理以及是如何预处理的。

纠正 3：检查数据情况，并做出相应处理。

研究者应先检查一下数据中是否有异常值，如果有，需要剔除掉异常值。对HLM 分析，除了通过 Box 图或检查观测值与平均值的极端距离外，还需要检查HLM 模型各个层面的残差（Raudenbush & Bryk，2002）。在个体层面，可以根据学业成绩的回归方程寻找边远个体或家庭。在学校层面，可以寻找具有非典型回归系数的边远学校。随后，研究者需要检查是否存在缺失数据，如果存在，需要根据情况选择合适的缺失数据处理方法（如多重插补、回归填补等）。倘若数据既不缺失也不存在异常值，也需要明确写出。

误区 4：忽视数据分布的假设检验。

所有推断统计方法都基于其特定的核心假设。如果基本假设得不到满足，运行相关统计方法就无法得到无偏结果和可靠的结论。事实上，收集到的数据很可能会不符合使用方法的基本假设。在不考虑 HLM 相关假设的情况下进行的分析，可能会无意中在目标领域的文献中填入了不可复制的结果或错误的结论。这里，例 3 的研究者就忽略了 HLM 的基本假设检验。

纠正 4：例 3 研究者应检查数据是否满足 HLM 的前提假设。

HLM 遵循的条件假设包括两个方面，即残差假设和预测变量假设。残差假设包括：第一层的残差独立且服从均值为 0，方差为 $\sigma^2$ 的正态分布；高层次的残差独立且服从均值为 0，方差为 $\tau^2$ 的多元正态分布；不同层次的残差相互独立。预测变量假设包括：第一层的预测变量与第一层的残差相互独立，高层次的预测变量与其同层次的残差相互独立，每一层的预测变量都与其他层的随机效应独立。缺乏正态性可能会导致标准误估计出现偏差,从而影响估计的准确性和统计检验的有效性。如果发现非正态性证据,可考虑转换结果变量等。如果数据违背了独立性假设,可对预测变量做中心化处理(Bliese,2022)。

误区 5:忽视统计效能(statistical power)的检验。

在样本量较小时,倘若不做统计效能分析,我们无法确定达到显著的统计检验有多大概率是正确的(Cohen,1988)。例 3 总的样本量虽然达到 801,但由于第二层学校有 19 个且预测变量数目较多,801 的样本量并不能算是大样本量,需要进一步确定其统计效能的大小。

纠正 5:计算统计效能并确定其是否达标(即>0.80)。

HLM 统计效能的计算可以通过专门的网站或软件来完成。有多种方式可辅助判断是否需要计算或如何计算 HLM 统计效能的大小。例如,Raudenbush(1997)建议的各层级之间样本量分配的方法,以及 Hsieh(1988)提出的当高层次模型中存在随机效应时计算样本量的公式,等等。

## 四、多层线性模型的中心化问题与勘误

当预测变量没有真正 0 点时,截距系数很难解释,研究者需要考虑对预测变量(或调节变量)做中心化处理。给预测变量(或调节变量)做中心化处理对结果的解释具有重要意义。中心化后,可以较方便地用高层次模型去解释低层次模型中的相应系数。实际应用中容易因对中心化理解的欠缺而错用中心化处理方法,误解中心化的作用,或错误解释中心化后模型的系数。

**例 4**

本研究以积极心理资本为因变量构建 HLM 模型进行分析。控制变量为"学生性别""是否独生子女"和"家庭经济状况"。第一层的预测变量为学生个体层面的家庭亲子关系,包括"亲子互动"和"亲子情感"。第二层的预测变量为学校组织层面的"学校文化"。该研究的随机系数模型将控制变量"性别""是否为独生子女""家庭经济状况"、预测变量"亲子互动""亲子情感"进行组均值中心化处理后纳入模型 1。截距模型将"家庭经济状况"作为控制变量,将预测变量"亲子互动""亲子情感""学校文化"分别进行组均值和总均值中心化处理后纳入模型 2。模型 2

如下，

第一层模型：

$$Y_{ij} = \beta_{0j} + \beta_{1j} \times (\text{家庭经济状况}) + \beta_{2j} \times (\text{亲子互动}) + \beta_{3j} \times (\text{亲子情感}) + r_{ij}$$

第二层模型：

$$\beta_{0j} = \gamma_{00} + \gamma_{01} \times (\text{学校文化}) + u_{0j}$$

$$\beta_{1j} = \gamma_{10} + u_{1j}$$

$$\beta_{2j} = \gamma_{20} + u_{2j}$$

$$\beta_{3j} = \gamma_{30} + u_{3j}$$

误区 6：错用中心化处理方法。

在任何层面，预测变量（或调节变量）都可以完成以整体均值为中心的中心化处理。但是，以组均值做中心化处理只针对在 HLM 较低层级输入的预测变量（或调节变量），不能对较高层级的预测变量（或调节变量）做组均值中心化。另一方面，需要依据研究内容来选择具体的中心化处理方式。研究第一层预测变量（或调节变量）对因变量的影响、层际交互（第一、二层的交互）作用，适合选择组均值中心化。研究背景效应、高层（第二层）预测变量（或调节变量）间的交互作用，适合选择总均值中心化（Enders & Tofighi，2007）。例 4 中的模型 2 对预测变量分别进行组均值和总均值中心化处理后纳入截距模型，并未注明是对所有预测变量做组均值后再做总均值，还是对"亲子情感"、"亲子互动"做组均值的同时对"学校文化"做总均值处理（模型呈现中也未标明）。倘若对"学校文化"做了组均值，那么中心化就出现了错误。此外，做中心化处理时，最好将预测变量所在的目标层的所有自变量（包括控制变量）都做同等中心化处理，以便更方便地解释估计结果。对变量中心化处理的说明见表 9-5。

表 9-5　变量中心化处理说明

| 类型 | 是否中心化处理 |
| --- | --- |
| 因变量 | 不必要 |
| 自变量 | 需要 |
| 调节变量 | 需要 |
| 控制变量 | 不必要 |

纠正 6：注明具体的中心化处理方法并阐明原因。

中心化处理会改变我们对截距的解释，同时也可能改变对整个模型的估计。因此，对预测变量（或控制变量）进行中心化处理时，明确中心化处理的方式选择是十分重要的。如模型 2 中可标明，对"亲子情感"、"亲子互动"（第一层预测变量）做组均值中心化处理，对"学校文化"（第二层预测变量）做总均值中心化处理。由于例 4 分析时不关注控制变量，导致研究不对控制变量做中心化处理。需要注意的是，为了解释方便，一般也会同时对控制变量做中心化处理。

### 例 5

采用极大似然估计对本科生科研训练培养能力效果的影响因素进行两层 HLM 分析。研究有效回收来自 0 个专业的问卷 441 份。个体层面（第一层）变量为"性别""学习成绩""科研训练参与情况"。专业层面（第二层）变量为"本科专业实力"。结果变量为"科研训练培养能力效果"。研究将个体层面预测变量进行总均值中心化处理，以提高截距解释力；而将专业层面预测变量进行非中心化处理，以避免多重共线性。

误区 7：误解中心化作用。

对数据做中心化处理可以增强预测变量（或调节变量）之间的独立性，从而降低预测变量（或调节变量）之间存在多重共线性的风险（Kromrey & Foster-Johson，1988）。非中心化处理并不会避免多重共线性。例 5 混淆了中心化和非中心化的作用，将中心化可增强变量间独立性的作用转嫁给非中心化了。

纠正 7：对专业层面预测变量做总均值中心化处理，以避免多重共线性。

在 HLM 中，第二层（专业层面）变量只有总均值中心化或非中心化处理两种选择。这是因为组均值中心化处理不能控制第一层变量的影响（Hofmann & Gavin，1998）。

### 例 3（见前文）

"条件模型第二层的两个解释变量按总平均值进行了中心化处理，使第二层模型中的各截距代表第一层相应斜率系数的平均值。"

误区 8：误读中心化结果。

　　总体均值中心化处理,是为了使没有真正 0 点的预测变量(或调节变量)具有真正意义的 0 点,从而使因变量的均值具有实际意义。对第二层预测变量(或调节变量)进行总均值中心化后,不改变对第一层模型中各斜率的解释,主要是为了更好地分析解释层际交互(第一、二层的交互)作用。例 3 针对总平均值中心化的作用,强调了原本非中心化就有的结果,没有实际意义。

　　纠正 8:对第二层预测变量进行总平均值中心化处理,以避免多重共线性。

　　以总体均值做中心化变换是简单的线性变换,不改变模型拟合结果。对第一层预测变量(或调节变量)做总均值中心化处理后,第一层模型的截距表示数据集中所有个体因变量的平均值。其变换后的截距(第一层模型的截距)表示数据集中所有个体因变量的平均值。对第二层预测变量(或调节变量)做总均值中心化对截距的解释意义不大,主要是为了减少多重共线性,尤其是当有层际交互(第一、二层的交互)作用存在时(Ferron et al. , 2004;Raudenbush & Bryk,2002)。

# 第四节　结语

　　本章首先介绍了 HLM 的优势(即在何种情况下宜选择 HLM)、相关概念(如分层、组内相关性等),并主要论述了两层线性模型和增长模型(即用 HLM 进行纵向数据分析)的原理。其次,重点列举如何应用 R 语言中的"multilevel"数据包进行两层 HLM 模型的基本分析,并对相关分析结果进行示例说明。随后,概括了HLM 在教育学领域中应用的状况(即对 HLM 在教育学中的应用情况进行一个简单的分析概括,包括对相关软件分析结果差异的汇总说明)。最后,对常见的 HLM应用问题进行系统的归纳,结合具体实例进行阐述并给出一定的纠正建议。

　　由于实际应用中大部分的数据集中在两层结构上,我们重点讨论了因变量是连续变量的两层结构模型和简单的增长模型(i. e.,应用相对多)的基本原理。但同样的原理可以推广到三层或更多的嵌套结构中(两层或两层以上的结构模型有相似原理)。

　　HLM 在实证研究中的应用包括用于具有多层数据结构的研究领域,如组织管理、学校教育等;用于个体重复测量数据的追踪研究,即增长模型;用于对已有研究做定量综合的文献综述,如探讨不同研究中进行的处理、研究方法、被试特征和背景上的差异与效应之间的关系。其中前两个方面在教育学研究中的应用最广泛，并且多集中在对两层模型的分析中。如在研究影响学生成绩的因素时，我们不仅对学生自身的因素(如动机、智力水平等)感兴趣，也对学校(如学校规模等)、教师(如师生关系等)、家庭(如父母的教养方式等)等外界因素充满好奇。与学生成绩相关的这些因素可以被归位在不同的嵌套"层次"中。比如，学生(层次1)嵌套在教师(层次2，假定每个教师带一个班级)中，而教师嵌套在学校(层次3)中，并且所有层次(学生层次1、教师层次2、学校层次3)的因素又都影响着学生的成绩。传统的线性模型(如回归模型、方差分析模型)只能对涉及一层数据的问题进行分析。用传统线性模型分析多层数据时，如果把变量分解到学生水平，系统将默认学生来自同一学校，导致个体间随机误差的独立性假设不能满足(Raudenbush & Bryk，2002)；如果把变量综合到学校水平，又会丢失掉组内信息(学生间的差异)。因此，要研究这种不同级别的嵌套关系，就需要发挥好多层线性模型(HLM)的作用。此外，HLM也可被用来分析基于纵向数据的增长模型，进而评估学生成绩随时间的变化情况。

　　HLM是一种既可以在教育研究中分析复杂的嵌套关系，也可以做数据的纵向分析的强大的量化工具。但是要避免的几个误区在文中也进行了分析。在多层线性模型的模型建立方面，有些研究由于运用了与研究问题或数据不切合的模型而降低了研究结论的可靠性。在多层线性模型的实际应用中，常被忽略的数据问题主要包括忽视数据的处理、忽视数据分布的假设检验、忽视统计效能的检验。在多层线性模型的中心化问题方面，给预测变量(或调节变量)做中心化处理对结果的解释具有重要意义，然而在实际应用中，容易因对中心化理解的欠缺而错用中心化处理方法、误解中心化的作用或错误解释中心化后模型的系数。

## 参考文献

Akaike，H.（1974）. A new look at the statistical model of identification. *IEEE Transaction on Automatic Control*，19，716 - 723.

Bickel，R.（2007）. *Multilevel analysis for applied research：It's just regression*! New York：The Guilford Press，285 - 329.

Bliese，P. D.（2022）. Multilevel Modeling in R（2.7）：A Brief Introduction to R，the multilevel package and the nlme Package. https：//cran. r-project. org/doc/contrib/Bliese_Multilevel. pdf.

Bliese，P. D. ，& Halverson，R. R.（1996）. Individual and nomothetic models of job stress：An examination of work hours, cohesion, and well-being. *Journal of Applied Social Psychology*, *26*,1171 – 1189.

Borenstein, M., Hedges, L. V., Higgins, J. P. T., & Rothstein, H. R.（2009）. *Introduction to meta-analysis*. Wiley Publication.

Cohen, J.（1988）. *Statistical Power Analysis for the Behavioral Sciences*. 2nd Edition, Lawrence Erlbaum, Hillsdale.

Enders, C., & Tofighi, D.（2007）. Centering predictor variables in cross-sectional multilevel models: a new look at an old issue. *Psychological Methods*, *12*(2):121 – 138.

Ferron, J., Hess, M. R., Hogarty, K. Y., Dedrick, R. F., Kromrey, J. D., Lang, T. R., & Niles, J.（2004, April）. Hierarchical Linear Modeling: A Review of Methodological Issues and Applications. Paper presented at the annual meeting of the American Educational Research Association, San Diego.

Kromrey, J. D., & Foster-Johnson, L.（1988）. Mean centering in moderated multiple regression: much ado about nothing. *Educational and Psychological Measurement*, *58*(1),42 – 67.

Hox, J. J.（2010）. *Multilevel analysis: Techniques and applications*. New York, NY: Routledge.

Hsieh, F. Y.（1988）. Sample size formulae for intervention studies with the cluster as unit of randomization. *Statistics in Medicine*, *7*,1195 – 1201.

Lindley, D. V., & Smith, A. F. M.（1972）. Bayes estimates for the linear model. *Journal of the Royal Statistical Society*, *Series B*（*Methodological*）, *34*(1),1 – 41.

Pastor, Dena, A., & Lazowski, R. A.（2018）. On the Multilevel Nature of Meta-Analysis: A Tutorial, Comparison of Software Programs, and Discussion of Analytic Choices. *Multivariate Behavioral Research*, *53*(1):74 – 89.

Raudenbush, S. W.（1997）. Statistical analysis and optimal design for cluster randomized trials. *Psychological Methods*, *2*,173 – 185.

Raudenbush, S. W., & Bryk, A. S.（2002）. *Hierarchical linear models: Applications and data analysis methods*, *second edition*. Newbury Park, CA: Sage.

Schwartz, G.（1978）. Estimating the dimensions of a model. *Annals of Statistics*, *6*,461 – 464.

Wolfinger, R.（1993）. Covariance structure selection in general mixed models. *Communication Statistics-Simulation*, *22*,1079 – 1106.

Woltman, H., Feldstain, A., MacKay, J. C., & Rocchi, M.（2012）. An introduction to hierarchical linear modeling. *Tutorials in Quantitative Methods for Psychology*, *8*(1),52 – 69.

Ye, K., & Zhang, W.（2020）.使用 SAS, STATA, HLM, R, SPSS 和 MPLUS 的多层线性模型 HLM. http://tecdat. cn/使用 sas, stata, hlm, r, spss 和 mplus 的分层线性模型 hlm/.

李晓鹏,方杰,张敏强.(2011).社会科学研究中多层线性模型方法应用的文献分析.统计与决策, *23*,72 – 76.

吴学品,刘殿国.(2011).多层统计模型的应用进展综述.统计与决策,*23*,166 – 169.

# 第十章　教育研究中因果推断方法的应用与误用

曹　妍　姚歆玥　吴凯霖

　　随着因果推断方法在社会科学研究中的推广,国内教育实证研究尝试利用因果推断方法考察教育政策的改革成效,分析处理效应对结果的"净"效应。但部分研究没有严格遵循准实验研究设计的基本假设,导致设计步骤与检验程序偏离规范,继而丧失因果推断效力。本章在讨论因果推断内生性问题的基础上,对主流的因果推断方法进行了比较,对使用中存在的误解进行了讨论,并提出了相应建议。

## 第一节　因果推断方法的内生性问题

　　因果关系是相关关系的一种,但相关关系并不等于因果关系。明确因果推断方法的内生性问题及其出现的具体情况和类型,对做出好的研究设计至关重要,对理解因果推断方法的基本思路有帮助。

### 一、内生性问题:相关不等于因果

　　因果关系是相关关系的一种,但相关关系并不等于因果关系。现实情境中,由于因素之间的关系相对复杂,对处理变量与结果变量进行因果关系推导的过程容易受其他因素的干扰或混淆,导致削弱甚至推翻因果推断过程解释效力的可能。例如在探究教育影响个体后期收入的因果效应时,忽略个人能力可能在其中造成的干扰将大大降低研究的可信度(David,2013;Angriest&Krueger,1990);探究民办与公办学校办学体制对学生学业表现的作用时,若忽略不同学校本身对生源的选拔过程,将难以得到真实的因果效应(武玮,祁翔,2019;Clark,2010)。类似的问题在相关数据或变量难以准确观测的情况下时有发生。

从统计的角度来看,内生性问题发生在构建因果关系的模型过程中,具体包括以下几种情况。(1)遗漏变量问题:由于预测结果变量的残差部分遗漏了某些难以被观测到的混杂变量,导致残差部分与处理变量存在相关关系,进而造成处理变量参数估计存在偏误;(2)选择偏差问题:由于研究错误地控制了某一因素或个体存在自选择行为(self-selection),使得仅具有某种特质的样本才能参与到研究中,造成在处理或干预之前处理组与控制组就因特定的样本差异而有所不同(Rosenbaum,2002);(3)因果联立:由于是否接受处理受到潜在的结果的影响,进而造成"因"变量与"果"变量的相互关联,不采取其他计量手段进行干预将难以剥离出单方向效应进行因果推断;(4)测量误差:由于系统性测量偏误或随机性因素造成残差部分与处理变量存在相关关系,进而导致因果推断的偏误(赵西亮,2017)。

研究实践中出现内生性问题往往存在两种情况。第一种情况是混杂变量实际上得到了有效的观测,但却并没有被纳入到模型中。这种情况所造成的偏误问题是容易解决的,只要将混杂变量纳入到回归中加以控制,处理变量回归系数的参数估计将自然考虑到相关变量的影响,在混杂变量保持不变的情况下估计出处理与不处理对结果产生的净效应。第二种情况是混杂变量没有观测或者观测无效(存在明显的测量误差)。这种情况则相对棘手,若不采用技术手段或方法控制混淆变量的干扰,模型估计的处理效应就容易掉入相关性的陷阱。

近20年以来,围绕第二种内生性问题的处理和解决,一批计算机科学家和计量经济学家所搭建的因果推断框架极大地推动了社会科学领域在因果推断上的重大突破。此类方法在大量应用于经济学、人工智能、医学和心理学领域后,也逐渐渗入到教育学领域(黄斌,李波,2022)。本章内容围绕因果推断的基本思路,对相关方法的设计思路进行了总结和归纳,并比较不同方法的设计特点、数据要求、优势劣势等。此外,本章着重将视角聚焦于运用相关因果推断或准实验研究等方法的本土教育研究,通过对相关研究的深入分析,总结归纳我国本土学者采用因果推断方法时常见的误用情况。

## 二、因果推断方法的基本思路

英国著名哲学家约翰·斯图亚特·穆勒(John S. Mill)早在1843年的哲学著作中就提出了因果判定的基本条件(Mill,2014)。他认为因果关系应满足三个条件：(1)先有原因后有结果(该条件明确了因果关系发生的时间条件)；(2)原因发生变化，结果也发生相应的变化(该条件明确了因果关系方向的单调性)；(3)考虑到其他一切可能的解释后，因果关系仍存在解释力(该条件明确了因果关系的排他性，这意味着研究者需要采用逆向思维尽可能剥离其他所有因素对效应推断造成的干扰)。在实际研究过程中，借助反事实的思维框架有助于满足穆勒的第三个条件。

反事实(Counterfactuals)是指接受干预的个体在未接受干预时的结果状态。根据内曼－鲁宾因果反事实框架(Neyman-Rubin counter-factural framework of causality)，因果推断需先明确干预或者处理，接受干预或处理的观测个体构成处理组，将每个观测个体处理后实际观测的结果与假设这些观测个体没有接受处理的结果进行比较，求得样本的平均水平即为样本的平均处理效应(average treatment effect)(Neyman，1923；Rubin，1974，1978，1980，1986)。然而，反事实只是一种理念模型，在现实中我们不可能观测到个体同时接受处理的结果和不接受处理的结果(Shadish，cook & Campbell，2002；赵西亮，2017)。但反事实思路所提供的框架却可以作为研究者构造因果推断的核心目标——只要寻找到与处理组完全相似的观测组(即控制组)作为反事实的"代理组"，即可以满足穆勒的三个因果条件，进行准确的因果推断。换句话说，无论采用何种方式的因果推断方法，研究者都需要满足处理组和控制组在数据上的平衡的共同目标。从本质上来说，后续相关方法的衍生与更新，虽有各自的特点和技术特征，但其共性在于不同方法均在为实现处理组和控制组在数据上的平衡而不懈努力。

# 第二节　主流因果推断方法的设计思路

目前主流的因果推断方法包括随机实验研究(randomized controlled trails，RCT)、准实验研究设计(quasi-experimental research design)两大类，具体又包括若干不同的方法，其研究设计也存在差异。

## 一、随机实验研究

表10-1对随机实验研究和准实验研究进行了比较分析。随机实验研究设计

是最有效力的因果推断研究设计,它遵循了严格的操作范式。首先,随机实验将被试随机分配到实验组和对照组。随机化的分配方式保证了处理变量与被试个体特征相互独立,即个体被指派到处理组与控制组的概率相同。因此随着样本量的增大,两组在各特征变量上的差异也会逐渐缩小,趋近于零。其次,分别对实验组与对照组进行干预前与干预后的测试,然后对前测和后测的结果进行比较。满足以上控制条件后,经由随机实验处理得到的效应结果则可被认为是可靠的因果推断结果。

麦肯齐等人(McKenzie, Gibson & Stillman, 2011)巧妙地利用了新西兰的移民政策探究国际迁徙对家庭收入的影响。新西兰的移民政策每年限额批准汤加人(Tongan)获得新西兰的永久居住权。由于每年申请人数大于批准额度,新西兰劳动局每年通过随机选取的方式完成审批。研究者通过调查获取到获批者和未获批者的相关数据,随机分配使得处理组与控制组数据特征实现平衡。通过比较获批者和未获批者平均收入情况,研究发现成功移民的处理组一年后的收入水平将显著提高 263%。

## 二、准实验研究设计

准实验研究(quasi-experimental research design)最早于 1966 年由坎贝尔和斯坦利(Campbell & Stanley)提出。2002 年《不让一个孩子掉队》法案的颁布间接推动了准实验研究设计在教育领域的应用与普及(Shadish, Cook & Campbell, 2002)。区别于随机实验设计,准实验研究设计是在非随机操控条件下,运用事后观测数据进行实验处理的研究设计方法。相关研究更接近于自然现实情景,具有较高的外部推广性。但是由于准实验研究设计难以通过精准的随机化控制以平衡组间差异,因果推断的重点与难点在于如何通过科学手段与技术处理维持处理组和控制组(反事实的代理)之间的数据平衡。文中主要介绍的准实验研究方法包括双重差分法(difference in differences, DID)、倾向得分匹配法(propensity score matching, PSM)、工具变量法(instrument variables, IV)和断点回归设计(regression discontinuity design, RDD),不同方法的具体设计思路与经典案例如下。

### (一) 双重差分法(difference in differences，DID)

　　双重差分法又称倍差法(double difference)，双重差分法利用多期面板数据的原理在于，通过两次差分消除不随时间发生变化的不可观测因素(Susan，2003)。由于面板数据至少存在两期，在结果变量上处理组与控制组作差，前测与后测再次作差，两次差分后可将两期中不随时间发生变化的部分剔除。

　　采用双重差分法进行准实验研究需要满足平行趋势假设和外生性假设两个关键假设：(1)平行趋势假设(parallel trend assumption)是假设处理组在未接受干预时，结果变量随时间的变动趋势与控制组的变动趋势相同。该假设不考虑处理组与控制组本身存在的特征差异，仅要求在不受干预影响的情况下，两组有相同的发展趋势，此时可将干预发生后控制组的结果作为实验组的反事实代理，这也意味着研究需使用两期或多期以上的面板数据。如图10-1所示，双重差分法无法消除处理组与控制组在干预前存在的差异及不随时间变化的因素对后测结果的影响，但只要两组随时间的发展趋势保持一致(即平行)，满足平行趋势假设，双重差分法就能克服因不可观测且不随时间变化的遗漏变量带来的估计偏误(Isaac & Michael，1980)。(2)外生性假设(exogenous assumption)要求处理或干预条件需具有一定的外生性，最好是因自然因素或政策变革带来的外生冲击，且模型中应加入影响结果变量但不受到处理变量影响的协变量。满足以上条件要求的双重差分法是最接近于随机实验研究的准实验设计方法。

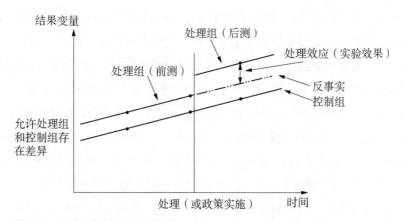

图10-1　双重差分法的平行趋势假设

戴纳斯基(Dynarski)于 2003 年发表在《美国经济评论》(*American Economic Review*)的经典研究以学生社会保障福利项目终止为外生事件,使用双重差分法估计资助影响学生入学率及毕业情况的因果效应。学生资助是教育财政政策改革的重点项目之一,美国政府每年投入大量经费资助高校学生,并鼓励学界开展因果推断研究来检验资助政策实施成效。学生是否获得资助资格(aid eligibility)受到系列混淆变量的干扰,如学生能力、学习成绩、学习动机等,存在严重的样本自选择偏差,因此选择采用传统回归模型将无法估计资助影响的因果效应。为构造双重差分模型,戴纳斯基选取学生社会保障福利项目(social security student benefit program)改革作为处理效应。该资助项目自 1965 年起一直资助满足受助条件的学生入读大学,但于 1981 年被废止,这意味着 1982 年 5 月前符合资助条件但还未就读大学的学生将无法获得资助。在本例中,由于个体不能直接操纵或预知变革的发生,使得实验组与对照组的划分接近随机分配,资助项目的终止提供了良好的外生冲击以检验资助影响的因果效应。基于此,戴纳斯基以父亲亡故的学生为实验组,父亲未亡故的学生为对照组,将“资助政策废止时是否高中毕业”作为时间变量,将“学生入学情况及就读时长”作为结果变量,构建双重差分模型来估计资助影响的因果效应(Dynarski,2003)。

### (二) 倾向得分匹配法

倾向得分匹配法在教育经济学中的应用最早始于赫克曼等人(Heckman, Ichimura & Todd,1997)及德赫贾和沃巴(Dehejia & Wahba,1999)针对劳动力市场政策的研究。其基本思路在于通过对处理组和对照组内部特征的分解,对具有相同内部特征的观测个体进行处理组和控制组的“两两配对”,进而寻找到在内部特征上同质的反事实个体,使得实验组与对照组处于“平衡状态”。参考罗森鲍姆和鲁宾(Rosenbaum & Rubin,1985)的设计思路,倾向得分匹配法的基本思路如图 10-2 所示。具体而言,倾向得分匹配法利用一系列可观测的特征变量或前期条件变量(pre-migration characteristics)构建 Logistic 模型或者 Probit 模型,估计个体“是否接受干预”的倾向得分,再根据不同的匹配方法对处理组的每个观测个体匹配一个或多个倾向值相同的控制组个体,匹配后处理组与对照组在结果变量上的均值差异即为处理组平均处理效应(ATT)。常用的匹配方法有最近邻匹配、半径

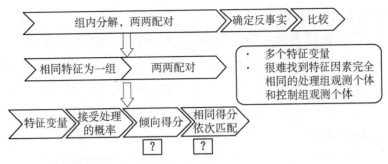

图 10 - 2　倾向得分匹配法的匹配思路

匹配与核匹配等(郭申阳,2012)。

使用倾向值匹配法需要满足条件独立假设与共同支撑假定两个关键假设。(1)条件独立假设(conditional independent assumption,CIA)假定个体行为选择或政策项目分配完全取决于可观测特征变量,在控制特征变量后,结果变量将独立于处理干预,处理组与对照组的分配将满足随机要求,控制组可作为处理组的"反事实组"。然而,条件独立假设较为严格,在现实中常难以满足,一定程度上限制了倾向性匹配法估计因果效应的有效性。(2)共同支撑假定(common support assumption,CSA)要求处理组与控制组的观测个体在倾向得分区间内存在着一定范围的重叠区域,使处理组观测个体在控制组中能找到可匹配的"反事实"对象。因此,样本量,特别是处理组与控制组的相对样本量,对倾向得分匹配的因果推断效果具有重要影响(郭申阳,2012)。

吕林海于 2020 年发表在《教育发展研究》上的经典研究利用全国 12 所"拔尖计划"高校中 1 610 名本科生的调查数据,运用倾向值匹配得分法估计学术参与影响"拔尖学生"综合素质能力(专业与学术的能力、表达与社交的能力、文化与社会的能力、信息与研究的技能)的因果效应。探究"学术参与"对学生能力素养发展的影响是研究型高校探索创新型人才培养模式的重要议题。学生是否参加学术竞赛或科创项目受个人学术潜质、学术志趣等因素的影响,这些因素也会影响个体的综合能力,直接用 OLS 回归估计会混淆"学术参与"的影响效应。为克服估计偏误,吕林海在选取协变量估计倾向值得分时除了考虑到人口学信息、家庭背景信息等因素外,还选取了综合能力前测数据(如初始专业能力、社交能力、文化能力、研究技能)作为特征变量。该倾向性匹配研究的亮点及关键点在于通过控制一系列能力变量,最大限度地满足了条件独立假定,保障两个组别的个体近似"同质",得到近乎满足"平衡"条件的对照组与处理组,从而模拟出随机分配情境。随后,研究通过协变量平衡性分析(检验标准化平均值差异)和倾向值得分分布图来验证匹配结果的有效性,并使用最近邻匹配、马氏匹配等多种匹配方法检验匹配结果的稳健性。

### (三) 工具变量法

工具变量法(instrument variables,IV)是解决内生性问题的一种经典方法。其基本思路在于通过选取外生变量,代为解释存在内生性问题的处理变量的方差变异,通过一阶段回归将存在内生性问题的混杂部分加以剔除,再进一步完成与结果变量的二阶段回归分析(Angrist,Imbens&. Rubin,1996)。工具变量法并没有完成"反事实"框架的构建,它主要利用了工具变量的外生性特点,对原来存在内生性问题的处理变量加以调节。需要注意的是,尽管工具变量的引入剔除了混杂成分,但由于工具变量仅仅与处理变量的局部产生相关关系,采用工具变量法进行二阶段的估计过程缩小了处理变量的方差变异范围,只能估计出受外生工具影响的特定人群的局部平均处理效应(local average treatment effect,LATE),而对于不受工具变量影响的观测个体的处理效应则难以给出无偏的估计结果。

能否找到"理想"的外生变量是能否使用工具变量法的关键,只有选用了合适的工具变量,才能有针对性地剔除混杂的部分,进而完成无偏的因果推断。工具变量的选取具有明确的条件。其一,单位处理变量值稳定假设(stable unit treatment values assumption,SUTVA)假定受干预个体的潜在结果不会影响控制组个体的处理状况。其二,相关性假设要求工具变量必须与内生变量相关,是工具变量替代内生变量的前提。相关性越大,说明工具变量对内生变量的解释力越强。其三,外生性假设要求工具变量不会直接影响到结果变量,以保证工具变量与结果模型的随机误差完全独立。其四,排他性假设要求工具变量只能通过影响内生变量继而影响结果变量。该假设与外生性假设共同明确了工具变量与结果变量之间的关系。相关假设需通过 Hausman-Wu 内生性检验、相关性检验和过度识别检验等技术手段加以验证(Angrist,Imbens&. Rubin,1996)。

实际上,找到满足以上三个假设的工具变量并非易事,且不同工具变量估计的结果并不一致,需要研究者对研究问题的内外系统有一定的了解,并且灵活利用自然环境或政策事件带来外生冲击寻找或构造工具变量。正如 Stillman et al. (2013)总结道,一个好的工具变量的运用能够很好地解决因内生性问题导致的估计误差,将估计结果的偏差纠正到9%左右,但如果使用一个不够好的工具变量,估计的偏差反而有可能增大到82%。

　　Hoxby 于 2000 发表于《经济学季刊》(Quarterly Journal of Economics)上的经典研究选取美国康涅狄克州 146 个学区 649 所小学 1992 年到 1998 年学生追踪数据,以学区人口变动中的特质性变异(idiosyncratic variation in the population)为工具变量估计班级规模影响学生学业成绩的因果效应。班级规模受到家长选择、办学团体、立法机构等主体决策的影响,而这些因素又会反作用于学生的学业成绩,因此将班级规模作为内生变量直接加入 OLS 回归模型会带来估计偏误。考虑到班级规模变量可能存在的内生性问题,霍克斯比(Hoxby)选取人口变动中的随机性部分作为工具变量是因为:其一,霍克斯比认为学生实际入学人数由系统部分与随机变异部分构成,而入学人数的随机变异不受个人、家庭、学区等系统性特征的影响,仅受人口自然出生率的影响。而人口出生率的波动亦是随机的,较少受到人为因素的干扰(如家长的选择、家庭教育期望等),因此入学人数随机变异满足工具变量外生性要求。其二,霍克斯比假定学校各年级班级数量在短期内保持不变,某一年级入学人数的变化将会直接影响班级规模的大小(班级规模=入学人数/班级数量)。入学人数随机变异属于人数总变异的部分,因此入学人数随机变异部分也能影响班级规模,即满足工具变量相关性要求。其三,学区人口随机变异部分与学生学业成绩不存在必然关联,满足排他性假设。选定工具变量后,霍克斯比从学区入学人数中剥离出入学人数随机部分作为工具变量进行 2SLS 回归。第一阶段回归以学校某一年级班级规模数值为因变量,以入学人数随机变异部分为核心自变量,估算出学校各年级班级规模的预测值,且工具变量通过第一阶段效应假设;第二阶段回归以学校四、六年级学生数学、阅读和写作成绩为因变量,以第一阶段回归的班级规模预测值为核心自变量,班级规模预测值系数即为班级规模影响学生成绩的因果效应(Hoxby, 2000)。

## (四) 断点回归设计

　　断点回归设计(regression discontinuity design, RDD)是实验方法与工具变量

方法的延伸,其基本原理是利用外生干预导致的跑变量(running variable,又称分配变量)非连续性断点作为随机划分处理组与控制组的依据。由于临界值的设定具有明显的外生性特征,分布在断点附近的处理组与控制组个体可理解为随机的分布状态,因而在可观测和不可观测的特征上满足数据的平衡特征。由此,再比较结果上的差异则可将差异归因于断点所带来的分组差异(Lee & Lemieux, 2010)。断点回归设计一般包括跑变量、断点冲击和结果变量三要素。首先,每个观测个体都存在一个连续的跑变量 $S_i$,由于受到某些外生的冲击(例如政策要求、地理界线或时间节点等),跑变量上的某个临界值水平 $S^*$ 将被确定。其次,将观测个体实际的跑变量水平与临界值进行比较,直接决定了观测个体是否具有接受处理的资格。譬如,当 $S_i > S^*$ 时,个体接受处理,为处理组;当 $S_i < S^*$ 时,个体没有接受处理,为控制组。由此构成了处理变量的断点(0 或 1)。再次,如果其他因素在临界值附近均具有连续特征,而结果变量在临界值附近出现了显著的断点,则有理由将结果变量上的断点归因于因临界值所产生的分配差异(即处理变量)。

　　依照是否存在非依从问题,断点回归设计还可分为精确断点回归设计(sharp regression discontinuity)和模糊断点回归设计(fuzzy regression discontinuity)。精确断点回归设计往往用于不存在非依从(non-compliers)等内生性问题的情况,其中依赖于临界值所确定的分配变量就是处理变量本身(非 0 即 1)。而模糊断点回归设计常用于临界值附近存在非依从现象的情况。从设计思路上来看,是将通过跑变量和外生的临界值所确定的处理变量非 0 即 1 的变化转换为由 0 到 1 之间的概率变化,进一步将临界值附近在结果变量上的断点归因于概率上的变化(Lee & Lemieux, 2010)。从工具变量的角度,由于实际的处理变量(处理组或控制组)存在内生性问题,而利用临界值水平应完成的分配具有工具变量的外生性属性,同时与实际分组具有高度的相关关系。因此,采用临界值界定的外生变量可以作为处理变量的工具,通过二阶段最小二乘回归完成结果估计。

　　为实现无偏估计,断点回归设计需要特别关注跑变量的连续性、处理划分的局部随机性以及其他因素的连续性特征。在划分是否接受处理时,首先需满足的假设是:个体不能精确地操控自己的跑变量取值,这一条件的满足必然意味着跑变量在样本分布(可考察跑变量的概率密度分布)中应是连续的,不应存在显而易见的断裂。其次,临界值的选取过程应具有外生性特点,即由于观测个体在事前并不能预知临界值的选取,临界值的选取与是否接受处理和潜在的结果无关。临界值选取的外生性决定了处理划分的局部随机性,也就说明在临界值附近的跑变量的样本分布不应出现明显的人为操纵的断裂痕迹。按照麦克拉里(McCrary,2008)的检验思路,断点回归设计能通过图表形式直观呈现跑变量概率密度图,以检验跑变量是否连续和临界值局部是否随机。再次,断点的归因取决于其他因素的数据平衡特点,只有保证其他因素在临界值附近的连续,才能说明临界值附近的结果断点是受到干预或处理影响导致的。实际操作中可通过图形化形式绘出协变量的断点效应图进行安慰剂检验,若协变量在断点处未发生显著跳跃,则说明处理组与控制组存在数据上的平衡特征。

齐默曼(Zimmerman)于 2019 年发表在《美国经济评论》(*American Economic Review*)上的经典研究利用智利 1980—2013 年行政及档案数据,以学生高中成绩为跑变量,以录取分数为断点,以个体获得领导层职业或收入地位排入前 0.1% 水平为结果变量,采用断点回归设计探究精英高校专业学位影响学生职业地位及经济地位的因果效应。在本例中,学生是否被精英高校录取并不是随机分配的结果,其中存在大量可观测及不可观测因素的影响,如学生能力、性别、家庭背景等,且这些潜在因素也会影响个体的职业地位与收入状况。围绕精英高校是否能帮助弱势阶层学生取得高收入成就这一议题,齐默曼之所以采用断点回归设计的依据在于:分布在录取分数临界点(cutoff)附近的学生,被录取与不被录取仅差 1 分,无论是学生本人还是家长都无法如此精确地操纵得分,因此分布于临界值附近的个体是否获得高校录取资格可视为随机分配的结果,即断点附近学生不存在显著的特征差异,断点左侧学生的结果变量可作为断点右侧学生的反事实结果。基于此,研究构造精确断点回归设计来估计精英高校专业学位影响学生职业地位及经济地位的因果效应值,并通过跑变量概率密度检验、安慰剂检验和稳健性分析进行了后续检验,以保障估计结果的有效性(Zimmerman,2019)。

## 第三节 主流因果推断方法的适用性比较

无论是准实验研究设计还是随机实验设计,均旨在通过平衡实验组与对照组差异使得控制组成为实验组的反事实代理,达到类似"平衡"的分配状态。

## 一、随机试验研究和准实验研究设计的总体差异

表 10-1 比较了随机试验研究和准实验研究在数据类型、分组依据、实验操纵度、内外部效度方面的不同。如表所示,其中随机实验研究(RCT)被认定为是因果推断的"黄金准则",由于其随机的特点能够较好地将结果上的差异归因于分组,具有较强的因果解释力度(内部有效性相对较高)。但在实验严格遵循"随机性"操作步骤的同时,得出的实验推论更近似于真空条件,与现实情景可能存在不相适用的情况,因此外部有效性相对较低。此外,由于因果随机设计成本高、控制效力有限、伦理风险高等局限,使其在实践操作中存在诸多限制。

表 10-1　随机实验设计与准实验设计的比较

|  | 随机实验设计 | 准实验研究设计 |
| --- | --- | --- |
| 数据类型 | 事前设计 | 事后观测 |
| 分组依据 | 完全随机性 | 无随机性 |
|  |  | ● 利用多期+外生性假设 |
|  |  | ● 利用前期可观测变量进行匹配+条件独立假设 |
|  |  | ● 利用自然外生冲击 |
|  |  | ● 利用局部随机 |
| 实验操纵度 | 强 | 弱 |
| 实验内部效度 | 内部效度高 | 内部效度低 |
| 实验外部效度 | 外部效度低 | 外部效度高 |

准实验研究设计是指在非随机操控的情况下,在较为自然的情况下运用原始数据进行实验处理的研究设计方法,其主要特点可归纳为五点:(1)研究变量与现实环境密切相关。准实验研究的人工干预性较弱,更接近于社会科学情景。(2)分组条件难以满足随机假定。由于准实验研究设计数据是"事后"收集的自然信息,难以满足在总体中的随机抽样以及被试分组的随机化假设。(3)对实验条件和变量的控制不够精准。相比于实验环境,现实情景中研究者不能对影响试验结果的相关条件进行限制或操纵,只能选择那些已具有某种特征的被试,在接近现实情况下进行实验处理,控制水平较低。(4)研究内部效度较低。相比于随机实验研究设计,准实验设计对可观测变量和不可观测变量不能做到严格的控制,其内部效度较低。(5)准实验研究设计外部效度较高。准实验研究没有过多的人工干预,更接近于自

然现实情景,具有较高的适用性,外部效度较高(Shadish, Cook & Campbell, 2002)。

## 二、主流因果推断分析五种方法的适用性比较

  准实验的四种研究方法(DID、PSM、IV 和 RDD)放松了随机分配的限制,辅之以技术手段、数据要求以及外生假设应对组间(实验组与对照组)特征不平衡,构造与处理组可比的"反事实"控制组。表 10 - 2 结合了主流因果推断的五种方法的数据条件、反事实的构建、分组依据以及处理组和控制组之间的差异性进行了总结和归纳。

表 10 - 2　主流因果推断方法的适用性比较

| 因果推断方法的比较 | | RCT | DID | PSM | IV | RDD |
|---|---|---|---|---|---|---|
| 数据要求 | | 两期以上的面板数据 | 两期以上的面板数据 | 截面或面板数据 | 截面或面板数据 | 截面或面板数据 |
| 反事实的代理 | | 随机分配的控制组 | 实际控制组 | 通过倾向值得分寻找或构造的控制组 | 无 | 利用分配变量的临界值水平划分的控制组 |
| 分组依据 | | 随机 | 非随机 | 非随机 | 局部随机 | 局部随机 |
| 组间特征平衡性 | 可观测的特征变量 | 平衡 | 允许差异存在 | 允许差异存在 | 允许差异存在 | 局部随机假设 |
| | 不可观测的特征变量 | 随时间可变 / 平衡 | 平行趋势假设 | 条件独立假定 | 外生性假设 | 局部随机假设 |
| | | 随时间固定 / 平衡 | 允许差异存在 | 条件独立假定 | 外生性假设 | 局部随机假设 |

  双重差分法 DID 采用了实际情境中没有接受处理的观测个体作为控制组。通过加强对数据类型的限制(两期以上面板数据),DID 放松了对可观测变量组间平衡性的要求,通过统计上协变量的控制策略能够有效控制这些差异不影响处理效应的估计。需要格外注意的是,DID 对那些随时间可变的不可观测变量所带来的组间不平衡是无能为力的。因此,原则上研究若违背平行趋势假设,则将直接冲击到反事实的科学性,影响因果推断的效果。

  倾向得分匹配法 PSM 则利用倾向值得分在相似、相邻或相同倾向得分下完成处理组和控制组的匹配,进而构造出"反事实"代理。由于研究不需要涉及事前与

事后的比较,PSM 对观测要求和模型设定要求都相对宽松,应用范围也较为广泛。然而,由于倾向值得分的统计计算完全依赖于处理或干预前的协变量参与,其因果推断的内在效度也完全取决于处理或干预前的可观测变量。倘若需要平衡的因素为不可观测变量或者可观测变量获取不够全面,则会严重影响最终的反事实构造效果,进而冲击到因果推断的准确性。为此,研究者若选择采用 PSM 方法需要格外关注处理是否满足条件独立假定,即在给定协变量的条件下,处理或不处理与潜在结果变量及其相关变量都应相互独立,也就是说应尽量保持外生。若条件独立假定难以满足,PSM 所做的工作则更接近于样本偏差的纠正,将不能解决内生性问题(郭申阳,2012)。

工具变量法(IV 方法)没有明确的反事实框架的设定,在面板数据中进一步将假设放宽,允许选择性偏差随时间变化。与 DID 相比,工具变量法具有更宽松的适用范围。第一,工具变量法不要求多期面板数据,放宽了方法对数据的要求;第二,工具变量法可以更好地控制由不可观测因素产生的内生性问题,无论这些遗漏变量是否随时间变化,工具变量法均可以获得无偏误的因果推断结果,放宽了 DID 中的平行趋势假设。

断点回归设计 RDD 则利用分配变量的连续和临界值特征在临界值的固定带宽下构造出局部的随机特征。由此,RDD 的反事实构建与 RCT 的反事实构建最为接近,其效果近乎完美。但是需要注意的是,由于 RDD 带宽的要求,大样本成为 RDD 方法使用的硬性要求。同时 RDD 的设计主要依赖于事实上分配变量和临界值的存在,在现实中可遇不可求,研究设计的数据要求严格。与之相对应,相关研究应用也相对较少。

## 三、主流因果推断方法的设计特征

比较主流因果推断的设计特征,可大致归纳为以下四个特点。

**一是不同方法均借助不同的数据特征或者统计特征完成了相关的设计**。双重差分法(DID)利用了事前和事后两期以上的多期观测,同时完成了组别比较和时间比较,进而剔除了两组之间不随时间发生变化的特征差异;倾向得分匹配法(PSM)借助已观测的前期变量完成处理及其"反事实"的匹配;工具变量法(IV)利用工具的外生冲击,采用二阶段回归的方法对原来的处理变量加以调节;断点回归设计(RDD)利用了某些跑变量和临界值的特征,对临界值附近的局部样本进行设计。

**二是外生性或随机性假设是准实验研究实现有效因果推断的重要前提。**几种方法中,工具变量法(IV)和断点回归设计(RDD)的设计思路则更接近于随机试验研究,两种方法通过非人为操纵的外生冲击(自然灾害、疫病、战争、政策变革等)实现控制组与实验组的随机划分。由于外生冲击属于自然发生事件,个体接受处理或不接受处理的概率具有局部随机性,可认为基本满足分组随机化假设。类似的研究又被称为"自然实验研究"。而 DID 和 PSM 对组间难以观测的数据平衡性问题是无能为力的。为此,DID 的"外生性假设"和 PSM 的"条件独立假设"均从研究设计之初的分组依据上给出了相关研究应用的基本要求:在加入相关可观测的协变量后,观测个体落入处理组还是控制组与潜在的结果变量相互独立。也就是说,观测个体是接受处理还是不接受处理的分组依据不依赖于后期结果以及与结果有关的变化。DID 中还利用"平行趋势假设"进一步从数据的统计特征上提出了要求:在加入可观测变量的条件下,组间存在的数据不平衡本身不随时间发生变化。换句话说,这些数据的不平衡不会因为处理或者干预的发生而产生额外的变化。

**三是因果推断的估计效果不尽相同。**从设计思路上来看,RCT 的估计效果是最理想的因果推断。几种准实验方法,在准确合理的设计前提下,依然能够有效地弥补传统 OLS 回归进行因果分析上的不足。但与 RCT 相比较,不同准实验研究方法的因果推断偏误情况不尽相同。其中,RDD 利用了外生的临界值特征完成的局部反事实构建与 RCT 最为接近,其效果近乎完美;IV 也利用了外生的工具加以调节,但其因果推断结果的准确性将高度依赖于工具的选取。研究中表明,采用良好的工具变量,运用 IV 工具变量法获得的估计结果与随机实验的结果最为接近,仅比随机实验结果高 1.1%。但采用不好的工具将有可能增加 80% 的偏误(McKenzie, Gibson & Stillman,2011)。[①] DID 方法难以控制不可观测的可变因

---

[①] 研究者将随机实验研究结果与采用 OLS、DID、PSM 和 2 次不同的 IV 等非实验研究进行了比较分析。研究者惊讶地发现,采用良好的工具变量(迁移前观测个体所在地与移民局的距离)运用工具变量法获得估计结果与随机实验的结果最为接近,仅比随机实验结果高 1.1%;DID 估计结果的表现也相对较好,估计结果比随机实验估计结果高出 20% 左右;PSM 在不同的匹配策略下表现有微弱的区别,但总体估计结果比随机估计结果高 20%—30%。传统 OLS 回归估计的结果比随机估计结果高出 30% 以上,而估计结果表现最差的是利用不好的工具完成的二阶段回归,研究中采用观测个体的迁移网络作为工具时,其估计结果比随机实验的估计结果高出 80%。

素,这一设计上的缺陷将有可能对因果推断的结果产生偏误,研究中发现的偏误大小在 20%左右(McKenzie, Gibson & Stillman, 2011)。PSM 方法仅利用可观测数据调节了选择偏差问题,其因果推断的偏误在 30%左右。

四是组合形式有助于提高因果推断的估计效果。由于不同方法在平衡组间差异的问题上的优劣势各不相同,目前很多研究开始尝试采用组合的方式进一步对"反事实"进行更为理想的构建。例如 DID 在一定程度上放宽了控制组与实验组特征完全平衡的假设条件,为保证基期数据的可比性,研究者可考虑使用 PSM 作为基期样本的筛选工具,获得配对的处理组与控制组,一定程度上提高 DID 估计的准确性。研究者也可巧妙地利用外生的工具变量完成对 DID 的二阶段的最小二乘估计。又如,IV 和 RD 均利用其他外生变量或者外生特征对内生问题加以纠正和调节。由于随机分组与实际分组之间具有高度的相关关系,且随机分组满足外生性假设,采用 IV 进行两阶段的回归可纠正随机实验和 RD 研究在实际操作过程中可能存在的非依从问题。此外,RDD 和 IV 二者在目标群体选取方式存在差异,IV 模型通常考察受工具变量影响群体的因果效应,RDD 模型则主要探究断点附近样本的因果效应。因此,研究者可以针对具体问题,同时使用两种方法(比如 Oreopoulos (2006)的尝试)。

## 第四节　因果推断方法误用及其计量分析

国内教育实证研究中因果推断方法的应用,相当部分研究没有严格遵循准实验研究设计的基本假设,导致设计步骤与检验程序偏离规范,继而丧失因果推断效力。本节选取一些应用因果推断方法进行教育实证研究的论文为样本,对主流因果推断方法误用的总体情况进行了归纳,并对主要的误用情况进行针对性的讨论。

### 一、主流因果推断方法误用的总体情况

本部分共选取 102 篇应用因果推断方法进行教育实证研究的论文,通过文献计量法梳理教育研究中普遍存在的因果研究误用问题。同时,结合具体案例,从"控制组难以代理'反事实'"、"模型设定存在错误"及"有效性检验缺失"三个部分归纳误用情况。

　　各类因果推断方法在实际研究中均存在不同类别、不同程度的偏误,各方法对应的误用情况如表 10-3 所示。其中,不同研究方法中,存在误用情况比例最高的研究方法为倾向值得分匹配研究,其误用比例高达 43.45%,说明在研究设计与实践中,倾向值得分匹配的误用情况较为严重;工具变量法存在误用的比例次之,约为 22%,略高于双重差分法研究(18.62%)和断点回归设计研究(15.86%)。

表 10-3　主流因果推断方法误用情况统计

|  | DID | PSM | IV | RD | 合计 |
|---|---|---|---|---|---|
| 论文数量 | 25 | 29 | 26 | 22 | 102 |
| 论文数量占比 | 24.51% | 28.43% | 25.49% | 21.57% | 100% |
| 误用次数总计 | 27 | 63 | 32 | 23 | 145 |
| 误用次数占比 | 18.62% | 43.45% | 22.07% | 15.86% | 100% |

　　具体来看,各类方法中存在的误用类型占比如表 10-4 所示。在误用双重差分法的研究中,有效性检验缺失超过半数,也不同程度地存在违反外生性或随机性假设(29.63%)和模型设定存在误区(14.81%)的情况。在误用倾向性得分匹配研究中,违反外生性或随机性假设和缺乏有效性检验的比例最高(分别为 41.27% 和 36.51%)。误用工具变量法的主要原因为违反外生性或随机性假设,以及缺乏有效性检验,两类误用比例高达 94%。断点回归设计误用主要涉及模型设定存在误区和有效性检验缺失的问题,其中忽略有效性检验的情况较为严重,占该方法总误用情况的 61%。

表 10-4　主流因果推断方法误用情况统计

| 各类方法 | 三种误用类型 | | | 误用总计 |
|---|---|---|---|---|
| | 违反外生性或<br>随机性假设 | 模型设定存<br>在误区 | 有效性检<br>验缺失 | |
| DID | 8 | 4 | 15 | 27 |
| | 29.63% | 14.81% | 55.56% | 100% |
| PSM | 26 | 14 | 23 | 63 |
| | 41.27% | 22.22% | 36.51% | 100% |

（续表）

| 各类方法 | 三种误用类型 | | | 误用总计 |
|---|---|---|---|---|
| | 违反外生性或随机性假设 | 模型设定存在误区 | 有效性检验缺失 | |
| IV | 18 | 2 | 12 | 32 |
| | 56.25% | 6.25% | 37.50% | 100% |
| RD | 0 | 9 | 14 | 23 |
| | 0% | 39.13% | 60.87% | 100% |
| 总计 | 52 | 29 | 53 | 145 |

注：各类方法误用总结中第一行为各因果推断方法误用次数，第二行为各类型偏误在各方法总误用次数中所占百分比。

## 二、违反外生性或随机性假设

外生性或随机性假设是准实验研究设计中控制处理组与对照组组间不平衡的法宝，也是判断实验设计是否具有因果推断效力的底线要求。满足条件独立假定的准实验研究设计才能保证处理组与对照组的分配接近"随机化"要求，使得控制组成为实验组的"反事实"代理。因此，外生性或随机性假设作为因果推断成立的核心假定，在设计准实验研究时应得到优先遵从（黄斌，李波，2022）。但部分研究忽略了因果推断研究设计的关键假定，使得推论结果难以令人信服（黄斌，李波，2022）。由表10-4误用统计结果可发现，在四种因果推断方法中，工具变量法存在违反外生性假定的误用情况占比最高（56.25%），其次是倾向得分匹配法（41.27%）和双重差分法（29.23%）。具体而言，已有教育因果推断研究违反外生性或随机性假设的误用情况如下。

### （一）工具变量法研究选取的工具变量不具有外生性

工具变量法的因果推断效果高度依赖于工具的选取，只有充分满足假设要求的工具变量才能分离出不受混淆变量干扰的变异成分。好的工具可遇不可求，一个不符合条件的工具将带来致命的偏误，其估计效果甚至低于传统的 OLS 回归（McKenzie，Gibson & Stillman，2011）。目前我国相关研究的工具变量往往选用曾经发表于国际期刊的常见工具。以教育收益或教育回报的相关研究为例，研究者常常采用父母受教育年限作为子女受教育年限的工具变量,进而估计劳动者的教育收益情况(deBrauw & Rozelle,2008)。然而目前已有大量研究证明了父母的受教育年限对于子女的收入来说并不具有外生性。父母的受教育年限可以通过提高子女的健康水平、提高家庭的文化资本、增加家庭的权力资本、扩大家庭的社交范围等多方面的渠道影响子女的收入(Grytten,Skau & Sørensen,2014;Blau & Duncan,1967;董丽霞,2018)。随着因果推断方法类研究的不断推进,过去已采用的方法未必具有绝对的准确性和规范性,研究者在选取过程中仍应保持高度的谨慎。

### (二) 倾向值得分匹配研究违反条件独立假定

由于设计本身存在缺陷,条件独立假设的满足是选用倾向得分匹配法的基本前提。相关的误用可细分为两类:**(1)误将处理发生后的相关变量用以参与倾向得分的预测**。例如,某研究采用倾向值得分匹配法测量大学教育与教育质量回报率。研究以个体是否接受大学教育为处理变量,但在进行倾向值得分估算时,错误地将"工作经验""行业性质"等上大学后且受到高等教育影响的变量作为协变量纳入估算模型。此类误用较为常见,错误的倾向值估计将导致处理组和控制组的分组受到潜在影响收入相关因素的冲击。该类错误在截面数据的相关变量选取过程中需格外谨慎。**(2)参与估计倾向值的模型存在遗漏变量问题**。上例的研究中在预测是否上大学的模型中没有加入"能力"相关的变量,致使依据倾向值匹配得到的处理组与对照组的结果差异除了与处理有关以外,也可能与组间能力上的差异有关。另一篇探究高等教育是否影响女性婚姻状况的研究,其参与倾向值计算的协变量仅仅包括年龄、民族和地区三个变量,所加入的协变量难以对个体接受高等教育的概率完成有效预测,匹配后的处理组和控制组仍然存在数据上的不平衡。例如,家庭文化资本可能影响女性接受高等教育的概率,同时也可能会影响女性的婚姻观,按上述协变量完成匹配的处理组和控制组很可能存在着家庭文化资本的差异,因此是否接受高等教育和是否结婚受到家庭文化资本因素的影响可能难以相互独立。

### (三) 双重差分法研究未满足平行趋势假设

以探究行政权力能否影响学者的科研产出的某研究为例,研究将是否获得院长头衔作为处理条件完成分组,实际具有院长头衔的教授作为处理组,无行政职务及权力的普通教授作为控制组。但是显而易见的问题在于,教授能否被评为院长本身与教授的学术水平和学术地位高度相关,有可能评为院长的教授在被评为院长前和无行政职务的教授的科研产出效率就具有显著的差异,这些潜在因素会对处理组与控制组的发展趋势存在异质性影响,处理组与对照组之间的非平衡状态使得研究难以满足平行趋势假定。

## 三、模型设定存在"误区"

一部分研究表面上通过采用某准实验设计方法构建了因果模型,但对相关方法的原理理解不足,进而在应用的细节中存在明显的误区。从已发表的相关研究中来看,不同准实验方法出现此类模型设定误区的百分比从高到低依次为断点回归设计(39.13%)、倾向值得分匹配法(22.22%)、双重差分法(14.81%)和工具变量法(6.25%)。

### (一)误将利用断点作为工具的 IV 估计混同为模糊断点回归设计

根据断点回归设计的特点,模糊断点回归设计(Fuzzy Regression Discontinuity)常用于临界值附近存在非依从现象的情况。该方法是精确断点回归设计和工具变量法的一种结合,由于实际的处理变量(处理组或控制组)存在非依从的内生性问题,而利用临界值水平应完成的分配具有工具变量的外生性属性,同时与实际分组具有高度的相关关系。因此采用临界值界定的外生变量可以作为处理变量的工具,通过二阶段最小二乘的方式完成回归的估计。然而目前部分模糊断点回归的研究多采用外生的政策,如义务教育法或高考扩招等外生政策,以出生年份为跑变量,在政策发生的临界值上下完成分组。利用外生的临界值所完成的分组变量本身不仅不具有内生性问题,还被作为纠正其他内生偏误(受教育年限或者高等教育机会)的外生工具,最终关注受教育年限或高等教育机会在个体收入上的回报。这类研究看似属于模糊断点回归设计,实则不然。主要区别是模糊断点回归设计中实际分组的处理变量尽管存在非依从问题,但主要还是依赖于跑变量及临界值水平的关系完成的分组,而这类研究中的处理变量(受教育年限或是否接受高等教育)并非按照跑变量"出生年份"的取值进行分配,更不存在将原来非 0 即 1 的分组断点调整为由 0 到 1 之间概率上的断点的设计过程。其设计思路完全遵从工具变量法的设计范式,并无断点设计之意。

### (二)误认为倾向值计算中 Logit 或 Probit 模型不重要

在倾向得分匹配法中,构造具有"平衡"效果的匹配过程至关重要,而倾向得分值是采用不同方法完成匹配的唯一参考。可见,倾向值的计算中的 Logit 或 Probit 模型的适切程度直接影响着倾向得分预测的准确度,进而影响最终的匹配效果。然而,在 PSM 的相关研究中,我们发现不少研究出于篇幅或其他原因,缺失对倾向值计算模型的报告。如此一来,读者无法判断倾向值计算模型是否有效,更无法判断所选用的协变量是否正确。另有研究提及控制变量,却没有提及参与倾向值计算的协变量,而控制变量中的部分变量是在处理发生后完成的观测。类似的缺失致使整个估计过程存疑,方法使用的科学性将受到质疑或批判(黄斌,李波,2022)。

### (三)误将非准实验设计的交互效应理解为双重差分的处理效应

在双重差分法的模型设计中,时间差异和组别差异分别通过两个变量加以呈现,因而处理效应为两个变量的交互项形式。然而,部分研究者由于缺少对双重差分原理的理解,误将两个变量的交互形式理解为双重差分的处理效应。例如,某研究通过"构建"双重差分模型探究高校毕业生收入影响因素,研究设定结果变量为毕业生收入,处理变量为"性别",时间变量为"高校是否为双一流院校",以"处理变量"与"时间变量"的交互项系数衡量院校差异与性别差异的双重差分作用。研究本意是探究毕业生收入的影响因素,但模型设定的处理效应并不存在某种外生的处理或干预,且时间变量也不存在处理或干预事前和事后的比较。可见,研究使用类似于双重差分法的数理模型掩盖非准实验设计的事实,属于典型的双重差分模型设计的误用。

## 四、有效性检验缺失

有效性检验是判断准实验设计是否具有因果推断效力的"试金石",是因果模型成立及结果解释的重要依据。不同因果推断方法的条件假设不同,对应的有效性检验程序也不尽相同。断点回归设计的有效性检验程序严谨,步骤繁多,在实际研究中极易出现检验纰漏,误用比例高达 60.87%,远高于其他方法。各方法容易缺失的有效性检验罗列如下。

### (一) 双重差分法缺乏平行趋势检验和安慰剂检验

首先,平行趋势检验用以保证处理组与对照组具有相同的发展趋势。例如,某研究利用县级面板数据,采用双重差分模型评估某财政改革对县级财政教育投入的影响,但研究并未呈现政策干预前实验组与对照组的发展趋势对比结果,因而无法判断研究是否满足条件独立假定。其次,双重差分研究需通过虚构干预时间进行安慰剂检验。在该例中,研究未建构虚拟政策冲击点进行安慰剂检验。安慰剂检验假定真实政策改革前的某一年为政策实施年份,将调整后的"处理变量"代入原模型,若估计效应不显著,则反向证实了实际政策实践的效果,通过安慰剂检验。

### (二) 倾向性匹配得分法缺乏匹配得分重叠区域检验、匹配前后平衡性检验和稳健性检验

首先,以匹配得分重叠区域检验以变量分布图(概率密度分布图)的形式验证控制组与实验组是否具有分布上的重叠区域,进而检验是否满足共同支撑假设。其次,协变量匹配前后的平衡性检验则用于判断条件独立假设是否被满足。以采用倾向值得分匹配法测量大学教育与教育质量回报率的研究为例,该研究并未进行匹配得分重叠区域检验,无法反映出处理组与对照组的倾向得分范围及重合情况;同时,研究亦未呈现倾向值匹配前后特征变量的差异情况,无法判别匹配后的实验组与控制组在协变量上的偏差是否显著缩小。再者,倾向值匹配得分研究需要切换多种匹配方法以检验匹配结果的稳健性。例如,某研究采用倾向得分匹配法探究受教育程度对居民文化消费的影响。研究仅用匹配法匹配倾向得分,不能有效地证明该匹配方法的稳健性。

### (三) 工具变量法需要进行相关性检验、内生性检验和过度识别检验

首先,相关性检验用以检测第一阶段效应,即工具变量与内生变量的相关程度,若第一阶段回归模型的 F 统计量大于 104.7,表明工具变量是强工具变量,通过相关性检验。其次,内生性检验用以检验内生变量的内生性,以证明研究采用工

具变量处理内生性问题是合理的。再者,过度识别检验适用于模型中工具变量个数多于 1 的情况。若通过过度识别检验则表明工具变量与模型残差无关,满足外生性假设。例如,某研究将配偶受教育程度作为工具变量探究中等职业教育对个体收入的影响。在估计得到中职教育回报率后,研究并未采取相关性检验验证工具变量是否满足相关性假设,也未采取内生性检验验证模型采取工具变量克服内生性问题的合理性。因此,研究无法通过技术手段以验证配偶受教育程度作为工具变量的合理性,因而无从判断由工具变量法估计得到的教育收益率是否可靠。

#### (四)断点回归法需要完成平衡性检验、概率密度检验、安慰剂检验和稳健性检验

首先,有效断点回归设计应当证明控制变量在断点处是连续且平滑的,若控制变量在断点处存在明显跳跃,则违背了处理组与对照组的平衡性假定。例如,某研究采用精确断点回归探究某校本科全英教育对学生学习成绩的影响,其中跑变量为学生 CET 六级成绩,断点为进入全英班的临界分数,结果变量为学生学习成绩。研究并没有检验控制变量(如性别、家庭背景、民族等)是否在断点分数线处存在"跳跃"情况。那么这些控制变量是否在临界值附近存在断点则不得而知,没有完成类似的检验将影响研究本身的科学性。其次,断点回归设计研究通过跑变量分布情况(概率密度图)判断断点附近的样本是否存在操纵处理变量的可能。在该例中,研究未呈现跑变量的分布情况,无法判断临界分数线附近的实验对象是否对测验分数存在人为操纵性。再者,断点回归通过切换断点位置进行安慰剂检验。在该例中,研究未通过额外假定一个或多个临界分数点进行伪断点检验。只有伪断点检验均无法通过,才能说明对学生学习成绩产生实质影响的因素是由原初临界分数决定的全英教育发挥了作用。最后,断点回归设计研究需要取多种带宽以及切换多次项值以检验不同方法的稳健性。全英教育研究未尝试不同带宽,也没有改变跑变量多项式函数的次数,不能证明估计结果的稳健性。

## 第五节　结语

随机实验研究是实现因果推断的"黄金法则"(黄斌,2022),各类准实验研究设计都是殊途同归的,都旨在通过平衡组间的差异构造"反事实"以接近"随机分组"

情境。掌握因果推断的基本设计思路和构造原理对理解各类准实验研究设计法具有重要意义。

　　合格的因果推断研究需要考虑三个要素：对处理或干预条件外生性或随机性的敏感性、研究模型设计的正当性以及有效性检验的完备性。其中，处理或干预条件满足外生性或随机性假设是实现因果推断的关键；研究方法的模型设计是思路设计转化为结果呈现的过渡形式，是数理化因果推断过程中的操作环节；有效性检验是量化判断研究设计科学性的必要证据，体现了因果推断研究的严谨程度。

　　虽然因果推断法在社会科学研究中的广泛应用具有卓越的循证价值，特别是在检验教育政策实施与干预成效中发挥着关键作用，但在实际研究过程中是否采用因果推断法取决于具体的研究问题、数据条件和可利用的外生条件等是否能满足方法适用的基本假设，还涉及实验操作成本与收益之间的利益权衡。比如，随机实验研究本身具有较高的操作成本和伦理风险，除需要专业的学术团队支持之外，实验能否顺利开展还取决于政府或学校部门的协作与配合。此外，不同的准实验研究设计需要满足的数据特征、变量特征和技术特征各不相同，针对具体研究问题选用的因果推断方法是否合适更取决于研究者本人对研究情景的了解程度、统计知识及计量功底等。笔者在文献计量分析中发现，部分所谓的教育"因果推断"研究存在"蹭热度"之嫌，其在准实验研究设计未满足基本假设的情况下强行采用因果推断法进行研究，不仅不能估计出处理的因果效应，反而会恶化估计偏误。可见，未必所有的研究都适合采用因果推断方法，在不满足随机试验或准实验条件的前提下，采用 OLS 回归得到的估计结果往往更具说服力。同时，了解各因果推断方法的原理将有助于理解和解读准实验研究方法的设计思路、实施步骤、估计结果、相关检验等，从而设计出兼具有效性与操作性的因果推断研究。

## 参考文献

Angrist，J.D.，Imbens，G.W.，& Rubin，D.B.（1996）. Identification of Causal Effects Using Instrumental Variables. *Journal of the American Statistical Association*，91(434)，444 – 455.

Angrist，J.D.，& Krueger，A.B.（1990）. Does compulsory school attendance affect schooling and earnings?. Working Papers.

Card，D.（2003）. Earnings, Schooling, and Ability Revisited. Working Papers.

Clark，D.（2010）. Selective schools and academic achievement. *The B.E. Journal of Economic Analysis & Policy*，10(1)，9 – 9.

Alan, De, Brauw, Scott, & Rozelle. (2008). Reconciling the returns to education in off-farm wage employment in rural china. *Review of Development Economics*, 12(1).

Grytten, J., Skau, I., & Sørensen, R.J. (2014). Educated mothers, healthy infants. the impact of a school reform on the birth weight of norwegian infants 1967 – 2005. *Social Science & Medicine*, 105, 84 – 92.

Dehejia, R.H., & Wahba, S. (1999). Causal effects in non-experimental studies: re-evaluating the evaluation of training programs. *Journal of the American Statistical Association*, 94(448): 1053 – 1062.

Heckman, J.J., Ichimura, H., Todd, P.E. (1997). Matching Evidence Job As An Econometric Estimator: Evidence from Evaluating a Job Training Programme, 64(4), 605 – 654.

Hoxby, Caroline, & M. (2000). The effects of class size on student achievement: new evidence from population variation. *Quarterly Journal of Economics*, 115(4), 1239 – 1285.

Lemieux, L.T. (2010). Regression Discontinuity Designs in Economics. *Journal of Economic Literature*, 48(2), 281 – 355.

Mccrary, J. (2008). Manipulation of the running variable in the regression discontinuity design: A density test. *Journal of Econometrics*, 142(2), 698 – 714.

Mckenzie, D., Gibson, J., Stillman, S. (2011). How Important is Selection? Experimental versus Non-Experimental Measures of the Income Gains from Migration. *Journal of the European Economic Association*, (4), 913 – 945.

Neyman, J.S. (1923). Statistical problems in agricultural experiments. *Journal of the Royal Statistical Society*, 2(2), 107 – 154.

Oreopoulos, P. (2006). The compelling effects of compulsory schooling: evidence from Canada. *Canadian Journal of Economics/Revue canadienne d'économique*, 39(1), 22 – 52.

Peter, M.B., & Duncan, O.D. (1967). The American Occupational Structure. New York: Wiley.

Rosenbaum, Paul, R., Rubin, & Donald, B. (1985). Constructing a control group using multivariate matched sampling models that incorporate the propensity score. *American Statistician*, 39, 33 – 38.

Rubin, D.B. (1974). Estimating causal effects of treatments in randomized and nonrandomized studies. *Journal of Educational Psychology*, 66(5), 688 – 701.

Rubin, D.B. (1978). Bayesian Inference for Causal Effects: The Role of Randomization. *Annals of Statistics*, 6(1), 34 – 58.

Rubin, D.B. (1980). Bias Reduction Using Mahalanobis-Metric Matching. *Ets Research Bulletin*, 36(2), 293 – 298.

Rubin, D.B. (1980). Discussion of "Randomization Analysis of Experimental Data in the Fisher Randomization Test" by D. Basu. *Journal of the American Statistical Association*, 75.

Rubin, D.B. (1986). Which ifs have causal answers: Comment on Holland. *Journal of the American Statististical Association*, 81.

Shadish, W., Cook, T., Campbell, D. (2002). Experimental and Quasi-Experimental Designs For Generalized Causal Inference. *Houghton Mifflin*.

Dynarski, S.M. (2003). Does aid matter? measuring the effect of student aid on college attendance and completion. *The American economic review*, 93(1), 279 – 288.

Zimmerman, S.D. (2019). Elite Colleges and Upward Mobility to Top Jobs and Top Incomes.

*American Economic Review*，109(1)，1 - 47.

董丽霞.(2018).中国的收入机会不平等——基于 2013 年中国家庭收入调查数据的研究.*劳动经济研究*,6(01),44 - 62.

郭申阳.(2012).倾向值分析:统计方法与应用.重庆:重庆大学出版社.

黄斌,李波.(2022).因果推断、科学证据与教育研究——兼论 2021 年诺贝尔经济学奖得主的教育研究[J].华东师范大学学报(教育科学版),40(04),1 - 15.

吕林海.(2020)."拔尖计划"本科生的"学习参与"及其发展效应研究——基于全国 12 所"拔尖计划"高校的问卷调查.*教育发展研究*,40(Z1),26 - 38.

武玮,祁翔.(2019).流动儿童会影响城市本地儿童的学业表现吗？——基于同伴效应的考察.*教育与经济*,(03),87 - 96.

约翰·斯图亚特·穆勒.(2014).*逻辑体系*.上海:上海交通大学出版社.

赵西亮.(2017).*基本有用的计量经济学*.北京:北京大学出版社.

# 第十一章　教育研究中单一被试实验法的应用与误用

*张畅芯*

单一被试研究方法在科学研究中具有重要作用，尤其在面对小样本、特殊群体的研究中得到了广泛的应用。单一被试实验设计有多种类型，主要包括撤销设计、多重基线设计、交替处理设计以及变更标准设计等。近年来为了满足研究的需要，该方法出现了诸多变式，也相应地产生了多种数据分析方法。与此同时，对各种变式的选择和使用上也出现了一些错误。本章将介绍单一被试实验法及其在教育学研究中的应用，并结合典型的案例介绍单一被试实验的使用方法，以期读者深入理解各种变式之间的联系与区别，在研究中合理选择和正确使用该研究方法，并对研究结果做出合理的解释。

## 第一节　单一被试实验法的概况与实验设计

单一被试实验，顾名思义是指以一个或几个被试为研究对象，通过分析被试在基线期与处理期的行为变化来推断实验处理是否有效的一种研究方法。其自变量和因变量的确定、研究设计等都具有自身要求。

### 一、单一被试实验法的概况

单一被试实验是在相对较长的一段时间内多次对一个或几个被试的目标行为进行重复测量，并通过比较不同时期数据的变化来推断实验处理是否有效的一类研究方法。它的优点是可以对一个或几个被试进行长时间的追踪，并收集大量的详细数据，对于干预或治疗方法的效果进行评估。因此单一被试实验法在教育学、心理学等领域的研究中具有重要作用，常应用于行动研究、教育干预和心理咨询等，尤其在面对小样本、特殊群体的研究中得到了广泛的应用（Morgan & Morgan，

2009；McReynolds & Kearns，1983；Odom et al.，2005）。

作为实验法的一种，每个单一被试实验都应有自变量和因变量。在干预研究中，自变量通常是实验处理即干预方法，因变量则是被试的目标行为。一般来说，在进行单一被试实验设计之前，首先应该确定要测量的目标行为（因变量）并对其给出明确的操作定义。由于实验中跨时间多次记录实验数据，因此，单一被试实验也属于时间序列研究。单一被试研究的关键特征是在一段时间内对一个或几个被试的目标行为进行多次测量，用测量得出的数据对干预的效果进行评价。由于这种方法仍然需要收集目标行为的数据，研究结果依赖于对测量数据的统计分析，因此，单一被试实验属于定量研究而不是质性研究。

在最基本的单一被试实验设计中，研究者通过比较基线期和干预期数据的变化来推断实验处理是否有效，因此对于基线期数据的收集至关重要。基线期的平稳性体现了实验对某些无关变量的有效控制，并决定了实验的内部效度。在实验中，每一名被试都应完整地参与实验的所有阶段，而非某一名被试只参与某一个或几个阶段。为了更好地控制无关变量，满足研究的需要，单一被试实验设计的类型不断得到扩展。目前，单一被试实验设计的主要类型包括撤销设计、多重基线设计、多重探测设计、交替处理设计以及变更标准设计等。接下来，将详细介绍这几类实验设计的特点及应用。

## 二、AB 设计

AB 设计是最基本的单一被试实验设计。首先，对目标行为（即因变量）进行重复测量，用重复测量的结果确立基线期（A）。当基线期稳定之后，引入干预（即自变量），目的是为了对目标行为产生影响，这一阶段为干预期（B）。在干预期内，要对目标行为进行多次测量，一直到干预期结束。在统计分析中，将基线期和干预期目标行为的数据进行对比，并推断干预期的数据是否较基线期有显著变化（Michiels & Onghena，2019）。在采用 AB 设计的实验中，基线期的稳定对于实验结果的说服力至关重要。

采用 AB 设计应注意对无关变量的控制，尽量确保因变量在干预期所发生的变化仅由自变量的引入而产生，而不是受无关变量的影响所产生。例如，目标行为应该是能够持续测量的，并且目标行为不因测量次数的增加而改变。如果目标行为的测量会产生练习效应,则不宜采用单一被试实验设计。另外,在对目标行为进行测量时,应避免出现"需求特征"(demand characteristics)。"需求特征"指被试因猜测到研究的真实目的而改变了自己的行为或作答来迎合研究者。在研究对象有可能猜到研究目的的实验研究中,应尽量避免出现"需求特征",从而影响研究的内部效度。

AB 设计的优点是设计简便,缺点是有诸多潜在的无关变量。例如儿童随年龄增长而出现的身体和心理上的成熟可能会影响目标行为的测量结果,而对"成熟"这一变量在该研究设计中难以控制。

## 三、撤销设计

撤销设计(Withdrawal design)又称 ABA 设计,是对于 AB 设计的扩展,它能够更好地对历史和成熟等无关变量加以控制。这一设计包括对自变量的引入和撤销,因此自变量对于因变量的影响更为明确。若将自变量撤销后因变量回到基线期的水平,那么就说明干预期因变量的变化并非由于年龄增长的成熟造成的。根据沃纳利(Wolery)等人的研究,撤销设计至少需要包含两个基线期和一个干预期,多则没有限制,例如 ABAB 设计、ABABABA 设计都是撤销设计的变式。同样,在一个撤销设计实验中,可以采用不同的干预方法,例如 ABACA 设计中,C 是不同于 B 的第二种干预。

与 AB 设计相似,撤销设计的特点是将干预的效果与基线期进行对比。因此,基线期的稳定对干预效果的验证至关重要。需要注意的是,在自变量撤销后(即干预期结束后),需要进行第二次基线期的测量,在第二个基线期,目标行为的观测数据应回到第一次基线的水平。否则,可能说明目标行为的变化不只是由自变量引起的,还可能由其他无关变量引起,研究的内部效度就会受到质疑。

撤销设计的优点是设计简便,对于干预效果的观察较为直观。这种设计的缺点是适用范围较为有限。使用撤销设计时需要注意如下几点事项。第一,如果撤销干预违反了实验伦理,则不适宜采用撤销设计。例如,在持续干预的过程中突然撤销干预会对被试带来身体或心理上的伤害,则不应采用撤销设计。第二,当干预的方法对目标行为带来的影响是长期、稳定的,或因变量的改变是不可逆的情况下,目标行为在干预撤销之后难以马上回到基线水平,这种情况用撤销设计也是不合适的。第三,当研究目的是比较两种或多种干预效果的差异时,不适合采用撤销设计。撤销设计无法比较两种或多种干预效果的差异,在一个研究中只能对一种干预方法进行研究。

## 四、多基线设计

上一部分提到,当干预基于伦理等因素无法撤销,或者当干预会带来长期的影响时,则不适合采用撤销设计。这种情况下,可以采用多基线设计(multiple baseline design)来代替撤销设计。多基线设计在 AB 设计的基础上改变了不同被试、不同情境或不同目标行为之间的基线期的长度。在研究开始的时候,一般可以至多记录 3 个基线期:例如,三名被试的同一种行为,同一个被试的三种不同行为,或者同一个被试在三种不同情境下的反应。这三种设计分别称为"跨被试的多基线设计""跨行为的多基线设计"和"跨情境的多基线设计"。

"跨被试的多基线设计"一般选取至多三名被试。在不同的时间点对不同被试开始干预,不同被试的基线期长度不一致。当其中一名被试完成基线期的数据记录进入干预期时,另外两名被试仍继续进行基线期数据的记录,将接受干预的被试的数据和仍在基线期的被试的数据之间进行对比。这种设计能够较强地揭示自变量(干预)与因变量(目标行为)之间的因果关系。由于不同被试的基线期长短不一,因此可以排除随年龄增长的成熟这一干扰变量对于因变量的影响。要注意干预前被试间潜在的数据污染,即只有接受干预的被试的目标行为发生变化。若被试超过 3 名,则随机分配到这三种基线条件中。

"跨情境的多基线设计"采用一种干预方法对同一名被试在不同的情境下进行干预,例如医院、家庭、学校。在这三种情境下分别收集基线期数据,不同情境下基线期的长度不一致。

"跨行为的多基线设计"采用同一种干预方法对同一名被试的至多三种目标行为进行干预,对于每一种目标行为干预的起始时间不一致,即基线期长度不一致。需要注意的是,不同的目标行为应是相互独立的,自变量(干预)对于某一种目标行为的影响不能够影响到其他目标行为。

多基线设计可以有效地控制历史、成熟等无关变量对研究结果的影响。例如,以跨被试多基线设计为例,当第一名被试已经完成干预期的全部测量,而此时第二名同龄的被试仍在记录基线期的数据、尚未开始干预期的记录时,如果该被试在基线期的数据保持平稳,那么就可以认为第一名被试在干预期发生的变化不太可能是由于儿童年龄增长造成的(Gutman et al.,2012)。因此这一设计不但显著提高了研究的内部效度,对无关变量的控制更加有力,而且使研究者对数据的统计更有效力。

## 五、交替处理设计

前文中介绍的 AB 设计、撤销设计和多基线设计均适用于对一种干预方法的效果进行评价的研究。在实践中,当研究者需要对两种或两种以上干预方法进行比较的时候,可以采用交替处理设计。被试交替处理设计用于比较两种或两种以上干预条件对于同一个(组)被试的影响。不同干预条件的效果可以进行相互对比,并与基线期进行比较。这种设计最基本的形式是两种干预交替进行,基线期的记录不是必需的。除了最基本的设计之外还有几种变式,例如首先设立一个基线期,然后引入两种或多种交替进行的干预方法,之后撤销干预,收集第二个基线期的数据。需要注意的是,选择的两种(或多种)干预方法之间不能相互影响,否则后一次的干预效果会受到前一次干预的影响,反之亦然。因此,研究者应尽量避免不同干预方法的相互影响,至少尽可能保证不同的干预方法对于目标行为的作用是相对独立的。如果无法完全避免多种干预方法间的相互影响,多种干预方法顺序的随机化可以从一定程度上避免这个问题。

交替处理设计的主要目的之一是对两种或多种干预方法进行对比,因此,应用此种变式时不一定要对基线期的数据进行收集。在有些研究中,无法对基线期的数据进行收集。例如瓦克尔等(1990)发表在《应用行为分析杂志》(*Journal of applied behavior analysis*)的一项研究探究同伴介入法对自闭症儿童的社会交往行为进行干预,在同伴介入之前自闭症儿童无法和同伴发生互动,而当同伴介入之后干预期已经开始,因此在该研究中无法对基线期的数据进行收集。采用交替处理设计的一个优点是对基线期的建立不是必需的。因此对于该类研究,可以采用交替处理设计来进行。

## 六、变更标准设计

变更标准设计(changing criterion design)最先由霍尔(Hall)命名,并最先由韦斯和霍尔(Weis & Hall)进行报告(Hartmann,& Hall,1976),目前已经有 40 余年

的使用经验。霍尔将变更标准设计归为多基线设计的一种,但也有研究者认为这种实验设计不同于多基线设计(Cooper et al.,2007)。这种设计用于记录对于预期目标逐步趋近的动态过程,当因变量的改变达到预期目标的过程是循序渐进的、无法一蹴而就时,则适合采用变更标准设计来监测因变量改变过程中的各个阶段。

在研究开始时需要对目标行为(因变量)进行基线期测量,基线期稳定之后加入一系列的干预期。这样,每一个小的分段的干预期都可以作为下一个干预期的基线。在连续干预的过程中,每一个干预期的标准都会根据前一次干预的结果发生变更。当目标行为的变化随着标准的变更发生变化时,说明干预的效果可以被重复,且实验控制是有效的。这个序列是关于是否达到标准的方程。研究者可以调整标准,标准随着干预过程而改变。因此,标准逐步提升或者降低。但需要注意的是,当标准提高或降低到极值时,因变量有可能出现"拐点"(mini-reversal)。例如当儿童的阅读成绩在干预训练下不断地提升,进而评价标准也逐步提高,但是当标准提高到一定程度时,儿童反而可能达不到标准导致某一次干预"失败"。因此,在改变标准的过程中要注意步距适当,每次改变标准后等待儿童的目标行为趋于稳定后再进行标准的调整。

## 第二节　单一被试实验法应用举例

在上一节中介绍了单一被试实验法几种类型的基本原理和特点。本节中将以教育教学和特殊儿童康复干预实践中的研究为例,对单一被试实验法的几种不同类型进行介绍。由于 AB 设计和撤销设计较为简单易懂,在此不加以详细举例。本节中将结合研究中案例对多基线设计、交替处理设计、变更标准设计进行介绍。

### 一、基于多基线设计的单一被试实验研究

在这一部分中,将以古特曼(Gutman et al.,2012)发表在《美国职业治疗杂志》(*The American Journal of Occupational Therapy*)的一项研究为例,介绍多基线设计。这项研究旨在采用基于运动的角色扮演游戏对高功能自闭症青少年社交行为进行干预,并探讨干预是否有效,是一项跨被试多基线单一被试实验。研究者招募了 7 名高功能自闭症儿童作为被试,将这 7 名儿童随机分为三组。每一组具有

相近的基线期,不同组的基线期长度不一。三组被试的平均基线期分别为 15.6 个月、37.68 个月,以及 40.53 个月。三组被试的平均干预期分别为 38.6 个月、50.025 个月,以及 56.19 个月。也就是说,当第一组被试已经完成干预期时,第三组被试仍在基线期,尚未开始干预。结果表明,在干预期自闭症儿童的社交行为指标较基线期有明显的提升。通过多基线设计可以排除年龄增长和成熟等因素对因变量(社交行为)的影响,进而表明因变量的改变有很大的可能性是由自变量引起的。从这个例子中可以看出,多基线设计提高了实验对自变量和因变量之间因果关系的解释效力,增加了研究的内部效度,相较于 AB 设计更好地对无关变量进行了控制。

## 二、基于交替处理设计的单一被试实验研究

在这一部分中,将以前文中提到的瓦克尔(Wacker et al.,1990)发表在《应用行为分析杂志》期刊的一项研究为例,介绍交替处理设计。在这项研究中,研究者试图通过融合游戏的方法对自闭症儿童的社交互动行为进行干预。研究中有两名正常儿童作为自闭症儿童的同伴邀请自闭症儿童一起游戏。干预方法一中,正常儿童的邀请语是:"让我们一起玩_____游戏吧! 这是我最喜欢的游戏!(Let's play _____; it's a favorite game of mine.)"干预方法二中,正常儿童的邀请语是:"让我来教给你如何游戏吧!(Let me show you how to play _____.)"除了邀请语之外,正常儿童在两种干预方法的互动游戏中所做出的行为均一致。研究者试图探究上述两种干预方法对于自闭症儿童社交行为的干预效果是否有差异。研究者对社交活动的操作性定义是自闭症儿童发起的有效互动次数占总互动次数的百分比,并对这一指标进行统计。作者提到,由于在引入干预之前,正常儿童和自闭症儿童之间没有互动的情境,因此本研究无法进行基线期的测量,直接进入干预期,采用交替处理设计来比较两种干预方法的差异。两种干预方法各经过 10 次干预后,自闭症儿童发起有效互动的比例如图 11-1 所示。

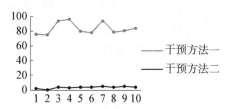

图 11-1　自闭症儿童发起的有效互动次数占总互动次数的百分比
[根据瓦克尔等(1990)的研究数据绘制]

由图 11-1 可以看出,在第一种干预方法的干预下,自闭症儿童主动发起的互动的百分比显著高于第二种干预方法下。虽然本研究无法对基线期的数据进行收集,但是采用交替处理设计,从干预期的数据来看,第一种干预方法显著优于第二种干预方法。

## 三、基于变更标准设计的单一被试实验研究

下面以弗勒德和怀尔德(Flood & Wilder, 2004)发表在《儿童教育与干预》(*Education and Treatment of Children*)期刊的一项干预研究为例,详细介绍变更标准设计。这项研究的目的是探究强化和消退对于一名 11 岁的分离焦虑儿童离开照料者(母亲)的时间长度的影响。在基线期,当母亲离开儿童后,儿童马上表现出了情绪化的行为,例如哭泣、抱怨、请求联系母亲等。在干预期中,当儿童在妈妈离开后没有表现出情绪化的行为时,研究者给予儿童他喜欢的物品作为奖励。随着干预次数的增加,从妈妈离开到儿童表现出情绪化行为的时间间隔越来越长。该研究采用变更标准设计来评估干预的效果,结果表明干预方法成功地延长了儿童出现情绪化行为的时间间隔。

在上述研究中,最主要的因变量是从妈妈离开后到儿童出现情绪化行为的时间间隔(即情绪化行为的潜伏期)。自变量是对替代行为的差别强化干预法(differential reinforcement of other behavior, DRO),如果儿童在主试规定的时间内没有出现情绪化行为,那么他就可以玩喜欢的玩具,或得到喜欢的糖果等。干预的目标是连续干预两个疗程后将潜伏期延长一倍(即为原来的两倍),也就是说,每次干预的目标(参照标准)会发生变化,这体现出了标准变更设计的特点。例如,第1、2 次干预的目标为 3 分钟,第 3、4 次干预的目标延长为 6 分钟,第 5、6 次干预的目标则延长为 12 分钟,以此类推。在实际干预中,每次干预的目标依据实际情况有所调整,具体目标如图 11-2 所示。干预的频率为每周干预 2 次,干预期总共持续 23 周。

干预结果如图 11-2 所示,图中呈现的是从儿童的母亲离开到儿童出现情绪化行为的时间间隔(即潜伏期)。从基线期的三个数据中可以看出,在没有干预介入的情况下,母亲一离开,儿童马上就表现出情绪化行为。在干预期,除了第 30 次干预时儿童没有达到目标,其他的干预中均达成了目标。最终,从第 27 次干预到

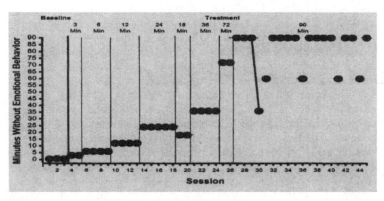

图 11-2　从母亲离开到儿童出现情绪化行为的时间间隔

干预结束,儿童能够在母亲离开后的 90 分钟内不出现情绪化行为。

## 第三节　单一被试实验法常见使用误区

如前文中所述,单一被试实验法具有几个明显的特点。主要特点之一是样本量较小,面向的群体多为问题儿童或疾病患者等特殊人群,不易找到更多的同质性样本对研究进行复制或重复。此外,单一被试实验的整个研究可以被划分为基线期、干预期、干预后等若干个阶段。基于这些特点,在应用该方法时也存在一些误区。本节中将对单一被试实验法使用中的四个常见误区进行阐释。

### 一、使用误区一:单一被试实验研究法的结论难以向其他群体推广

单一被试实验法适用于小样本、少量被试的研究,甚至在某些情况下只需要一个被试就可以完成研究。因此,有些研究者或者读者认为单一被试实验法的研究结果不易向更多人群推广。例如一项研究发现某种阅读训练法针对一位具有阅读困难的儿童有明显的效果,但是这一研究结果无法说明该训练方法对其他阅读困难儿童的阅读训练能够产生同等效果。实际上,单一被试实验法的研究对象虽然数量有限,群体范围较窄,且多数情况下并非随机抽样而获得,但其研究结果仍然具有群体的可推广性,例如推广到同质性较高的群体。经过某一项研究发现有效的干预方法,在适当改变或扩展群体后,仍有可能存在显著的效果。因此,由于研

究的被试数较少而认为该研究方法的结论难以推广是有失公允的。对于单一被试实验结果的可推广性的验证方法将在下一部分中提及。

## 二、使用误区二：单一被试实验不需要复制

单一被试实验采用小样本的研究对象，不易找到更多的同质样本对研究进行复制或重复（replication）。因此，有的研究者认为单一被试研究不需要或者不易像其他类型的实验研究一样进行复制或重复。但实际上，单一被试研究法也需要复制，来验证实验结果的可靠性和推广性。

实验的复制是指某种处理在实验中被实施之后，再一次实施同样的实验处理，以验证其可靠性（Tincani & Travers，2019）。当先前的实验结果再次得到验证后，研究结论才具有说服力。复制分为直接复制和间接复制（Kratochwill et al.，2010）。直接复制是指反复实施完全相同的实验处理，分为被试内直接复制和被试间直接复制。例如对同一个或同一类被试实施 ABAB 或 ABABAB 等设计，通过对实验处理进行复制来验证实验结果的可靠性，这个过程属于被试内直接复制。如果研究者发现某种干预方法的效果在一个或一组被试中得到了验证，进而希望在更广泛的被试群体中验证此干预方法的可推广性，那么研究者在另一组被试中重复该干预方法，并对干预效果进行分析，这个过程属于被试间直接复制。

间接复制也称为系统性复制，指的是改变实验处理的某些方面，并对改变后的实验处理进行复制。通过间接复制，研究者可以更加明确干预方法产生效果的范围，或者对干预方案进行改进并验证改进后的干预效果。一般来说，间接复制可以分为实验内系统复制和实验间系统复制。实验内系统复制是指在同一个实验中对某些实验条件进行微调，并分析实验条件改变前后数据模式的差异。可微调的实验条件一般包括被试类型、干预方法、实施情境或目标行为等。实验间的系统复制指在不同的实验中对相似的实验处理进行复制。系统复制的目的之一是探明某种干预方法或实验处理的使用范围和可推广性，即这一干预方法可以推广到哪些被试类型、实验情境或目标行为中。单一被试研究属于应用研究，一个重要的目的是为教育干预提供实践依据，而不仅是研究某种干预方法对于某一个（组）被试是否有效。因此，对于干预方法的可推广性的检验是必要的，这时候就需要用到系统性复制。

目前,在大多数的单一被试研究报告中,都忽略了间接复制(即系统性复制),跨被试的实验复制更为少见(韦小满,杨希洁,2018)。直接复制和间接复制不仅可以帮助研究者检验实验的内部效度,而且可以对干预方法的可推广性进行检验。因此,研究者应重视对单一被试实验的复制以及对复制结果的报告。

## 三、使用误区三:研究各阶段的采样点越多越好

不同类型的单一被试实验都有一个共同特点,即整个研究划分基线期、干预期、基线期等几个阶段,并将不同阶段的数据进行统计分析,来探究实验处理是否有实质性的效果。常见的实验阶段包括一个或多个基线期和干预期。一般来说,基线期收集的数据点最好在 3—7 个之间(韦小满,杨希洁,2018),只要数据稳定下来就可以结束基线期的收集而进入干预期。例如,如果一个研究的基线期收集了三个数据点,三个数据点的趋势十分平稳和平定,那么理论上来说就可以进入干预期。而如果另一个研究的基线期收集了 7 个数据点后才相对稳定,进入干预期,并不能说明这个研究比基线期只有三个数据点的研究更为可靠。相反,有可能第二个研究的基线期不够稳定,才导致研究者收集了更多的数据点。因此,在分析和解读研究结果时,不能单纯地以各阶段数据点的数量多少来判断研究的可靠性,而是要通过对详细数据进行考量之后才能够得出结论。

## 四、使用误区四:所有的单一被试实验都需要有基线期

本节在介绍单一被试实验的概念时曾提到,研究者通过比较基线期和干预期数据的变化来推断实验处理是否有效。具有基线期是单一被试实验的特征之一。是否所有的单一被试实验都要有基线期,是一个具有争议性的问题。这里需要澄清的是,并不一定所有的单一被试实验研究都有基线期。近年来随着单一被试实验类型的增多,有研究发现,对于某些研究来说,基线期并非必须收集。这类研究多为交替处理设计。例如前文中提到的瓦克尔等人在 1990 年发表的研究中,研究者采用同伴介入法对自闭症儿童的社会交往行为进行干预,在同伴介入之前自闭症儿童无法和同伴发生互动,而当同伴介入之后干预期已经开始,因此在该研究中无法对基线期的数据进行收集,直接进入干预期。交替处理设计的主要目的之一是比较两种或多种干预方法效果的差异,因此,其结论不一定是通过干预期的数据

与基线期数据的对比得出,而是可以通过比较不同干预方法在干预期的数据得出。采用交替处理设计时对基线期的建立不是必需的。

## 第四节　结语

本章对单一被试实验法进行了介绍。总的来说,单一被试实验有如下三个特点:第一,被试是实验处理的单位,研究对象可以仅有一个被试,也可以有一组被试;第二,在实验的过程中,被试本身为实验提供控制和对比,例如在干预期之前的目标行为与干预期的目标行为进行对比;第三,被试的目标行为在不同的时间段中被多次重复测量。

虽然单一被试研究与个案研究具有相似之处,都是在相对较长的一段时间内对极少数被试进行研究,但单一被试实验属于实验研究,是一种量化研究方法,不等同于个案研究。两者的主要区别有如下几个方面:个案研究是对被试的行为的主观描述,而单一被试实验则是对被试的某个目标行为的客观测量;个案研究描述干预对于被试的改变,但是不一定具有明确界定的目标行为,而单一被试实验有明确的目标行为,并对其进行了操作性定义;个案研究的研究报告一般是叙事性的,但单一被试实验的研究报告则属于实验报告,需精确地报告研究方法,包括测量过程和统计方法;个案研究多数为纵向、追踪研究,而单一被试实验则是时间序列研究;个案研究无法明确界定自变量与因变量之间的因果关系,而作为实验研究,单一被试实验可以明确界定自变量和因变量之间的因果关系;个案研究中几乎不包含对研究变量的操纵,例如对自变量进行操纵,而单一被试实验在不同时间采用不同的干预方法,对自变量进行操纵,并对外部变量进行细致的控制;个案研究的结果可以被推广到其他研究,单一被试实验的结果不仅可以被推广,而且可以作为假设被检验。

一个控制严格、具有较好的解释效力的单一被试实验应该具有如下特点:第一,自变量(例如干预过程)被系统地操纵,研究者决定自变量在何时发生怎样的变化。第二,目标行为应随着时间的推移系统地进行测量,如果测量的过程中需要主试的主观评分,应纳入至少两名评分者,并对评分者信度进行评估。第三,基线期或干预期应至少包含三个数据点。基线期应确保数据点平稳之后才可进入干预期。干预期应至少对目标行为进行三次重复测量,来评估干预的作用。

单一被试实验有多重类型,其中 AB 设计、撤销设计较为简便,但对结果的解释效度也相对较低,难以排除无关变量的影响。多基线设计对无关变量的控制较好,对自变量和因变量之间因果关系的解释力度也有所增强。交替处理设计可用于对两种或多种干预效果的比较,特殊情况下可以不记录基线期。变更标准设计适用于因变量的改变较为缓慢的干预研究,来监测因变量改变过程中的各个阶段。交替处理设计和变更标准设计也可以实现较好的控制,对实验结果有较好的解释力度。

对于单一被试实验来说,常见的影响内部效度的因素有以下几种:第一,干预过程中发生于被试的事件,即"历史"。对于任何时间序列设计来说,历史都是影响研究内部效度的一个重要威胁。第二,儿童的年龄增长和成熟。第三,被试间差异、评分者偏差等系统误差。第四,数据的均值回归。在针对特殊群体的单一被试研究中,研究者倾向于选择某些方面表现得最为极端的儿童。但这些儿童的其他变量测量可能比同类儿童更趋向于平均水平,这可能会与干预的效果相混淆。第五,研究过程中某个被试的流失。第六,测量过程带来的偏差。单一被试实验的主要特点之一是需对被试的某个目标行为进行多次重复测量。如果测量工具出现练习效应或疲劳效应,将造成结果的偏差,对研究的内部效度带来影响。第七,被试在多次重复的测量中猜到了研究者的目的,并尽可能地调整自己的行为来迎合研究者的目的,即出现了"需求特征"。尤其是在基线期、干预期多次交替出现的实验中,"需求特征"更容易出现。研究者在实验设计时应注意上述因素,在实验设计、统计和被试的选择等方面将无关因素可能造成的影响降到最低程度。在对实验结果进行解释时,也应注意识别研究过程中的干扰因素,并分析这些因素可能对研究造成的影响。

提高单一被试实验内部效度的方法之一是重复,包括直接重复和间接重复。直接重复包括对数据点的重复收集,复制或撤除实验的某些阶段,来排除可能的无关变量干扰,提高内部效度。例如相较于 AB 设计,撤销设计能够更好地排除历史和成熟这两个潜在混淆变量的影响。有些研究者甚至会多次重复基线期和干预期来保证研究的内部效度。间接重复或系统性重复也可以对研究结果进行检验,提高研究的内部效度。此外,间接重复还可以对研究结论的推广性进行测量。

单一被试实验法在面对小样本、特殊群体的教育学、心理学研究中具有广泛的应用,有其他研究方法不可替代的作用。研究者在使用该方法时应根据实际研究目标选择实验的类型,事先对实验的长度进行预测。在实验设计和实施时应注意控制潜在无关变量的干扰。对于实验中收集的数据,应采用统计分析法进行分析,并对研究结果进行合理的解释。

## 参考文献

Bloom, M., Fischer, J., & Orme, J. G. (2009). *Evaluating practice: Guidelines for the accountable professional* (6$^{th}$ ed.). Boston: Pearson.

Cooper, J. O., Heron, T. E., & Heward, W. L. (2007). *Applied behavior analysis* (2nd ed.). Upper Saddle River: Pearson Educati on, Inc.

Gutman, S. A., Raphael-Greenfield, E. I., & Rao, A. K. (2012). Effect of a motor-based role-play intervention on the social behaviors of adolescents with high-functioning autism: Multiple-baseline single-subject design. *The American Journal of Occupational Therapy*, 66(5),529 - 537.

Hartmann, D. P., & Hall, R. V. (1976). The changing criterion design. *Journal of Applied Behavior Analysis*, 9(4),527 - 532.

Horner, R. H., Carr, E. G., Halle, J., McGee, G., Odom, S., Wolery, M. (2005). The use of single subject research to identify evidence-based practice in special education. *Exceptional Children* 71(2),165 - 179.

Hua, Y., Hinzman, M., Yuan, C., & Balint Langel, K. (2020). Comparing the effects of two reading interventions using a randomized alternating treatment design. *Exceptional children*, 86(4), 355 - 373.

Klein, L. A., Houlihan, D., Vincent, J. L., & Panahon, C. J. (2017). Best practices in utilizing the changing criterion design. *Behavior analysis in practice*, 10(1),52 - 61.

Kratochwill, T. R., Hitchcock, J., Horner, R. H., Levin, J. R., Odom, S. L., Rindskopf, D. M., & Shadish, W. R. (2010). Single-case designs technical documentation. *What works clearinghouse*.

Michiels, B., & Onghena, P. (2019). Randomized single-case AB phase designs: Prospects and pitfalls. *Behavior Research Methods*, 51(6),2454 - 2476.

Morgan, D., & Morgan R., (2009). Single-case research methods for the behavioral and health sciences. Los Angles, Sage Publications Inc.

McReynolds, L. & Kearns, K. (1983). Single-subject experimental designs in communicative disorders. Baltimore: University Park Press.

Odom, S. L., Brantlinger, E., Gersten, R., Horner, R. H., Thompson, B., & Harris, K. (2005). Research in special education: Scientific methods and evidence-based practices. Exceptional Children 71(2),137 - 148.

Tincani, M., & Travers, J. (2019). Replication research, publication bias, and applied behavior analysis. *Perspectives on Behavior Science*, 42(1),59 - 75.

Wacker, D., McMahon, C., Steege, M., Berg, W., Sasso, G., & Melloy, K. (1990). Applications of a sequential alternating treatments design. *Journal of Applied Behavior Analysis*, 23 (3),333 - 339.

韦小满,杨希洁.(2018).单一被试研究法在我国特殊教育研究中应用的回顾与前瞻.*中国特殊教育*,(07),15 - 19.

# 第十二章　教育研究中元分析方法的应用与误用

谢　晨

元分析(meta-analysis)是对一个领域内已有量化研究的研究,在统计技术上是以效应量(Effect Size)为基石的。2018 年全球最大教育单项奖"一丹教育研究奖"的获得者——美国西北大学统计学家拉里·赫奇斯(Larry Hedges)教授,正是元分析方法的主要开创者和推广者,元分析方法中一个重要的效应量指标 Hedges'g 即是用他的名字命名。

若对元分析方法进行全面系统讲解可能一本书的体量也只能讲明一些基础。本章的主要目的是概括介绍元分析方法及其在教育领域应用中的基本步骤与规范,在帮助读者整体回顾与把握元分析方法的基础上,探讨教育领域元分析应用的一些常见错误,帮助初级元分析工作者反思、改进其工作,共同致力于元分析方法在国内教育研究工作中的推广与普及。

## 第一节　元分析概述

元分析是一种针对量化研究文献的系统综述方法,是对一个领域内已有研究的研究。相对于传统的文献综述类方法,元分析在方法学上的主要特点是全面性、系统性、客观性、可复制性、可验证性。元分析方法的主要功能或者说基本用途是,在总结选定领域内量化研究结果时,能以系统的、平等的方式处理数量众多的研究,能够超越对显著性检验的依赖来回答变量间关系的强度问题,能计算多项研究结果的平均值,并且探究研究结果之间差异的来源。

在英文的教育研究期刊中,元分析方法已经非常普遍,并且受到高度重视。以国内最常谈论的 SSCI(social science citation index)为例,当前共收录教育研究类学术期刊 268 种,根据各种期刊的 5 年影响因子排序,第一名和第二名分别是《教育研究评论》(Review of Educational Research)和《教育研究评论》(Educational Research Review),都是专门发表文献述评(review)类论文的期刊,这两本杂志中应用元分析方法的论文可谓是随处可见。在投稿过程中,期刊编辑和同行评审专家也经常会问这类论文的作者:"为什么你没有使用元分析方法?"除非该领域或该文章确实不适合元分析方法,否则投稿作者就不得不去补课了。

## 第二节　元分析的基本步骤与规范

综合几位元分析方法领域代表性学者的研究成果(Borenstein, Hedges, Higgins & Rothstein, 2009; Glass, McGaw & Smith, 1984; Lipsey & Wilson, 2001),可知元分析研究方法通常包含六个基本步骤:(1)总体规划;(2)全面的文献搜集;(3)筛选标准的设定与应用;(4)合格研究的编码;(5)效应量的识别与计算;(6)统计分析。从此处着眼,可以对两种常见的元分析概念进行理解与区分:狭义的元分析,通常仅探讨六个步骤的最后两步,主要是在相关的统计方法与技术层面的探讨;广义的元分析,则是从更加完整的方法学角度包含所有六个步骤的研讨。

### 一、总体规划

在实施正式的元分析之前,首先需要对一项元分析研究进行整体的规划与设计。大致圈定一项元分析的"主角"(即元分析要探讨的几个核心变量)之后,应进行一次对于已有元分析的检索与分析。以几个核心变量为检索词,搜集与该元分析的研究主题相同或相似的元分析,包含该研究主题的更大领域的元分析、被该研究主题所包含的更窄领域的元分析等。鉴于一些领域元分析的数量很少或者几乎没有,可能还要搜集相关领域的非量化的文献综述、文献述评等,在英文文献中对应的主要是 Research Review 类的论文。通过对这些成果的研究,有助于尽快掌握研究领域的知识地图,也有助于识别过往研究的不足,准确定位自己的元分析的研究问题与研究贡献。

### 二、全面的文献搜集

全面性、彻底性、客观性、平等性是元分析的文献搜集工作质量的评价标准。

为了穷尽所有可能符合条件的研究,元分析者应对所有相关的数据库进行检索,不仅包括经过同行评议的公开发表的期刊论文,也应包括没有公开发表的学位论文、会议论文、研究报告等。检索数据库时,应对检索过程进行详细记录与汇报,包括但不限于数据库名称、检索词与检索语句、检索字段的范围、出版时间限制等,可能还需根据各个数据库的检索界面做出调整。

例如,我们在一篇聚焦中国内地教育技术干预方案对数学成绩影响的元分析中(Xie, Cheung, Lau & Slavin, 2020),检索的英文数据库包括 SSCI in Web of Science, ERIC, JSTOR, Psyc INFO, Education (A SAGE Full-Text Collection), Education Full Text, ProQuest Dissertation & Theses, ProQuest Dissertation & Theses (UK & Ireland), Digital Dissertation Consortium, EdITLib。使用布尔运算符、括号、通配符编写的检索语句是:((China OR Chinese) AND math* AND (experiment* OR trial* OR intervention* OR treatment*) AND ("educational technology" OR "instructional technology" OR "computer-assisted instruction" OR "interactive whiteboards" OR multimedia))。检索字段范围是"anywhere except full text",时间范围是从 1986 年到 2019 年。如果某个数据库不能使用上述检索规则,则为该数据库编写与上述检索规则最接近的替代方案。对于中文数据库,我们采取了相对应的、最接近的检索方案,数据库包括中国知网的四个子数据库:学术期刊全文数据库、博士论文全文数据库、硕士论文全文数据库、会议论文全文数据库。

除了专门的学术文献数据库,谷歌学术(Google Scholar)类的综合检索引擎有助于发现没有被学术数据库收录的其他来源文献。基于对前期检索成果的积累和分析,可以发现研究领域的主要期刊、学术组织、主要资助者或资助基金会、主要的研究项目与研究团队等关键信息,元分析者可以逐一检索,以确保没有遗漏。

除了各类检索工作,元分析者还可以直接向研究领域的同仁问询信息,查漏补缺,特别是领域内的重要学者、主要发表者,还有可能获取没有公开的研究成果。

## 三、筛选标准的设定与应用

尽可能全面地检索到潜在文献后,元分析者需要对这些文献进行筛选,因此多数元分析都会用一幅图来表示研究的筛选过程,并附上相关数据。以图 12 - 1 为例,中间一列的第一行是对文献检索结果的汇报,共收集到 9 312 篇论文,因为从很多渠道进行检索所以会有重复,除重后有 6 378 篇。第三行是在阅读论文题目和摘要后排除了 5 870 篇,只剩下 508 篇。这 508 篇需要下载全文后进一步筛选,最终只剩 10 篇入围。第四行的右侧交代了根据某种原因淘汰的论文的数量。第五行表示通过数据库检索之外的渠道,又找到 2 篇可用文献,合计 12 篇。

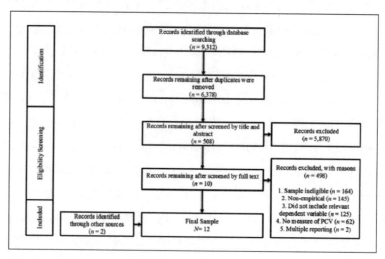

图 12 - 1　研究筛选过程的流程图举例

　　完成图 12 - 1 的筛选过程,关键是要制定一个对论文进行筛选的标准。已有学者构建了一些具有广泛适应性的框架,帮助元分析者设计自己的筛选标准。常用的如 PICOS 框架(Higgins & Green,2013),主要包括 Population/Participants(研究总体、被试)、Interventions(实验干预)、Comparison groups(比较组、控制组)、Outcomes(结果变量)、Study Design(研究设计)五大方面。

　　再以中国大陆地区教育技术干预方案对数学成绩影响的元分析为例(Xie et al.,2020),在 Population/Participants(研究总体、被试)方面,要求论文是在中国内地进行的,每个实验组或控制组的被试不得少于 15 人,被试是 1 至 12 年级的普通中国学生。没有纳入发生在香港、澳门、台湾地区的研究,是因为他们的情况不同,可比性有限。限定在普通学生,意在排除仅仅聚焦特殊学生群体的论文,例如具有学习困难或学习障碍的学生、第一语言不是汉语的学生,因为这些学生较为特殊,研究发现对于特殊学生的推广意义有限。

Interventions(实验干预)方面,使用的是非常宽松的标准,因为对文献预判是相关论文数量有限。教育技术干预方案泛指以电脑为基础的软硬件设备支持的教学方案,发生在校内校外均可,但其目的应该是提高数学成绩,而不是信息技术能力。

Comparison groups(比较组、控制组)方面,第一是要求论文必须使用控制组对照设计,控制组应该使用传统的传递式教学。特别强调,控制组不能纳入教育技术元素来支持教学。没有控制组的研究被排除在外,因为实验组从前测到后测呈现出的成绩增长可能不是来自于教育技术干预方案。即使不采取任何新的干预方案,学生就正常上学通常也会逐渐提高学业成绩。第二,为了保证实验组和控制组的初始水平一致,学生被试的分配应该是随机的,或者是采用匹配法来保证实验组和控制组在一些重要变量上不存在显著差异。研究必须给出数据证明初始平等性,如果数学成绩在干预前的差异大于$+0.25$个标准差,则不会纳入该研究。保障初始平等性的目的在于,如果实验组与控制组在前测成绩上存在显著差异,则这种差异可能会引起后测结果的差异,从而与干预方案的效应混淆。例如实验组前测成绩更高,则意味着实验组学生的数学能力可能更强,即使实验组和控制组采取完全相同的干预方案,最后结果也会是实验组成绩更好,而且两组之间的成绩差异很可能比前测时更大,因为能力更强的学生往往学得更快更好。

Outcomes(结果变量)的聚焦非常清晰,就是数学成绩。一是要求数学成绩的测量工具应该是量化的,并且对控制组是公平的。如果测验工具只考察在实验组学习过的知识,那么该研究将被排除。二是论文结果中应该报告效应量,或者提供可以计算效应量的相关数据,因为没有效应量就无法进行后面的统计分析。

Study Design(研究设计)方面,第一是要求研究的干预持续时间至少是12周。因为该元分析希望筛选出那些能在真实的学校情境中推广的方案。很多之前的元分析已经证实,持续时间较短的研究可能会比持续时间较长的研究产出更大的效应量。一个原因是,持续时间较短的研究可能会因为给被试带来新鲜感而提升被试的成绩。另一个原因是,历时较短的研究经常能让干预方案的保真度非常高,即实验组对于干预方案的落实程度很高,但这么高的保真度通常在历时较长的研究中难以保持。还有一个原因是,历时较短的研究可能会在较短时间内集中完成一些教学目标,而这些目标在常规教学中会安排更长的时间来完成。第二个要求是,每个实验组或控制组至少使用两名教师,或者实验组和控制组的教师是同一人。目的是避免教师效应与干预效应混淆。如果研究仅使用两名教师,实验组一名,控制组一名,那么就很难确定是教师的差别还是干预的差别造成了后测的差异。

总的来看,设置筛选标准的目的可以概括为两点:一是保证纳入的论文与元分析聚焦的问题或内容是一致的;二是保证纳入论文的质量至少达到一个及格标准。

## 四、合格研究的编码

经过层层筛选最终被元分析收录的合格论文,通常它们的效应量会存在一定差异。而且在教育领域,纳入研究之间的异质性通常较强。因为教育领域还不太重视重复验证型研究,很少会对某一教育问题的结论进行反复验证,发表的研究通常被要求关注先前研究没有关注到的问题,要有独特贡献,要有独特性。这种情况下,寻找纳入研究的效应量之间异质性的原因,就成为元分析的一项重点任务。

为了解释效应量存在差异的原因,就不得不分析纳入研究之间的区别,就需要甄选出一些变量,对每一个纳入研究在这些变量的层次上进行情况分析与结果编码。这些变量通常被称为"分组变量"或"调节变量"。确定这些变量的灵感,一是来自各类元分析论文中具有普遍适用性的分组变量或调节变量,二是来自本研究主题或类似研究主题的既有元分析,三是元分析者想尝试的创新型探索。

举例来说,中国大陆教育技术干预方案对数学成绩影响的元分析(Xie et al.,2020)决定根据下列研究特征进行编码:干预类型、持续时间、干预密度、年级、出版时间、人均收入、研究设计、样本量。其中,年级、出版时间、研究设计和样本量是被很多元分析证实显著的调节变量:年级水平,分为小学1—6年级、中学7—12年级;出版年代,每十年一组,分为1999至2008年、2009年至2018年;研究设计,包括随机控制实验、准实验;样本量,分为不超过250人的小样本、超过250人的大样本。持续时间、干预密度是美国的教育技术干预方案对数学成绩影响的元分析中经常使用的调节变量:持续时间,分为不超过1学期、超过1学期但不超过2学期、超过2学期但不超过4学期;干预密度,分为每周不超过两节课、每周多于两节课。干预类型、人均收入则是这次元分析的新探索,没有发现之前的元分析尝试过:干预类型,包括探究型教育技术方案、合作型教育技术方案、传递型教育技术方案、补充型教育技术方案;地区人均收入,根据世界银行的标准,分为低收入、中低收入、中高收入、高收入,作为研究发生的社会经济背景的代理指标。

为了保障在各个变量上编码的可靠性与稳定性,元分析通常会由几位作者首先独立地对纳入研究进行编码,并汇报结果的一致性。对于有分歧的地方,团队成员会经商议达成共识。

## 五、效应量的识别与计算

效应量是元分析中最基础的统计量,后续所有的统计分析将以其为输入数据,因此从每一篇纳入论文中准确提取效应量就是一个非常基础、也至关重要的工作。概括地讲,效应量是对变量之间关系强度的数量化表达。效应量的具体形式与研究结果呈现的方式有关,常见的有标准化的均值之差 Cohen's $d$、相关系数 $r$ 及其变式 $z$、基于二分变量的 Odds Ratio 等。Cohen's $d$ 主要适用于实验类研究,相关系数 $r$ 及其变式 $z$ 适用于主要报告相关系数或回归系数类结果的研究,Odds Ratio 则适合因变量为二分变量的研究(例如因变量是治愈与否,只有治好了和没治好两个答案)。很多时候,纳入论文本身没有直接汇报效应量,需要元分析者根据各类效应量的算法自行提取数据来计算,而且有些元分析还会同时遇到不同类型的效应量,需要元分析者完成相互之间的转换。本领域的统计学家如大卫·威尔逊(David Wilson)、迈克尔·博伦斯坦(Michael Borenstein)等,已经开发了简单易用的计算程序帮助元分析者完成这些任务。

## 六、统计分析

获得每个纳入研究的效应量之后,可以通过统计软件来实施统计分析。常用的统计软件包括专门用于元分析的软件 Comprehensive Meta-Analysis,以及综合性软件 STATA、R 等。

计算总效应量的常用统计模型有两种,固定效应模型和随机效应模型。前者假设被纳入的研究是同质的,每个研究观测到的效应量的差异来自抽样误差;后者假设纳入的研究是异质的,因此不能假设他们是在估计同一个效应量。很多元分析同时使用两种模型计算总效应,但是随机效应模型的结果通常被认为更适合教育研究领域。因为纳入研究之间存在重要的内容和方法差异,例如干预类型、样本代表性等的差异,因此总效应量并不是针对某一种情况的估计,而是对于很多总体构成的更大范围总体的估计。此外,也通过异质性检验(即 Q 检验)来考察纳入研究的效应量是否存在实质性差异。Z 检验则被用于检验估计的真实总效应是否为零。

需要说明的是,相比固定效应模型,随机效应模型对于权重的分配更加均衡。因为随机效应模型假设纳入的研究在估计不同的真实效应,为了让对每个不同真实效应的估计都能更好地体现在总效应中,随机效应模型在计算总效应时会赋予小样本研究更大的权重,而赋予大样本研究更小的权重。这是随机效应模型的一个特点。

敏感度分析的一种常用方法是移除单个研究后重新计算总效应。该方法可以检验是否存在奇异值影响总效应量的准确性。在移除某一个研究的效应量之后,如果重新算出的总效应量落在移除之前总效应量 95% 的置信区间以外,则这个研究的效应量被认为是奇异值,应该排除。

对于亚组比较分析(或称调节效应分析),两种基本的模型是固定效应模型和随机效应模型。固定效应模型假设在每一个亚组内,被纳入的研究是同质的,每个研究观测到的效应量的差异来自抽样误差。随机效应模型则秉持相反的假设,即在每一个亚组内被纳入的研究是异质的,不能假设他们是在估计同一个效应量。随机效应模型中,根据所有亚组中研究之间的方差是否相同,又分别适用于不同的算法。

出版偏见的检验方法,常用的有烟囱图(Funnel Plot)、Egger 回归检验、Begg 和 Mazumdar 顺序相关检验、Classic fail-safe N 和 Orwin's fail-safe N 等。烟囱图、Egger 回归检验、Begg 和 Mazumdar 顺序相关检验被用于考察纳入研究的效应量分布是否关于平均效应量对称。Classic fail-safe N 检验能够计算在真正的总效应变为零之前,应该检索到多少篇缺失研究并参与分析。Orwin's fail-safe N 检验的作用与 Classic fail-safe N 是类似的,但其允许元分析者自行确定除了零以外的总效应值以及缺失研究的平均效应。

## 第三节 元分析的常见误用

在从事元分析研究、撰写与发表元分析论文时,有一些错误的认识和错误的应用经常出现，下文将讨论一些常见的问题。

## 一、新手也配做元分析？

　　一些人认为，只有"大牛"才能做元分析，对一个研究领域指点江山、评长论短。一次会议上，一位学术领导问我："国外顶刊上发表的 meta-analysis，作者是不是都是受到邀请的？ 都是各自领域的大咖？"我根据切身经验回答："不是这样的。"在 SSCI 教 育 类 影 响 因 子 最 高 的 两 本 期 刊 Review of Educational Research 和 Educational Research Review(268 本教育研究期刊中排名前 2)，我曾与国外学者合作投稿、发表，就是在没有受到任何邀请的情况下进行的。同理，我也有与非常著名的美国学者合作投稿、却多次被拒的经历，他们的同行匿名评审做得比较到位。

　　从研究方法与统计技术的层面，元分析是在竭力避免"个人崇拜"与"权威至上"。相对于传统的文献综述，元分析的优势就在于对客观性的追求，特别是可重复性、可验证性。一份元分析是否合格地完成了对一个研究领域的回顾性研究，不是由作者名气大小决定的，而是看同行能否根据其研究流程的详细记录重复其研究过程，并检验数据识别与分析结果的正确与否。元分析的方法与技术，正是致力于全力排除元分析者主观因素的干扰。例如，传统的文献综述通常不会说明被综述的论文是如何检索、搜集、筛选的，基于大牛见多识广的常识，读者自然认为大牛的综述更可能涵盖了领域内主要的、高质量的研究。但是元分析要求列出详细的文献检索与筛选过程，任何人都可以重复这一过程，评判是否有些数据库被遗漏，是否检索词覆盖面太窄以致一些研究无法检出，是否一些筛选标准设置不合理从而导致错误排除或收录了一些研究。元分析就是这样将很多传统综述忽视的方法与程序问题公开化、规范化、标准化，使得学术同仁不再简单以元分析者的身份评价元分析的质量，而是能够在实质性的方法与知识层面讨论彼此的工作。

## 二、"垃圾进，垃圾出"

　　"rubbish in, rubbish out"，是对元分析一种常见的批评。其意思是说，如果一个元分析收录的都是些低水平、有严重缺陷的论文，那么在这些论文基础上产生的元分析结果，又有什么说服力呢？ 类似地，如果既收录高水平的论文，也收录低水平的论文，元分析的基础素材鱼龙混杂，那又该如何看待元分析的结果呢？ 有一种观点是,这样的元分析还不如一篇本领域方法非常严谨的量化研究有价值。但是,单独的一篇论文,假设研究方法已经达到当前条件下的最高水平,也基本不可能将本领域的所有研究问题全部回答一遍,而只能是对某些问题"就事论事"地做出了目前最好的论证,无法穷尽解答同行、社会公众的各种问题。

应该承认,"垃圾进,垃圾出"的确是很多元分析的弊病。有的元分析甚至根本没有报告论文"被纳入或被排除的标准"(Inclusion or Exclusion Criteria),这无疑是应该受到批评的,是最不好的一种做法。另一种略好但事实上也没好多少的报告方式,是论文被纳入或被排除的标准太低。纳入或排除标准通常可以分为两种类型,一种作用是保证论文与元分析在主题或内容上的一致性,例如元分析的研究问题聚焦的是低收入家庭子女,那就要根据论文被试的特征排除很多论文;另一种的作用是保证论文的质量在一定的水平之上,排除低水平灌水式论文或者早期发表的受制于当时方法水平的论文。在此主要讨论第二种纳入或排除标准。当一篇元分析没有报告收录文章的质量控制标准或者标准太低时,就会收录很多低质量论文。而且在很多领域普遍存在的现象是,方法质量较低的论文因为门槛低容易实现反而数量更多(Cheung & Slavin 2016),这类论文的数量越多样本量越大,就会在元分析合成的总效应量中占更大比重,给总效应量带来更大的偏倚,真的变成了劣币驱逐良币,给同行带来一个更严重失真的结果。

那么,是不是决定论文被收录或被排除的质量控制标准越严格越好?事实上,元分析者常常处在这样一种进退维谷的境地。如果将质量控制标准定得很高,结果可想而知,那就是曲高和寡,领域内能满足要求的论文较少,有些情况下甚至少到元分析都无法进行,抑或是没有太大意义去做了。标准太高的另一个后果是元分析者面临的同行舆论压力很大。试想这样的局面,元分析明确地指出本领域很多研究的质量不行,不够资格被纳入讨论,那让这些作者情何以堪?该以何种心态与元分析者对话?须知学者可是高自尊高自信的群体。况且在同行的匿名评审过程中,一位评审看到元分析对他的论文嗤之以鼻、不予收录,他在写评审意见时心中是否会有波澜?

## 三、效应量大小,科恩还是哈蒂说了算?

效应量,是元分析最基础、最核心的统计量,是变量间关系强度的数量化表达。

既然是用数量来呈现大小、强弱，人们会经常问到的一个问题就是："一个研究或者一篇元分析得到的效应量，多大才能称之为大，多小才能称之为小？"的确，缺乏背景知识的读者，面对效应量的数值，比如 0.2，0.5，1.0，在缺少判断标准的情况下，不知道如何评价一个数值背后表达的变量间关系是强是弱，更不用说其实践意义。

为此，一些元分析喜欢对照某些著名的标准，来告诉读者其所获得的效应量究竟是大还是小。例如，统计学家雅各布·科恩（Jacob Cohen），经典的效应量指标 Cohen'd 就是用他的名字命名的，一些元分析常用他提出的 0.2，0.5 和 0.8 作为效应量小、中、大的评判标准（Cohen，1969，1987）。再比如约翰·哈蒂（John Hattie），他的著作《可见的学习》在 21 世纪全球教育研究领域影响很大，该书以很多元分析的结果作为素材，以学业成就为结果变量，将影响学业成就的方方面面的变量整理归纳，通过效应量逐一呈现每一种影响因素与学业成就之间的关系大小（Hattie，2009）。一些后来的元分析就喜欢将自己的效应量与哈蒂提出的标准比较，从而给出效应量是大是小的判断。

但是，随着元分析方法的不断发展与进步，以今天的知识水平再来看科恩或哈蒂提供的标准，是存在很多问题的，并不适合再被当作放之四海而皆准的真理。科恩的标准是怎么来的？是基于很多行为科学的论文结果作出的经验判断。其经验是局限在早期行为科学领域的，而且用今天的标准来看，20 世纪 80 年代以前的行为科学研究存在很多方法问题，包括研究方法的严谨性与稳健性不足、样本量较小、实验周期较短、实验情境下的研究存在较大的外部效度问题等。哈蒂的《可见的学习》一书，特色在"全"，无所不包，但其致命弱点是几乎没有设定任何标准来控制收录的研究的质量，本文之前所说的问题"垃圾进、垃圾出"在他的书中就非常突出。研究方法质量较低的研究，其平均效应量是更大的，因此就真的会导致"劣币驱逐良币"的现象。试想，一个研究方法质量很高的研究，得到的效应量较小，但是大家拿它和混合了高水平、低水平研究的元分析结果相比较，大家就会认为这个方法质量很高的研究事实上不成功，因为自变量对因变量的影响小，所以不值得重视。

## 四、一个数值总结一个领域？

一些元分析仅仅关注一个领域的总效应量，或者是过分强调总效应的重要性，

"只求同,不察异",忽视了元分析的另一大重要任务是寻找差异的来源。

元分析的一个理想应用场景是,所纳入的研究具有高度一致性,即对同样的研究问题、在类似研究设计下反复论证,检验结果的稳健性,形成对真实效应量更精确的估计。这样的场景在今天的医学领域就比较常见,例如对新冠疫苗的预防效果与副作用的研究,对同一款疫苗会开展很多的实验研究,这些研究的同质性很强,元分析可以系统合成这些研究的结果,减少个别研究可能带来的结果偏差,在更大的样本量基础上,形成对干预效果的更优估计。

但是这样一种应用场景,显然在目前的教育研究领域还很难遇到。因为在教育研究领域,量化研究的数量、比例、质量都还偏低,在这样一种氛围下,无论是学术团体内部,还是政府与社会,都还不够重视重复验证型研究,很少提供机会和资助对某一重要教育问题的结论进行反复验证。

因此,教育领域的元分析,通常整合的都是具有较大异质性的研究,回答的大都是比较宽泛的、粗线条的研究问题。例如课外补习对学业成绩影响的元分析,纳入的原始研究异质性就很强,作为干预变量的课外补习可谓是五花八门,补习教师与补习机构的专业背景、补习的花费与耗时、补习的科目与目的等都差别很大;在结果变量学习成绩一端,年级与科目、测试类型等也存在诸多变数,此外诸如地区与学校教育情况、家庭背景等外部因素也可能对结果有重要影响。

## 五、过度相信亚组比较

一些元分析看上去非常重视亚组比较与分析(有的也称之为调节变量分析),选择很多角度进行分组比较,却没有斟酌所收录的效应量的数量,有的采用的统计分析方法比较简单,做出的结论却过度自信。分析效应量之间存在差异的原因,即探究为什么类似研究的结果差别较大,是元分析统计技术的基本功能,也是教育领域元分析的常见任务。相关的入门性统计方法难度不大、容易上手,却也让很多初学者高估了他们的本领。

第一类问题是,很多元分析纳入的研究数量有限且相应的效应量数量也比较少,在这种情况下依然使用多个分组变量或调节变量进行多次比较,统计检验力(power)就很低,研究结果的可信性就比较低。

第二类问题是,两个或者多个分组变量之间存在高度相关性。举例来说,在探讨教学软件对阅读成绩影响的元分析中,小样本量的研究通常使用准实验设计,大样本量的研究通常使用随机实验设计,即纳入研究的样本量与研究设计高度相关。如果元分析者分别将样本量和研究设计作为分组变量,各做了一次分组比较,结果分别显示大样本研究的效应量显著小于小样本研究,实验研究的效应量显著小于准实验研究,最后报告了这两个发现。这就很可能做出了错误的结论,因为纳入研究的样本量与研究设计高度相关,无法辨明究竟是二者中的谁或者是二者的结合导致了效应量的显著差异。

第三类问题是,存在第一和第二类问题的情况下,如果元分析者没有提高警惕,还采用非常肯定、非常有信心的方式表述研究发现与研究结论,那就会对不明就里的读者产生严重的误导。

## 六、发表的,不是全部的真相

出版偏见(publication bias),是量化论文发表过程中产生的一个严肃问题,普遍存在于很多学术领域之中。其指的是,那些研究结果不显著的论文或者效应量较小的论文,很难得到学术出版机构的青睐,难以获得公开发表的机会,因此大量的这类论文没有机会问世。比如说对于一种教学方法,很多的实验研究都发现其不能显著提升学习成绩,学术期刊也没有提供机会让这些研究结果面世,结果就是,这个领域本来已经证实的一种事实性知识(某种教学法对改善成绩是无效的),但却没有机会让多数人知晓。事实上也就没能产生这样一个知识积累,后果是后来的研究者又花费了很多时间、经费重复研究这一问题,很多实践者依然使用这种教学方法,造成了很多损失,很多学生成为牺牲品。

另外一种糟糕的情况是,显著性检验是一个概率问题,假定真相是某种教学法无法改善成绩,但是如果反复重复这个实验,比如 20 次,可能就会有 1 次发现显著的结果,因为期刊只青睐结果显著的论文,所以这一次显著的结果被公开发表、广而告之,而其他 19 次不显著的结果却无人知晓。后果就是,一个虚假的知识被广泛传播,真相却被湮灭,特别是考虑到有些学术领域不重视对研究结果的重复性验证,这样的事情就更容易发生。更糟糕的是,出版偏见还可能诱发学术道德问题,试想一个学术团队花费很大投入研究出一个教育 APP,如果效果不显著全部努力将付诸东流,如果刻意收起不显著的研究结果,只去发表、宣传积极的结果呢? 在这个意义上,也就不难理解为什么某些赫赫有名的学者、有些顶刊论文后来被爆出篡改研究结果的问题。

# 第四节  结语

上一节分析、总结了元分析方法在应用中的常见错误,下文针对这些问题,逐一提出可供参考的应对建议。

## 一、新手的独特优势与不足

事实上,年轻学者、学生来做元分析在某些方面甚至是有优势的。比如说,求学者、初学者可能会有更多对研究领域和元分析方法的敬畏之心,会反复推敲方法和技术细节,会更加小心谨慎地实施操作。而且,年轻人依靠数理能力与外语优势更乐于也更有可能掌握不同流派的或者更新的方法与技术,特别是考虑到元分析方法本身也处在快速的发展与完善中。

当然,也不是说"大牛"来做元分析没有任何优势。譬如在元分析的选题和研究问题设计方面,他们的智慧、经验、格局、视野,可能会带来对一个领域的本质问题、深层矛盾、未来趋势等更加系统的把握、更加深刻的洞见,从而使一篇元分析的意义与价值更加彰显,因此更被学术同行所看重。因此,新手们在做元分析之前,除了认真学习元分析方法和技术,也应努力向具体研究领域的前辈学习,力争站在巨人的理解与洞见之上把握全局。

## 二、质量控制标准:刚柔并济

对研究质量的筛选和控制,高也不是,低也不是,元分析者如何破局? 对于资历较浅者,如果首先以论文发表为基本目标,有两点建议可以参考。第一,设定的质量控制标准要立得住脚、经得起考验,要态度客观地以理服人。要确定这些标准是有一定共识的,可以从本领域或相关领域的研究中获得这样的证据。或者专门查找一些评论研究方法的高质量论文,通过这些有说服力的研究指明标准的合理性和可靠性。而且,元分析这项工作离不开评论同行成果的是与非,所以在报告撰写时必须更注重措辞的客观,让人能够更加容易接受一些批评的声音。第二,可以使用一种相对宽松的质量控制标准,并将对质量的讨论放在稍后的亚组分析与比较(subgroup analysis or moderator analysis)中。初期用来决定是否收录一篇论文的标准略放宽松,例如确定在领域共识的较低水平上,也就是划定一个及格线,从而让领域内多数论文能被收录,同时也使得元分析所收录的论文数量较多,满足一些期刊或评审的要求。在亚组分析中,提出一种权威的或者带有探索性的研究质量划分标准,将收入的研究进行归类并予以比较分析,让读者亲眼看到不同研究方法对于研究结果的影响,回应领域内对于研究方法的一些争论,通过人人可见的客观证据来增强对方法质量问题的认识(Cheung & Slavin 2016)。这样的发现,本身就具备了指引领域后续研究方法的功能和意义。

　　当然,关于一个领域内究竟什么样的研究应该被评定为低质量或高质量,依然是一个非常关键的问题,需要学术共同体根据领域特点、时代与方法的发展,不断深入讨论并形成共识,元分析研究也应为此不断提供证据。

## 三、判断效应量大小：选择适当参照系

　　打破了科恩和哈蒂的"神话",那么应该相信什么、参考什么作出效应量大小的判断？至少有两个维度,一是研究方法的维度,二是内容领域的维度。

　　近年来,愈来愈多的研究发现并证实了研究方法对效应量大小的影响。以张和斯莱文(Cheung & Slavin, 2016)的研究为例,综合分析了 645 个效果评估类实验研究的效应量之后,他们发现,准实验研究的效应量显著大于实验研究,小样本研究的效应量显著大样本研究,使用实验者自编测验工具的研究的效应量显著大于使用独立测验工具的研究。也就是说,在不考虑两个研究的实验设计类型、样本量、测验工具特点的情况下,只比较两个研究的效应量大小是不恰当的。建议的做法是,在判断一个研究的效应量是大还是小时,应该将方法特征类似的研究的效应量作为参照标准,才更具可比性。

　　另一方面,每个研究、每个元分析探讨的研究问题都归属特定的内容领域,例如一个元分析聚焦课外补习对数学成绩的影响,另一个聚焦教师专业经验对数学成绩的影响,二者效应量的可比性就不强。这一点其实与《可见的学习》带来的启示类似,在评价一个新研究、一项新元分析的效应量大小时,应该选择与其研究问题类似的、属于同一或类似领域的效应量进行比较。综合以上两点,在判断得到的

效应量是大还是小时,应该具体问题具体分析,选择研究方法、内容领域与之类似的效应量作为参照点。

## 四、教育研究的元分析:寻异为主,小心求同

因为教育领域的元分析通常面对的是具有较大异质性的研究,所以不得不在"求同"与"寻异"两大基本任务中偏向后者。因为纳入研究之间的异质性通常较强,异质性 Q 检验也会支持这一点。元分析的重点不得不放在寻找造成效应量之间异质性的原因,通过各种亚组分析、调节变量分析等方法,基于已有研究的证据来解释差异来源,为后来者梳理不同情境下的研究发现,启迪后续研究的方向与重点。

当然,这并不是要全盘否定计算总效应的意义。教育实践中,经常不得不回答一些概括性的、上位性的问题,比如受教育年限与劳动者素质的关系、互联网应用是否以及在多大程度上影响学业成绩、有无学前教育经历对学生未来成长的影响等,都是政府和公众非常关心的问题,影响着公共决策以及千家万户的教育方式。而且,在既有研究数量与条件有限的情况下,元分析也能发挥一定的统计推断能力,利用有限的研究发现做出一些更大范围的推论。再者,随着教育领域越来越重视量化研究,在一些具体领域,例如美国约翰斯霍普金斯大学罗伯特·斯莱文(Robert Slavin)教授领导的提升学生阅读素养的干预项目 Success for All(Cheung, Xie, Zhuang, Neitzel & Slavin, 2021)、哈佛大学詹姆斯·金(James Kim)教授领导的暑期读书项目 READS(Kim & Quinn, 2013),已经做到了针对同一实验项目进行较多的重复实验,基于固定效应模型的元分析也有了更多的用武之地。

## 五、亚组比较:有所为,有所不为

面对亚组比较中常见的三类错误,元分析者首先应从根本上意识到:元分析统计技术产生的主要是观察性结论,因果推断的效力比较有限。很多时候,显著的结果只是探索性的结论,证据的基础很多时候不是非常强,虽可以为本领域的未来研究指引方向,但尚不足以形成强有力的定论。

一个具体的应对建议是高度关注实际收录的效应量的数量和拟研究的分组变量的数量。在二者差距较小的情况,如果坚持进行分组比较,元分析者不得不非常

谨慎地分析、对比、判断,而且应该特别提醒读者这些结论可能存在问题。另一个建议则是加强对不断更新的元分析统计技术的追踪学习,因为这些方法正处在快速发展中,新的技术正在帮助元分析方法不断完善。譬如,新版综合元分析软件 *comprehensive mata-analysis* 已经加载了元回归功能,能够使得诸多分组变量或调节变量被同时放入模型当中。再者,基于稳健方差估计(robust variance estimation)的元回归模型,可以允许一个研究内多个相关的效应量同时纳入,在纳入研究与纳入效应量两个层次开展分析(Hedges et al. , 2010)。蒂普顿(Tipton, 2015)进一步发展了该模型,改进了对小样本元分析的估计,控制了一类错误的概率。这些新的模型与技术,可以在一些开源型软件例如 R 上较早发现并免费使用。

## 六、对抗出版偏见:从文献搜集与数据分析着手

出版偏见的存在,无疑对于元分析者也是一个很棘手的问题。但是,我们总是期待元分析者能有所作为,尽力解决这一问题。如果没有采取任何措施,就是元分析者的错误了,这将会影响到元分析结果的可信性与稳健性。

元分析者可以采取的措施,一是着眼于文献搜集过程,二是数据分析环节。在文献搜集环节,为了应对出版偏见现象,就要注意对那些未能在学术杂志上公开发表的学术成果的搜集,也就是说只去检索学术期刊数据库是不够的。学位论文、会议论文等数据库也应该纳入检索范围。再者,国际上很多资助教育研究的基金会,都会有专门的平台发布资助研究的结果。一些走在前沿的资助机构已经深刻认识到出版偏见问题,会要求所有得到资助的研究在开始前就公布计划,无论最终结果怎样、能否发表,都可以检索到这样的研究信息。另外,对领域内主要学者的个人学术主页的检索也可能会发现一些没有公开发表的成果,最好还能通过各种方式直接问询领域内的主要学者。

元分析的数据分析环节,也有了多种应对出版偏见的统计分析方法。常用的包括烟囱图(Funnel Plot)、Egger 回归检验、Begg 和 Mazumdar 顺序相关检验、Classic fail-safe N 和 Orwin's fail-safe N 等。烟囱图可以通过直观的图示方法展示元分析中是否存在出版偏见问题。Egger 回归检验、Begg 和 Mazumdar 顺序相关检验则进一步克服了依据图像做判断的主观性与临界标准问题。Classic fail-safe N 与 Orwin's fail-safe N 的功能类似,旨在检查元分析得到的总效应量是否受到出

版偏见的影响。例如，Classic fail-safe N 会计算出，如果要让元分析的总效应量与零的差异不显著，则应该存在多少个（可算出具体数值，例如 2 000 个）未能被搜集到的研究。总的来说，上述统计方法一方面有助于判断出版偏见是否对元分析的结果有影响，另一方面有助于判断存在出版偏见的情况下元分析结果的可靠性。

## 参考文献

Borenstein, M., Hedges, L. V., Higgins, J. P., & Rothstein, H. R. (2009). *Introduction to meta-analysis*. John Wiley & Sons.

Cheung, A. C. K., & Slavin, R. E. (2016). How methodological features affect effect sizes in education. *Educational Researcher*, 45(5), 283 – 292.

Cheung, A. C. K., Xie, C., Zhuang, T., Neitzel, A. J., & Slavin, R. E. (2021). Success for All: A quantitative synthesis of U. S. evaluations. Journal of Research on Educational Effectiveness, 14(1), 90 – 115.

Cohen, J. (1969). *Statistical Power Analysis for the Behavioral Sciences*. Academic Press.

Cohen, J. (1987). *Statistical Power Analysis for the Behavioral Sciences*. Lawrence Erlbaum Associates.

Glass, G., McGaw, B., & Smith, M. (1984). *Meta-analysis in social science research*. Sage.

Hattie, J. A. (2009). *Visible learning: A synthesis of 800 + meta-analyses on achievement*. Routledge.

Hedges, L. V., Tipton, E., & Johnson, M. C. (2010). Robust variance estimation in meta-regression with dependent effect size estimates. *Research Synthesis Methods*, 1(1), 39 – 65.

Higgins, J. P. T & Green, S. (2013). *Cochrane Handbook for Systematic Reviews of Interventions, Version 5.1.0*. The Cochrane Collaboration.

Kim, J. S., & Quinn, D. M. (2013). The effects of summer reading on low-income children's literacy achievement from kindergarten to grade 8: A meta-analysis of classroom and home interventions. *Review of Educational Research*, 83(3), 386 – 431.

Lipsey, M. W., & Wilson, D. B. (2001). *Practical meta-analysis*. SAGE.

Tipton, E. (2015). Small sample adjustments for robust variance estimation with meta-regression. *Psychological Methods*, 20(3), 375 – 393.

Xie, C., Cheung, A., Lau, W., & Slavin, R. E. (2020). The effects of computer-assisted instruction on mathematics achievement in mainland China: A meta-analysis. *International Journal of Educational Research*, 102, 101565.

# 第十三章　教育实证研究常见错误例析:基于期刊审稿数据

王　森

2015 年以来,《华东师范大学学报(教育科学版)》聚焦重大关切、加强前瞻研究、注重方法引领、支持学科发展、推进国际理解,全方位参与历届全国教育实证研究论坛,有力推动了教育研究范式的转型和教育学研究的科学化进程。

《华东师范大学学报(教育科学版)》发挥中国教育科学优秀成果生产与传播的策源地优势,不断推进中国教育实证研究专家数据库建设。数据库依据审校相关规定及研究规范,将国内外 200 余名各学科长期关注教育实证研究专家学者的审稿意见分门别类。本章聚焦研究方法上存在的共性问题,面向具有一定实证研究基础的研究者,从纠正教育实证论文写作与发表的偏误的角度,以专家审稿意见为例,并给出修改建议。为便于读者理解,在内容上对这些源自于初审、复审和终审等环节的材料进行了简单的技术处理。以上工作不求面面俱到,只以方便读者直观了解现阶段中国教育实证研究发表的审稿"尺度"为目的。

探索人的发展和教育教学规律,为教育活动的科学开展提供根据,是教育研究的重要任务;按照人的成长规律和教育规律办事,提高教育水平,也是国家教育的基本原则和指导方针(袁振国,2020)。随着我国教育实证研究水平的逐年提升,编辑部作为中国教育及教育学知识生产的推动者,希冀作者能够在研究中规避、消灭这些一般性的问题。参与学科建构是学术期刊的基本功能(杨九诠,2022),编辑部希冀这些举例能够为教育实证研究的教学、科研提供有益的参考,能够为促进我国实证教育研究活动的开展和提升我国实证教育研究的科学化、规范化水平作出教育学术期刊应有的贡献。

## 第一节　教育实证研究设计的四类科学性问题

在教育实证研究设计方面,主要有四类科学性问题较为常见。一是题目与研究内容不符,包括文题不符、题目与研究内容有偏差等;二是问题意识不明确,包括文献综述薄弱、研究的科学问题不明及研究问题提出的规范性不足等;三是核心概念界定问题,包括核心概念无明确界定、核心概念界定不清及研究假设提出不明确等;四是研究的创新性不足,包括选题缺乏新颖性、无新知识生产、研究的理论贡献不足及研究问题的主要结论并非由实证得出等。

## 一、题目与研究内容不符

题目与研究内容不符表现在题目与研究内容的契合程度。完全没有契合度即表现为文题不符,契合度不足则表现为题目与研究内容存在偏差。

### (一) 文题不符

文章的主要内容与题目似是而非,无法匹配。该问题主要表现为:一是论文的题目并未准确表达全文主要内容,如题目是关于"教育研究方法元分析"的研究,但研究对象却仅为"实验研究";二是无论从题目上,还是从内容上,都难以准确得知研究的是什么。

**例1:研究内容和题目各说各话**

审稿意见:

寄宿学校为何"寄而难育"? 题目是一个疑问句,似乎应该是文章想要回答的核心问题。但无论是研究问题还是研究假设,似乎并没有紧扣"寄而难育"。文章的主体实际上仅以心理健康为结果变量。那么题目中的"育"究竟为何? 应该明确。

编辑建议:

丰富研究内容或修改题目以文题呼应。

### (二) 题目与研究内容有偏差

题目与研究内容有偏差主要指的是在题目与研究内容有交集的前提下,两者的匹配度不足,研究重心与题目不契合。主要表现为文题与文体不符、正副标题不统一、研究内容没有回应题目中的关键词等。

### 例 2:没有正确认识科学研究与研究综述的区别

审稿意见:

论文的总题目是"影响教育机会均等的因素分析",给人的感觉是要回答影响教育机会均等的相关要素有哪些、这些因素发挥着什么样或者什么程度的影响、这些因素是怎么样发挥影响的,但是文章并没有回答这些问题。论文副标题为"基于20世纪60年代以来教育机会均等相关研究的元分析",从文章看,作者可能混淆了研究述评与元分析之间的差别。一般情况下,元分析指的是通过对多个量化研究项目的数据的再分析,得出综合性的研究结论。

编辑建议:

作为综述,要把研究中最核心的发现、研究发展的逻辑角度讲清楚,然后再提出未来发展的方向。本文缺乏实证研究,更像是一篇研究述评,建议从述评的角度谨慎命名。

### 例 3:理论框架与研究主题欠吻合

审稿意见:

研究主题和研究内容有偏差。适应老龄社会的教育体系研究属于终身教育体系,包括学校教育、家庭教育和社会教育在老龄化社会中的应对。而研究问题围绕老年教育的需求与供给,且问卷设计维度聚焦老年人的主体需求,讨论部分又着重老年人的学习(教育)需求,题目、研究内容、讨论之间缺乏必要的逻辑联系。

编辑建议:

重新整合研究设计,契合研究内容或题目。

## 二、问题意识不明确

对前人已有研究的充分梳理,是提出研究问题的基础。研究问题的提出并不代表其一定具有科学性。科学问题的提出还要满足研究的科学逻辑。一是相容性,当一种理论可以解释现象 A 时,它也能对应地解释在相同条件下出现的现象 $A_1$、$A_2$、……不应该出现有一个在相同条件下出现的现象 $A_n$ 是这个理论不能解释的;二是对称性,当"因为 A,所以 B"可以成立时,"其所以 B,是因为 A"也能成立;三排中性,是当一个事实被解释为"P"时,就不应该存在被解释为"非 P"的任何可能性。值得注意的是,可检验是科学与非科学区别的基本标志。可以被重复的研究问题才是科学的研究问题,经过检验的理论才能够成为科学知识。如果提出的研究问题不能够被普遍检验,则这个问题就不能被认为是科学的。

### (一) 文献综述薄弱

文献综述薄弱主要表现在以下四个方面。一是对缺乏对相关文献的梳理与讨论,甚至严重缺乏学术研究的文献;二是在没有厘清相关概念的情况下,突兀地进行文献回顾;三是没有明确提及研究框架,研究综述缺乏框架支持,成为单纯的文献堆砌;四是对相关文献资料进行主观的臆测与推断。

**例4:对既有的理论总结和解释不足**

审稿意见:

本文属于典型的"问题—对策"式研究。但是论文存在以下几个不足:对"教育生态学"内涵的理解,似显简单。除了作者在文中所理解的"教育生态学"之外,其他学科,比如生态学领域,对"教育生态学"的理解如何? 国外学者对"教育生态学"的研究又到了哪个阶段? 国内对"教育生态学"的把握又进行到了什么阶段? 论文并未反映这些研究成果。如果不对这些基本问题有一定的了解和掌握,那么用"教育生态学"作为本文的研究视角,则显得有些草率和盲目,甚至会令读者怀疑作者是否扎实地掌握了所谓的"教育生态学"这一理论视角。

编辑建议:

本文需要解决的一个大问题是,如何在已有研究的基础上推陈出新。建议作者围绕文章主题进一步阅读相关文献,进一步总结和梳理已有的研究成果,并进一步思考和总结目前的研究现状,对未来研究进行更深入的思考。

**例5:将调研报告等同于学术论文**

审稿意见:

本文的文献基础非常薄弱,没有培训满意度和远程培训这两个主题有关文献的综述,也没有关于教师自我效能因素与培训满意度之间关系的文献综述。得出结论后对先前有关研究的回应太匮乏。这篇文章的写法像调研报告,而不像一篇学术论文。在研究设计部分,教师自我效能变量界定缺乏理论依据,也和主流文献中的界定差异甚多,尤为不理解为什么要将参加培训的动机、硬件条件、信息技术能力和劳动强度作为教师自我效能的四个变量。

编辑建议:

建议增加文献综述部分,特别是对于为什么要运用相关模型来开展实证研究需要进一步说明。

## (二) 没有科学地提出研究问题

研究问题明确表达的特点是可错性大,表达越精确,可错性就越大。可错性是科学问题提出的一个前提,没有可错性的研究问题往往是没有意义的。相较于"既是 A 又是 B"的研究问题,"对 A 的研究"的可错性更大,但其科学价值更高。

### 例6:研究问题的提出不具体

审稿意见:

第一,问题意识不够明确、具体。教育民族志涵盖的范围甚广,作者仅以"新图像"概之,试图串联起中西方跨度如此之大的地域范围、各视角和问题域的进展,显得过于笼统。第二,本文逻辑杂糅,观点不明确。以对文化观之"转向"的回应作为主线,既不够清晰,也未能贯彻全文。特别是中国的民族志研究进展部分,如何回应了文化观转向,并未看出明确、具体的关联;并且,在传统-创新、西方-中国、叙事方法-田野方法等多组关系与认识论、方法论作为文章叙事结构之间彼此交织,文章整体显得平铺直叙,欠缺有深度的逻辑推理和理论观点。

编辑建议:

作者对教育民族志议题积累了丰富的研究资料,建立了对研究脉络比较清晰的认识,但尚未形成核心观点。建议作者对此议题做进一步的深入研究。

## (三) 没有提出研究的科学问题

实证作为研究方法仍是为解决问题服务的,并且实证的背后必然有理论作支撑与指导。科学问题的提出应该围绕已有研究存在的问题或不足,或现实生活中出现了什么重要问题,进而深入讨论该科学问题研究的必要性。文章缺乏基于怎样的学理或实践问题而提出的研究问题的相关论述,继而影响提出研究目的,其意义或价值不明显。

### 例7:开展研究的着力点不明

审稿意见:

本文题目为"两岸三地高校创业教育比较分析","比较分析"很引人注目,但依据研究内容可知,该文并没有做比较分析啊!不是说你在文中加上两岸三地的数据了,将这些数据并列在一起,你就是在比较分析。你准备瞄准什么问题比较?从哪些维度比较?在比较之后,找出了哪些共同点?差异在哪里?背后的原因是什么?其中,最关键的问题是,你瞄准什么问题进行比较?高校创业教育——这太泛了!

编辑建议:

学术论文基本规范就是先厘清学术背景,然后再把这个问题放在背景里,分析这项研究对整个学术界认知的贡献。比如,首先要介绍一下目前大家对某问题的研究和认识,然后再来说为什么要去研究这个问题,这个研究增进了什么新的认识等。

## 三、核心概念界定问题

核心概念在实证研究中处于"核心"的位置,是否有核心概念及其概念表述是否清晰是判断论文质量的重要标准。与核心概念相关的问题如没有很好地解决,其提出的研究假设也会存在较大的问题。

### (一)核心概念无明确界定

核心概念的无明确界定表现为没有着力分析概念之间的本质差异,特别是没有充分论述在论文中独立出现该概念的必要性。对学界为何一直忽视这样一个概念,以及在现实中忽视这样一个概念给研究带来哪些突破点等问题没有回答。

**例8:问题意识不清,核心概念不明**

审稿意见:

就核心概念而言,作者并没有明确界定,甚至没有理解何谓"大学生创业风险决策"。具体而言,作者指的是(已经创业的)大学生在创业过程中面临的风险或不确定性,还是(尚未创业的大学生)对创业可能发生的风险的预测,进而进行(是否决定创业的)决策?概念不明,意味着问题意识不清,或者不清楚到底要研究和解决什么问题。那么,后续的研究设计等等就无法有的放矢。就研究视角而言,作者选取了信息特征和调节定向来研究大学生创业风险决策,但作者并没有对为何选取这两个维度进行论证,即缺乏理论支撑,并且作者建立的图示也含糊不清:文中所指为"研究的理论构思图",图名则是"大学生创业风险决策机制作用构思图"。这两者显然不是一回事。更何况,如果是"风险决策机制作用",那么,更应该把机制与作用关系论证清楚。因为概念、理论框架缺失或不足,导致后续的实证不过是形式的"演练"。

编辑建议:

本文的核心概念是一个既常识性又十分宽泛的概念。建议在国内外研究的操作性定义的基础上,对文章的核心概念及相关概念准确界定。

## (二) 核心概念界定不清

核心概念界定不清,表现在尽管作者界定了概念,但该核心概念依然存在一些问题。一是核心概念界定缺乏文献支持,缺乏操作定义。如,变量与文中若干文献中的概念之间的关系没有说明;二是文中对核心概念及术语的理解难以形成一致性;三是核心概念界定存在逻辑问题。

### 例9:缺少对理论概念必要的说明与解释

审稿意见:

作者通过对质性材料的分析,所提炼的各种概念相对零散,各概念之间关系也不清晰。概念之间存在明显的重叠性。作者通过质性分析提炼出的理论概念相对混乱模糊,并未起到清晰概括文内观点的作用。

编辑建议:

对关键概念提供必要的说明,以说明从质性材料中凝炼理论概念的逻辑过程。

## (三) 研究假设提出不明确

研究假设提出不明确的主要表现有两种,一是没有明确提出理论假设,这也是调研报告与学术研究的重要区别;二是研究变量之间的逻辑关系不明朗,缺乏相应的研究假设,如 A 与 B 的关系是什么,探讨这些变量关系有何意义。

### 例10:研究假设提出无依据且变量设置缺乏逻辑

审稿意见:

在本文"引言"部分,作者突然提出了"安全感"的研究问题及研究假设,并没有交代将安全感设置为调节变量和中介变量的内在逻辑和区别。这一内在逻辑和区别请参阅巴伦和肯尼(Baron & Kenny, 1986)关于将某变量设置为调节变量还是中介变量的说明。

编辑建议:

建议通过对相关的理论研究,提出研究问题及研究假设,且对相关变量进行说明。

## 四、创新性不足

对论文创新性的要求应贯穿于研究的始终。新颖的选题是新知识生产的必要条件,这样才能在其研究领域产生新的理论贡献。作为实证研究,还应把握实证部分对研究问题的贡献程度。

### (一) 选题缺乏新颖性

选题不够新颖的表现有三点,一是国内外已有大量的相关研究,研究结论已有大量的前人研究和描述;二是结论无需研究且为常人应具有的常识;三是对研究领域研究的进展没有充分的背景知识,几乎没有涉及或较少涉及该领域的重要文献。

**例11:对研究独特的价值说明不足**

审稿意见:

在研究主题和创新性方面,本文与2016年已发表的文章高度相似。目前国内已有不少学者针对该问题进行了相应的研究,使用的数据的样本量也比该文的样本量大很多,研究假设1中的几个基本假设已经部分被论证,研究假设2基本上就是已发表论文的实证结果,因此本文在研究层面的贡献度和创新性均差强人意。在实证研究部分,本文的新增的变量目前也已经有学者进行了研究,因此该部分创新性也非常有限。模型部分只标注了计量结果,对其过程中做的相关检验没有任何表述,且调整后 $R^2$ 值过低。文章实证结论部分,大部分结果已经被已有文献论证。

编辑建议:

尽管文章的综述部分非常全面,但应聚焦研究选题的创新性,尝试作出实质性的突破。

### (二) 无新知识生产

是否能够生产新知识往往取决于作者对以下问题的判断,一是前人的研究有哪些,前沿在哪里;二是相较于已有研究,本文所要开展的研究有哪些优势;三是本文的理论依据与经验依据以及研究方法是什么。

#### 例 12:简单重复性研究

审稿意见:

综观全文,新意不多,与该文所引用的几篇文章,从选题到观点、材料与方法均有较多重复,基本属于简单重复性研究。所不同的仅仅是,被引文章研究的是"985 工程"政策对高校本科生生源质量影响,或者是"985 高校"生源质量的分布情况,该文则扩大到"双一流"政策对生源质量影响,同时考察了"双一流"高校生源的分布情况及其地区因素分析,然而总体观点、方法与结论并无本质区别。

编辑建议:

相比已有的分析,本研究有何种新的发现? 目前没有看到太多比较有突破的观点和论断,比较多的是对已有观点的一些重复验证。

### (三) 实证部分仅验证了已有理论

实证能够为作者所研究的问题作出多少贡献? 尽管有文章看似采用了一种科学的研究方法,但统计数据很难有说服力,这一研究似乎并没有什么意义和价值,不能让读者阅读后了解到什么,很少有作者自己的思考和见解。

#### 例 13:实证部分缺少明确的理论贡献与启示

审稿意见:

作者在每一部分甚至是每一段落的分析中,都使用了大量的文献去讨论,掺杂部分访谈资料,不断使用新的概念去解读资料,存在材料解读过度、说理性不足的问题。甚至在讨论与反思中,仍然在用已有文献进行总结,作者最后的结论是什么? 两万字的研究做到最后,作者想回答什么问题? 得到哪些结论与启示?

编辑建议:

作为一个质性研究,仅仅验证已有的理论是不足够的,作者缺乏一个清晰明确的学术贡献。

### （四）研究问题的主要结论并非由实证得出

所谓的结论只是不需要"实证"也能知晓的正确但无创新可言的泛泛而谈，对理论与实践都无贡献可言。

**例14：实证部分在整个研究中的分量太弱**

审稿意见：

该研究在文献综述中即对影响教育实证研究开展的原因进行了总结，其关键结论（影响的四个因素），在研究之前就已经得出了。在本文中实证部分最大的贡献就是对它们的重要性进行排序。但仅这么几个样本，说服力不够，而且质化研究部分，也没有为这个问题作出贡献。所以，总的来说这篇文章有点弱。

编辑建议：

对行文方式进行调整及扩大调查样本数据，进而提升实证部分对研究问题的贡献度。

# 第二节　教育实证研究过程两类规范性问题

教育实证研究过程规范性常见问题包括两类，一类为样本选取偏差，包括抽样方法、抽样过程、样本特征缺乏说明及样本缺乏代表性等；另一类为数据处理方法不当，包括问卷设计过程不详、研究模型缺乏必要信息、数据分析偏误、忽视对研究产生影响的关键因素、信效度检验缺乏或方法使用不当、变量信息缺乏说明、类别变量的错误使用、差异分析方法误用、回归分析偏误、内生性问题缺乏控制及图表呈现方式不符合实证规范等方面。

## 一、样本选取偏差

样本应重点关注以下问题：样本（被试）是通过何种方法选择出来的，选择的依据是什么；样本（被试）是如何抽取的，代表性如何；具有什么特征，有效的样本量是多少？应避免盲目追求样本量的误区。

## (一) 抽样方法缺乏说明

通过什么方法收集到既有一定量又有一定代表性的样本,是开展实证研究不能回避的问题。

### 例15:抽样方法呈现不完整

审稿意见:

尽管文中表述了"该项目采用多阶段整群抽样调查了70余所学校的600余名教师和4000余名学生",但文中需要详细说明这一抽样方法的具体运用。从抽样到转化,样本量丢失了超过2/3。如果4千余名学生都参加了各科考试,并且分数是普通的正态化,应该不会有任何信息丢失的。

编辑建议:

样本的变化对当前数据质量影响很大,并且影响到了统计结果的推论。如果是因为缺失值而删除,建议采用缺失值的处理方法来弥补。

## (二) 抽样过程缺乏说明

说明抽样过程论证的是最终使用的样本能否实现在分布上还能保证原始抽样设计所设定的误差范围。

### 例16:对进入分析的数据随机性存疑

审稿意见:

文中讲了前人研究多是分析某个国家或者某个地区的情况,本文的亮点是运用了百余个国家的数据。因此为了让读者更好地了解本文的样本,建议在文中加入数据的来源情况,比如:如何选择了百余个国家? 而且在后边的分类和实证结果中,作者其实使用的样本数是2000余个,从上下文可以猜到应该是地区,但是由于没有详细的样本说明和来源,因此我们无从知道样本来源,如何抽样,及其百余个国家,每个国家是多少个地区等问题。

编辑建议:

样本的选择直接决定了项目结果估计的偏误和有效性问题,希望作者加一些详细的说明。

### （三）样本特征缺乏说明

样本的选择直接决定了研究结果估计的偏误和有效性问题。应对数据的样本框和样本特征进行说明，否则将会使读者无法对数据及结论产生更深入的理解。

**例17：访谈对象的详细情况不明**

审稿意见：

研究方法呈现不足，缺少访谈对象的基本描述，一些基本的研究背景没有交代。作者使用了五段抽样混合抽样，到第三段十几人，到第四段几人，到第五段几人，总量没有交代。重点访谈对象的基本特征也没有交代，例如在校的专业、性别、背景变量、毕业后去的学校等。这些都应该是一篇实证研究起码要呈现给读者的内容。研究中"依据样本典型性"抽样的理由是什么，本身就十几个样本了，为什么还要从中根据典型性进行抽取，是为了得到作者某些预设好的代表性特征吗？

编辑建议：

对访谈对象的说明，这对质性研究来说是重要的。但稿件的研究中，没有涉及，需要进一步补充。

**例18：无模型样本量信息**

审稿意见：

文章的样本量存在模糊。CEPS在第二期成功追踪的学生样本量是9 449，样本会在不同变量情况下存在着缺失情况，随着更多控制变量加入，OLS模型（1）、（2）、（3）的样本量会不断减少。在本文的研究方法中，只是介绍了第1期、第2期的参测人数，但没有介绍建模分析的样本基数，读者无法获知建模分析时的样本量。

编辑建议：

建议在表中增加一列，标出每个变量的有效样本量。

### （四）样本缺乏代表性

样本代表性问题应重点解决为何采取某群体作为样本，有何代表性或有何特质。如，某个班级的学生是否能够代表所有适龄儿童？省级样本的分布情况是否能够代表全国？

**例19：抽样信息呈现不够**

审稿意见：

作者在几十个国家连片贫困区抽样,并列举了近几十个县名。那么,究竟抽了多少个县? 最终的几十所乡村学校是如何抽取(进入样本)的? 在这几十所学校中,又是如何抽样,并最终获得百余份调查问卷的? 作者并未写明抽样过程,只说了抽样区域和抽样结果,因此对作者所说的"样本反映了所调查区县乡村教师队伍的基本情况"存在疑问。

编辑建议:

建议作者补充样本相关抽样信息。

## 二、数据处理方法不当

数据处理方法没有高低贵贱之分,针对不同的研究问题、不同的数据类型,应注重选择适切的数据处理方式。方法在使用过程中应注重规范性,避免随意性,避免误用混用现象的发生。

### (一) 问卷设计过程不详

问卷是调查分析的关键,问卷设计不科学,整个调查分析将难以立足。在问卷设计过程中,作者往往没有呈现关键信息,从而使读者无法确信该问卷的科学性,其主要有四点表现。一是问卷设计缺少理论框架,即为什么这样设计? 问卷维度及指标设置没有任何依据;二是缺乏必要的变量定义、问卷结构及题目意义的严格界定;三是题项设计松散,看不出背后的假设,对主要信效度指标、代表性题目,没有给出详细信息;四是缺乏问卷整体统计信息,使读者难以作更深入的分析。无法说明样本在空间分布上的合理性与问卷对象结构上的合理性。

**例 20:问卷题项之间的内在逻辑不清**

审稿意见:

问卷的四个维度之间是什么关系没有说明,导致问卷题项的内在逻辑不清晰。理论解释部分虽然结合问卷调查结果来展开,但由于调查结果本身没有太多新的发现,所以理论分析的结论更多是验证了其他学者已有的研究结论。实证研究部分存在的三个问题是相互关联的。

编辑建议:

建议从三个方面改进:一是说明问卷的内在逻辑;二是对数据进一步挖掘分

析；三是开展访谈以深化研究内容，弥补问卷调查的不足。

## （二）研究模型缺乏必要信息

模型设定部分应简要说明选择这一模型的适切性以及选择模型的理由。研究模型中缺乏必要信息的表现有三点，一是模型变量在上下文中缺乏呈现。即文中提及的变量没有出现在模型中，或模型中的变量没有上下文说明，抑或是全文缺乏变量信息呈现；二是模型的设定与研究问题的匹配，即模型不能说明研究问题；三是变量信息在不同的数据处理环节中出现遗漏。

### 例21：模型中变量设置来源不明

审稿意见：

介绍因变量与自变量时应该与模型构建相符。模型中有变量1、变量2，但是前文变量的介绍以及文献部分并未提及，读者并不知道这里所指的这些变量具体是什么。此外，模型中并未包括前文提到的自变量3和变量4。

编辑建议：

在介绍自变量和因变量时，可稍微详细讲一下这些变量是怎么处理的。

### 例22：构建的模型没有对所研究问题的主要原因进行分析

审稿意见：

作者通过相关模型的运行结果说明了科研奖励与其他主要变量不相关，存在"数据孤岛"现象，但是并没有分析为何存在"数据孤岛"，即没讨论科研奖励的投入产出绩效不佳的背后逻辑，而这恰是文章应回答的核心问题和研究价值所在。

编辑建议：

需要对整体研究框架做较大调整。

### 例23：变量信息遗漏

审稿意见：

作者在分析中采用了多元线性回归，但并没有对文章所采用的计量模型进行说明。模型中与方差分析表中所涉及的变量不完全相同。方差分析表中呈现的数据为区域、地域、性别、职称等变量信息，与回归模型中所呈现的办公条件、居住条件、工资收入等变量的呈现之间缺乏必要的过渡，使得突然呈现回归结果表很突兀。

编辑建议:

建议作者给出准确的模型并进行说明。作者应着重考虑在选取模型中因变量时的依据是什么,为什么有些变量在模型中没有估计结果,是没有加入模型中,还是加入了没有估计结果? 还是它是哪个维度上的结果变量?

### (三) 数据分析偏误

数据分析偏误出现的形式多样,主要表现为违背实证研究规范以及对数据的理解不足等方面。数据分析偏误需根据具体的研究问题具体分析,无一一举例的必要,本文仅将高频问题列举如下。

#### 例 24:分析不符合统计学常识

审稿意见:

对 A 与 B 的相关分析、回归分析存疑。作者在文中交代,B 部分并非按照量表形式设计,题项设计类似简答题,那么,作者是如何将这类数据转换成连续变量来进行回归分析的?

编辑建议:

需详细说明数据转换方式或调整研究方法。

#### 例 25:数据分析方法仅为描述性统计

审稿意见:

作者对收集到的数据主要是做了简单的百分比统计分析,不足以体现数据所指代的意义。在这些前期访谈的基础上,借助于作者所梳理出来的维度,研究者似乎应该形成具体的指标,通过收集被试群体在每个维度上的实际情况,来进一步描述课业负担的实际表现。比如,前期访谈揭示出考试竞争激烈的一个重要原因,那么,从 9 省市的调查中,就应该进一步思考从哪些方面,可以比较全面合理地揭示出考试竞争的激烈情况,然后,利用后继的统计建模的方式,揭示这种考试竞争的激烈程度的变化,是否和不同省市、地区或学校的学生、家长、教师所体验到的负担过重的程度有密切关系。这样,做出考试竞争激烈对于课业负担有重要影响才是有证据支持的。

编辑建议:

研究只是对调查群体万余名被试主观感受的描述统计。这样一来,很多的表述就缺乏了相应的证据支持,而不可避免地成为了超越数据的主观推测。而基于这样的统计分析,其实是不符合实证研究范式的。

### 例26:不符合质性研究数据整理的规范

审稿意见:

访谈数据的整理应该是对访谈资料层层编码归纳发现,客观叙述呈现。但本文此部分多次先引用他人研究结果,进而演绎和旁证本研究的发现,夹叙夹议,不符合质性研究数据整理的规范。

编辑建议:

从质性研究数据整理的规范性方面开展研究。

### 例27:作为质性研究,对数据挖掘的深度非常不够

审稿意见:

研究方法不明确、数据分析不深入。"质化研究"只是一种大的研究方法,具体用的是哪种方法(如民族志、案例分析等)?每种方法都有不同的研究范式和风格,需要明确指出并在数据分析中体现。数据分析中如何对访谈样本进行处理、出现了哪些理论等未加以说明,目前"研究发现"部分展现的更像是通过理论来分析各类知识习得的特点,然后在访谈中找证据证明,不符合质性实证研究中研究发现应源于数据的特点。

编辑建议:

对数据的分析挖掘不够,文字中并没有很清晰地系统化地体现出对研究问题的对比,而访谈样本中的差异性问题,都可以是深入分析的切入点。

### (四) 忽视对研究产生影响的关键因素

任何研究都不可能是完美的,在研究设计中或多或少都存有不足。但这些不足是否成为影响研究结论得出的关键性的因素,作者应慎重加以考虑。

### 例28:忽视时间的影响因素

审稿意见:

对于知识图谱的研究,采用Citespace单纯从文章总被引量的角度看,当然是越早期的重要文献被引量越大,越近期的被引量越小,如此做法容易高估早期文献的影响,低估近期文献的影响。

编辑建议:

从时间和被引频数两个维度来筛查和提取领域内的研究文献,更能反映发展趋势的做法应该是分别抽取各时期最具影响的文献,而非单纯基于中心度来提取所有文献中最具影响性的寥寥数篇文献来分析。

### 例 29:没有对货币做平减处理

审稿意见:

物价指数是一个很大的问题,必须处理。即使不做检验,想一下 1994 年的 1 元钱和 2016 年的 1 元钱有什么区别,就可以感知到物价水平变化的巨大影响。实际上,2003 年起,物价指数的影响是普通民众都感受得到的事实型存在。实际上,相关测算结果显示:在 2007—2016 年间的 10 年内,波动最大的省份从 1 元飙升到 1.4 元左右。

编辑建议:

建议修正研究中所提出的"价格因素对生均经费公平性的影响极小,本研究未考虑价格因素对生均教育经费的影响",重新考虑物价指数问题。

### 例 30:因果推断不成立

审稿意见:

在没有对照的前提下,单凭对师范生的调查,就得出"师范生教师胜任力水平较高"的结论,这缺乏科学依据;在没有实验设计和实施的情况下,就得出教育实习经验对师范生教师胜任力的影响,这种因果推断不成立,二者充其量只存在某些相关;参加过实习的师范生都是大三、大四的学生,其教师胜任力水平的提高,很大程度上可能根植于其受教育经历的增长和相关技能的增强,不能单纯归于实习因素。

编辑建议:

建议调整研究设计。

### (五) 信效度检验缺乏或方法使用不当

信效度问题是开展实证研究必须要重视的关键问题,有以下三点需要注意。第一,需要证明研究中数据效度和信度。从方法上看,交代了资料搜集的地点,但并未交代搜集过程,说是有海量的资料,但在文中并未得到应有的展示。第二,文章中被试的数据不能"一鱼两吃"。用于开发量表的数据,就不能再作为量表测试的数据。如,有研究采用 200 名被试的数据同时进行探索性因素分析和验证性因素分析,这不仅不符合研究规范,而且样本容量也偏小。第三,探索性因素分析的规范使用。一是探索性因素分析时没有交代所划分维度的相关矩阵,读者不清楚量表的结构效度。二是对于直接采用国外量表的研究,应补充探索性因素分析。这是由中西方文化存在差异导致的,探索性因素分析的结果可能会和原量表的假设有所不同。

### 例 31:没有报告研究工具的信度和效度

审稿意见:

在信度检验部分,作者只汇报了整个问卷的信度,但并未有说明每个量表以及每个维度的信度;结构效度检验中并未报告任何与结构效度有关的指标,而是错误地将 KMO 和 Bartlett 球形检验当成了效度指标。

编辑建议:

量化研究结果的可靠性是以测量的信度、效度为前提的,这是该论文在方法论上的重大局限。

### 例 32:效度分析的模型报告数据不清晰

审稿意见:

一因素模型和三因素模型具体指的是什么?文章缺少具体的介绍。作者在文章里没有报告各个模型的自由度,那么读者无法通过卡方自由度比值判断哪个模型拟合更好。另外,最终选择哪个模型,除了模型拟合良好,还应该看看因子负荷等参数估计值是否合理。而这些都没有在文章中呈现。此外,三个模型的 RMSEA 均较大,说明模型拟合程度不太理想。

编辑建议:

建议报告相关参数并优化模型。


### (六)变量信息缺乏说明

研究工具部分缺少对各变量的维度的介绍及对主要变量需要进行解释和说明。值得注意的是,作为实证研究,如果文章没有出现一个数据,没有相关系数,也没有用统计方法检验,作者仅仅是从推理的角度来谈变量的相关,以及所谓的调节作用等,得出的结论没有数据支持,结果不可靠,也不符合研究规范。

**例 33:没有进行变量选取的说明**

审稿意见:

已有文献研究使用的是八年级普测成绩,而本文采用的因变量是七年级学生和九年级学生个人的教育期望,为什么采用七年级和九年级? 相对于文章中使用的学生自估成绩的结果(不好、中下、中等、中上和很好 5 种程度),建议使用普测性考试成绩,并针对不同年级进行成绩标准化的处理。

编辑建议:

对相关变量的选取需要进行详细说明,并对原始数据进行标准化处理。

## (七) 类别变量的错误使用

统计量的错用,表现为不了解变量类别及各类变量适用的统计方法,致使统计量选择不当以及对分类变量求均值、方差等错误的出现。

**例 34:将类别变量作为连续变量处理**

审稿意见:

变量的处理存在问题,文中将学历做成 4 分类的变量,但在回归中将其视为连续变量在用,而在讨论结果的时候又将它作为分类变量在用,根据现在的变量处理方法得不到研究结论。

编辑建议:

纠正变量的处理方法。

## (八) 差异分析方法误用

差异研究的目的在于比较两组数据或多组数据之间的差异。研究者应熟悉 $t$ 检验、方差分析、卡方检验之间的区别。

**例 35:等效方法的重复使用**

审稿意见:

文章检验各变量在性别上的差异,同时采用独立样本 $t$ 检验和单因素方差分析,有什么意义呢? 作者在前言部分假设各维度在性别上存在显著差异,但在检验性别差异时,只考虑各变量得分的性别差异,并未检验各变量维度得分的性别差异。

编辑建议：

当自变量只有两个类别时，独立样本 $t$ 检验和单因素方差分析两种方法是等效的，报告一种即可。

### 例36：没有正确选择差异性分析方法

审稿意见：

作者在差异性分析中讲"开展了单因素方差分析、F 检验、$t$ 检验和事后检验"欠妥，单因素方差分析就是 F 检验。实际上，$t$ 检验是 F 检验的特殊形式，且 F 检验是回归分析的一种特殊形式，既然做了回归分析，没有控制任何其他要素的 F 检验有何意义？

编辑建议：

建议作者理清差异性分析方法的区别。

## （九）回归分析偏误

回归分析偏误主要表现有，一是线性回归中因变量为非连续型变量；二是自变量中如果有需要分析的定类数据，没有进行虚拟变量的设置；三是异常值的存在可能会使回归模型产生偏差，影响分析结果；四是出现严重共线性问题等。

### 例37：非连续变量没有控制

审稿意见：

非连续变量，如性别、民族等都是重要的人口学变量，以及区域特征变量，不管在前文是否进行了分析，在回归分析时仍需要控制。

编辑建议：

原则上回归分析对自变量的数据类型没有要求，可以是定量数据，也可以是定类数据。自变量中如果有定类数据是作为控制变量纳入模型，可直接放入模型；如果是定类数据，则需要进行虚拟变量(也称哑变量)设置。

### 例38：回归分析里面掺杂结构方程模型

审稿意见：

文章 3.2.2 部分先是以社会支持的三个维度为自变量，以希望为因变量进行逐步多元回归，后面又采用结构方程模型(SEM)探讨社会支持对希望的影响。3.2.3 部分以孤独感的两个维度为自变量，以希望为因变量进行逐步多元回归，

3.3 部分又通过 SEM 检验中介效应。回归分析里面掺杂着结构方程模型,给人一种混乱的感觉。

编辑建议:

避免回归分析与结构方程模型的混用。

### (十) 内生性问题缺乏控制

内生性问题是一个复杂的统计问题。其主要来源有遗漏变量偏差、测量误差、反向因果、动态面板偏差、样本选择偏差等。应运用工具变量法等来减轻内生性问题对结论所产生的影响偏误。

**例 39:缺乏对内生性问题的控制**

审稿意见:

论文基于教育社会学的经典理论视角考察普职双轨路径选择下职业教育对代际职业流动的影响效应,具有一定学术价值。但作者完全没有讨论任何关于内生性的控制,这在当前社会学、教育学研究中是很难通过审稿的,尤其在非结构方程模型中,这也是此研究最大的缺陷。尤其这篇文章实际上是一个嵌套模型(将"代际职业流动方向"作为被解释变量,将个体的"教育选择"为解释变量,加入系列控制变量,以代际职业传承为参照组),样本自选择问题十分严重,作者完全无处理,这是很难被接受的。这篇文章在社会学领域,应该是最为基础的研究。教育学一定程度上在实证方法上的要求是高于社会学的,不过还是很乐意看到作者在稿件上新的修改,完善这些问题。

编辑建议:

虽然作者在研究中表明内生性是本文研究缺陷之一,但还不足。根据目前文章状态,如对可能存在的内生性加以分析对本文质量会有帮助。本文有很多的遗漏变量,一定程度上的互为因果,如果作者实在无法从内生性的角度突破,可以做一个跨层的 HLM 调节。

### (十一) 图表呈现方式不符合实证规范

实证研究中应规范使用图表。注意图表中的结构或关键词之间的逻辑分类、层次或维度问题,以及定性、定类、定序、定距等数据在柱形图、折线图等中的误用问题等。

### 例 40：描述性数据的错误报告

表 13-1　样本基本信息错误报告示例

|  | 类别 | 数量 | 百分比 | 最小值 | 最大值 | 均值 | 标准偏差 |
|---|---|---|---|---|---|---|---|
| 性别 | 男 | — | — | 0 | 1 | 0.34 | 0.474 |
|  | 女 | — | — |  |  |  |  |
| 居住地 | 城镇 | — | — | 1 | 2 | 1.52 | 0.5 |
|  | 乡村 | — | — |  |  |  |  |
| 年份 | 2017 年 | — | — | 1 | 4 | 3.24 | 1.047 |
|  | 2018 年 | — | — |  |  |  |  |
|  | 2019 年 | — | — |  |  |  |  |
|  | 2020 年 | — | — |  |  |  |  |
| 大学类别 | 高职(高专)院校 | — | — | 1 | 7 | 3.35 | 1.539 |
|  | 地方高校 | — | — |  |  |  |  |
|  | 省属本科院校 | — | — |  |  |  |  |
|  | 中央部属本科院校 | — | — |  |  |  |  |
|  | 双一流高校 | — | — |  |  |  |  |
|  | 211 工程院校 | — | — |  |  |  |  |
|  | 985 工程院校 | — | — |  |  |  |  |

审稿意见：

将诸如性别等类别变量分别赋值，并计算其最大值、最小值等没有研究意义。

编辑建议：

作者应熟悉类别变量在描述性统计中的表述方式。

### 例 41：误用折线图

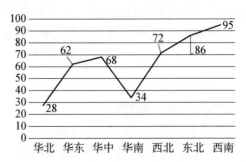

图 13-1　某调查样本分布情况的折线图误用

审稿意见:

折线图用于显示数据在一个连续的时间间隔或者时间跨度上的变化,它的特点是反映事物随时间或有序类别而变化的趋势,而对于类别之间的数据比较则不适用。

编辑建议:

建议使用柱形图或条形图。

### 例42:有效信息报告不足

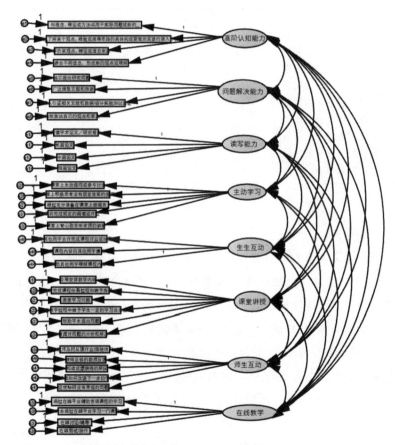

图 13-2　验证性因子分析结构方程模型

审稿意见:

图中除呈现各因子之指标题项外,不能提供任何有效信息。相对而言,各指标题项的因子负荷和各因子之间的相关更为重要,但图中均未呈现。因子相关矩阵可另表列出。

编辑建议:

该图除了在内容呈现上能提供的信息有限,还在形式上存在构图混乱、字体模糊不清等问题。

### 例43:结构方程模型结果报告不准确

表13-2 最终结构方程模型的路径系数报告不准确

| 路径 | S.E. | β | p |
|---|---|---|---|
| 付出→表层表现 | .033 | .269 | * * * |
| 教龄→表层表现 | .019 | .110 | .001 |
| 家庭干扰→表层表现 | .057 | .084 | .025 |
| 表层表现→情绪耗竭 | .030 | .150 | * * * |
| 深层表现→情绪耗竭 | .042 | −.072 | .013 |
| 深层表现→低成就感 | .080 | −.149 | .002 |
| 自然表现→低成就感 | .050 | −.240 | * * * |
| 自然表现→去个人化 | .019 | −.122 | * * * |

* * * $p<.001$

审稿意见:

关于本文的结构方程模型问题。第一,结构方程模型图一般是要提出3—4种,并且是基于不同的理论的,但文中只是对一种理论模型的修改,建议重新建模,基于3种不同理论假说,以验证究竟哪一种结构方程模型更科学。第二,拟合度指数提供的数据偏少,应该还要包括 GFI,AGFI,NFI,IFI,PGFI,PCFI 等绝对拟合指数、相对拟合指数、节俭拟合度指数等,文中提供的指数太少了。第三,表中的路径系数全用 β 来表示,这不够准确,应该用 β 和 γ 分别来表示。前者是内因潜变量间的关联系数,后者是内因潜变量与外因潜变量之间的关联系数。

编辑建议:

应规范绘制结构方程模型图。

## 第三节　教育实证研究结果三类合理性问题

教育实证研究结果呈现的问题主要聚焦在合理性方面，表现为结论呈现方式不严谨、缺乏研究讨论或讨论不深入、结论与启示联系不充分等方面。

### 一、结论呈现方式不严谨

结论的讨论建议强化理论对话和学术研究的反思，而不是停留在政策建议层面。学术论文以学术分析和理论讨论比较好，不是政策建议类的文章，不一定要做政策建议。理论讨论建议前后呼应，对前面已有的相关重要研究形成对话，从而提升自己这个研究的学术价值。

**例 44：结论不能回应研究主题**

审稿意见：

在结果与结论的呈现方面，访谈的数据，只是在文中进行了一般化的、笼统的引用，访谈对象涉及的城乡、教龄、身份等这些重要信息可能反映出来的教师日常抗拒的"工作场景"会有所不同，如果能够就教师的这些特征进行数据的分析与深描，会让读者看到在不同工作场景或不同身份中，教师的"日常抗拒"可能会有差异，这样会更加丰富教师"日常抗拒"的样态与原因。

编辑建议：

建议作者对访谈数据进行深度挖掘，以丰富研究结论。

**例 45：结论与上下文的逻辑性有待于加强**

审稿意见：

"结论与反思"部分，结论的得出过于浅显，仅是对研究一、研究二的整体结果做了简单总结；"研究反思"观点的提出虽然以个案作为依据，但是从全局的视角来看，这部分内容有些脱离主题，与前文的研究结论关联性不大。

编辑建议：

对结论进行深化，紧密联系主题提出研究反思。

## 二、缺乏研究讨论或讨论不深入

多数论文最后一部分的内容仍然只停留在对结论的描述之上,应在加强对相关同类研究的比较分析,尤其在理论上适当回应类似研究,强化学理性,不能将论文停留于简单的方法运用和日常结论的得出上。好的实证研究必须同时强化理论讨论的环节,将结论的得出与原因的解读、理论分析与经验说明较好地结合在一起。

**例46:缺乏讨论**

审稿意见:

本文仅有研究结果的呈现。研究所形成的说法,相对于已有研究,具有何种推进?需要经过讨论解决。这既不是简单地讲述研究方式的变化,也不是数据统计结果的罗列或比较,而应该是对这些实验结果进行分析,给出具有一定逻辑且有新意的解释或说法。

编辑建议:

补充对研究结果的讨论。

**例47:讨论与结果部分联系得不够紧密**

审稿意见:

本文在探索性因素分析和验证性因素分析之间的关系论述方面,如验证性因素分析支持了探索性因素分析的什么结果,相互验证了什么,应重点围绕自己开发过程的科学性和量表结构的合理性两个方面,多作一些讨论。作者在构建工具时是否遇到过任何问题?是否有任何更改或修订?文中并无反映。实际上,对工具进行修订、迭代、完善,恰恰是"如何构建"这一问题的核心,也是读者希望看到、能从中受益的。

编辑建议:

本文研究结果"太过完美",一个孤立的、静态的、"一次成型"的工具,无论多完美,都很难支撑起一篇高质量、有价值的论文。

**例48:讨论部分缺乏深度**

审稿意见:

"结论与讨论"部分应是该文的亮点和重点,但文中结论仅对假设验证情况作了一般性描述,缺乏深入的、客观的学理性分析;文中的"研究意义"显得有些突兀,可以修改为"研究启示",且所述内容应充分依托研究结论,紧密结合高校创业教育实际进行阐释。

编辑建议:

修改末尾"研究意义"部分,结合对研究问题开展深入讨论。

## 三、结论与启示(政策建议)联系不充分

结论与启示(政策建议)联系不充分的表现主要有两点,一是在启示部分,没有对相关学术研究做出对话和回应,引用略显不足,导致有自说自话之嫌。二是"研究结论"与"政策建议"的结构与行文,缺少与研究主题的呼应,以及相应的学理性分析。

### 例49:结果与政策建议单薄

审稿意见:

估计结果讨论有些单薄,个人认为作者通过研究得到了十分丰富的估计,个人认为除作者讨论的结论外,还有两个重要结论可引至政策启示:一是从无论是根据OLS估计的拟合度还是从估计系数比较来看,教育和培训似乎是主要通过奠定经济条件与物质基础、形成社会关系网络这两个途径来帮助个人实现市民化的;二是对于正式教育来说,似乎高中以上教育是农民市民化的教育门槛,只有跨越高中教育,教育才能成为个人市民化的一个有效手段;三是培训质量对市民化的作用令人瞩目,短平快的培训可帮助农民增加收入,构建社会资本。若按此条进行修改,作者还需对政策性意见做相应修改。

编辑建议:

进一步完善丰富研究结论,并对政策建议进行相应修改。

### 例50:结论与建议的匹配程度不足

审稿意见:

结论和建议部分的论述不够充分。结论部分提出家庭经济水平差异较大、受教育水平促进家庭经济发展的正效益显著、教育需求的盲目随意等结论,在建议部分应针对这些结论着力解决如何通过改善教育实现提升家庭经济水平的问题。教育与经济之间的关系论述不够充分,也没有很好地回应结论中关于教育需求等问题。目前所提建议较为一般化,针对性、应用性不强。

编辑建议：

应根据研究结论开展有针对性的政策建议，增强结论与建议之间的契合程度。

# 第四节　结语

## 一、小结

《华东师范大学学报(教育科学版)》依据稿源特点及审稿规范，将教育实证研究来稿的常见问题归为 9 大类 50 种。这一分类基本能够满足当前教育实证类稿件的审稿需要。但这一分类并不是绝对的，随着我国教育实证研究水平的不断提升，可以预见的是普遍性问题的占比将会逐年降低。我们更为期待的是这些问题在来稿之前都能够得到较好的解决。

在教育实证研究设计方面，主要存在有四类审阅意见较为常见，分别为题目与研究内容不符、问题意识不明确、核心概念界定不清、研究的创新性不足等，我们将其界定为该研究的科学性问题没有解决，究其原因主要是作者对科学研究的认识不足。

在研究过程中有两类审阅意见，表现为样本选取偏差与数据处理方法不当，我们将其界定为该文存在研究规范性问题，产生这一问题的原因是多方面的，有作者主观选择性考虑数据质量的因素，也有作者客观上对实证研究方法的驾驭能力不足。

在研究结果的呈现上，审阅意见主要聚焦结论的合理性方面，这些意见与研究的科学性、规范性要求相联系，涵盖了结论是否严谨、是否深入、是否能够理论联系实际等方面。从审阅意见上来看，在"研究设计"与"研究过程"中问题较多的稿件，往往其研究结论中存在的问题也是较多的。

## 二、讨论

编辑部依据作者对教育实证研究方法的理解程度，参照论文写作与学习进阶特点，对这些常见问题进行分级。★问题表现为对实证基本概念理解方面；★★问题表现为对所使用方法的掌握精熟度方面；★★★问题表现为对其所使用的方法与研究问题的契合度方面(表 13‐3)。

表 13‐3　教育实证研究常见错误举例分级

| 阶段 | 类别 | 序号 | 举例 | 分级 |
|---|---|---|---|---|
| 研究设计 | 题目与研究内容不符 | 1 | 研究内容和题目各说各话 | ★★★ |
| | | 2 | 没有正确认识科学研究与研究综述的区别 | ★ |
| | | 3 | 理论框架与研究主题欠吻合 | ★★★ |
| | 问题意识不明确 | 4 | 对既有的理论总结和解释不足 | ★★ |
| | | 5 | 将调研报告等同于学术论文 | ★ |
| | | 6 | 研究问题的提出不具体 | ★★ |
| | | 7 | 开展研究的着力点不明 | ★★ |
| | 核心概念界定问题 | 8 | 问题意识不清,核心概念不明 | ★★ |
| | | 9 | 缺少对理论概念必要的说明与解释 | ★★ |
| | | 10 | 研究假设提出无依据且变量设置缺乏逻辑 | ★ |
| | 创新性不足 | 11 | 对研究独特的价值说明不足 | ★★★ |
| | | 12 | 简单重复性研究 | ★★ |
| | | 13 | 实证部分缺少明确的理论贡献与启示 | ★★★ |
| | | 14 | 实证部分在整个研究中的分量太弱 | ★★★ |
| 研究过程 | 样本选取偏差 | 15 | 抽样方法呈现不完整 | ★ |
| | | 16 | 对进入分析的数据随机性存疑 | ★ |
| | | 17 | 访谈对象的详细情况不明 | ★ |
| | | 18 | 无模型样本量信息 | ★ |
| | | 19 | 抽样信息呈现不够 | ★ |
| | 数据处理方法不当 | 20 | 问卷题项之间的内在逻辑不清 | ★★ |
| | | 21 | 模型中变量设置来源不明 | ★ |
| | | 22 | 构建的模型没有对所研究问题的主要原因进行分析 | ★ |
| | | 23 | 变量信息遗漏 | ★ |
| | | 24 | 分析不符合统计学常识 | ★ |

（续表）

| 阶段 | 类别 | 序号 | 举例 | 分级 |
|---|---|---|---|---|
| 研究过程 | 数据处理方法不当 | 25 | 数据分析方法仅为描述性统计 | ★ |
| | | 26 | 不符合质性研究数据整理的规范 | ★ |
| | | 27 | 作为质性研究,对数据挖掘的深度非常不够 | ★★ |
| | | 28 | 忽视时间的影响因素 | ★★★ |
| | | 29 | 没有对货币做平减处理 | ★★★ |
| | | 30 | 因果推断不成立 | ★★★ |
| | | 31 | 没有报告研究工具的信度和效度 | ★ |
| | | 32 | 效度分析的模型报告数据不清晰 | ★ |
| | | 33 | 没有进行变量选取的说明 | ★ |
| | | 34 | 将类别变量作为连续变量处理 | ★ |
| | | 35 | 等效方法的重复使用 | ★★ |
| | | 36 | 没有正确选择差异性分析方法 | ★★ |
| | | 37 | 非连续变量没有控制 | ★★ |
| | | 38 | 回归分析里面掺杂结构方程模型 | ★★ |
| | | 39 | 缺乏对内生性问题的控制 | ★★★ |
| | | 40 | 描述性数据的错误报告 | ★ |
| | | 41 | 误用折线图 | ★ |
| | | 42 | 有效信息报告不足 | ★ |
| | | 43 | 结构方程模型结果报告不准确 | ★★ |
| 研究结果 | 结论呈现方式不严谨 | 44 | 结论不能回应研究主题 | ★★★ |
| | | 45 | 结论与上下文的逻辑性有待于加强 | ★★★ |
| | 缺乏研究讨论或讨论不深入 | 46 | 缺乏讨论 | ★ |
| | | 47 | 讨论与结果部分联系得不够紧密 | ★★ |
| | | 48 | 讨论部分缺乏深度 | ★★ |
| | | 49 | 结果与政策建议单薄 | ★★★ |
| | 结论与启示（政策建议）联系不充分 | 50 | 结论与建议的匹配程度不足 | ★★★ |

通过表 13－3，我们可以发现，来稿中的常见问题主要涉及的是实证研究方法中的一星、二星问题，这在一定程度上反映了当前我国教育实证研究来稿呈现出"基础不牢"的特点。基于教育实证研究核心作者的年龄呈现年轻化趋势（朱军文，马银琦，2020），我们建议作者在以下方面强化对教育实证研究的认识。一是强化对科学研究的认知，对"什么是科学研究""如何进行科学研究""科学的研究结论应如何呈现"能够有基本的判断能力；二是强化对实证方法的理解，对不同的研究对象，能够根据研究主题选择适切的研究方法；三是强化数据处理能力，通过对相关基础学科基本方法的掌握，能够有效搜集和处理数据。

教育实证研究是一件值得持续去做的事情。不断提高教育研究的科学化水平，不断提高教育研究的社会贡献率，需要大家共同努力（袁振国，黄忠敬，2022）。任何研究都不能也不可能是完美的，正是种种"缺憾"的存在，才推动着现代科学的不断进步。编辑部期待与作者一道，直面研究中的问题与困难，不断提升稿件水平，为持续推动中国教育实证研究高质量发展而努力。

## 参考文献

Baron，R. M.，& Kenny，D. A.（1986）. The moderator-mediator variable distinction in social psychological research：Conceptual，strategic，and statistical considerations. *Journal of Personality and Social Psychology*，51，1173－1182.

杨九诠.（2022）.论学术期刊的学科建构功能.澳门理工学报，86（02）：117－124.

袁振国.（2020）.教育规律与教育规律研究.华东师范大学学报（教育科学版），（09），1－15.

袁振国，黄忠敬.（2022）.走实证研究道路，使教育学成为科学——专访华东师范大学袁振国教授.教师教育学报，（02），1－9.

朱军文，马银琦.（2020）.教育实证研究这五年：特征、趋势及展望.华东师范大学学报（教育科学版），（09），16－35.